Kathrin Kompisch / Frank Otto

Bestien des Boulevards

Kathrin Kompisch

Frank Otto

Bestien des Boulevards

Die Deutschen
und ihre Serienmörder.

 Militzke

Bibliografische Information der Deutschen Bibliothek
Die Deutsche Bibliothek verzeichnet diese
Publikation in der Deutschen Nationalbibliografie;
detaillierte bibliografische Daten sind im Internet über
http://dnb.ddb.de abrufbar.

1. Auflage
© Militzke Verlag, Leipzig 2003
Alle Rechte vorbehalten

Lektorat: Dr. Siegfried Kätzel, Anke Zeitschel
Umschlaggestaltung: Dietmar Senf
Satz und Layout: Ralf Thielicke
Gesetzt aus der New Baskerville
Gesamtherstellung: Jütte-Messedruck Leipzig GmbH
ISBN 3-86189-290-1

Inhaltsverzeichnis

Einleitung

JACK THE RIPPER – ERSTER AUFTRITT EINES HELDEN DER MODERNE

Jack the Ripper ist sicherlich der bekannteste Serienmörder der Geschichte. Jedoch war er beileibe nicht der erste Mörder seiner Art. Zu erinnern ist beispielsweise an die überlieferten Geschichten von Gilles de Rais, einem mächtigen Ritter im 15. Jahrhundert, der hunderte Knaben auf seinen Burgen gefoltert und getötet hat, oder an die grausame ungarische Gräfin Elisabeth Báthory (geboren 1560), die in Jungfrauenblut gebadet haben soll, um ihre Jugend und Schönheit zu bewahren. Doch fehlte den Erzählungen von ihren angeblichen Taten ein wichtiges Verbreitungsmedium: die Massenpresse, die mit immer neuen Schauergeschichten Auflage zu machen sucht. Obendrein galten de Rais und Bàthory zu ihrer Zeit noch als Verkörperung des Teufels in Menschengestalt. Diese christliche Vorstellung vom real existierenden Bösen musste erst überwunden werden, bis der säkulare Serienmörder an ihre Stelle treten konnte. So sind Serienmorde keine Erfindung der Moderne, aber der Beginn ihrer heute noch spezifischen Darstellung und Interpretation lässt sich genau datieren. Es geschah 1888 in London.

Vorhang auf: London 1888 –
Der Serienmörder betritt die Szene

In den zehn Wochen zwischen dem 31. August und dem 9. November 1888 verübte ein geheimnisvoller Killer in London fünf brutale Morde an Gelegenheitsprostituierten. Vier der Getöteten fand man innerhalb Whitechapels, eines berüchtigten Teils des Proletarierviertels East End, eine nicht weit davon entfernt in der City. Die Morde wurden nachts in einer dicht besiedelten Gegend verübt, bis auf einen sogar auf offener Straße. Dennoch gab es keine Tatzeugen; obwohl die Polizei mehrere hundert Männer verhörte, konnte sie keinen ernst zu nehmenden Verdächtigen ausmachen.

Der Fall schlug höchste Wellen der Publizität, denn in ihm ballte sich alles zusammen, was eine Verbrechensgeschichte sensationsträchtig und damit für die Presse kommerziell verwertbar macht. Whitechapel, ein verrufenes Viertel des »Sex and Crime«, mit seiner grellen Atmosphäre von Licht und Schatten, von Pubs und armseligen Logierhäusern, von billigen Bordellen und Sweat Shops, bildete die spektakuläre Bühne für das Schauerstück. Dazu kam die äußerst grausame Ausführung der Morde: Die Brutalität des Killers eskalierte, bis er sein letztes Opfer buchstäblich ausweidete. Ferner wurden die Taten auf mysteriöse Weise förmlich unter den Augen der Öffentlichkeit begangen, ohne dass die Polizei den Mörder fassen konnte. Schließlich faszinierte das Geheimnis, das die Identität des Killers umgab und jedem die Möglichkeit eröffnete, die eigenen sozialen Ängste und Wahnvorstellungen in seiner Person zu bündeln.[1] Diese einzigartige Kombination von Schlüsselreizen nutzte die eben entstandene Boulevardpresse, um eine Story zu spinnen, die bis heute beinahe jeden Tag Platz in den Zeitungsspalten füllt: Sie entdeckte den Serienmörder als Lieferanten Aufsehen erregender Nachrichten für sich und nannte den ersten seiner Art Jack the Ripper. Der Mörder übrigens schien die enorme Publicity zu genießen, die um seine Untaten entstand. Er schrieb Briefe an die Polizei und die Presse, in denen die Ordnungshüter verspottet und neue Morde angekündigt wurden (zumindest zwei unter den vielen Briefen scheinen Botschaften des echten Jack gewesen zu sein – wie immer in derartigen Fällen bereitet es offenkundig manchen Mitmenschen Freude, die Fahndung mit falschen Bekennerschreiben in die Irre zu führen).

Superstars mit Spitznamen

Seit dem Auftreten Jack the Rippers im viktorianischen London begleitet die Figur des Serienmörders den Medienkonsumenten in westlichen Ländern. Der amerikanische Literaturwissenschaftler Mark Seltzer nennt den Lust- bzw. Serienmörder aufgrund seines häufigen Auftauchens in der Presse und der Popularität, die er dort genießt, gar einen »Superstar«.[2] Bilder vom grausamen, mehrfachen Mörder, der seine Opfer in aller Regel aus dunklen, sexuellen Motiven sucht, werden in den Nachrichten- und fiktionalen Medien unaufhörlich konstruiert und verbreitet. Und das Publikum verfolgt gierig jede Nachricht über ihr Treiben. Sei es ihr Ahnherr »Jack the Ripper« in Großbritannien; seien es die »Hillside Strangler« oder der »Son of Sam« in den vom Serienmörder zeitweise geradezu besessenen USA; seien es endlich in Deutschland der »Werwolf von Hannover«, »Onkel Tick Tack«, der »Blaubart von Altona« oder der »Rosa Riese«: Sie und manch anderer Täter erlangten derartig große Berühmtheit, dass ihnen die Presse Spitznamen verlieh, die in die Folklore der heimgesuchten Regionen eingingen und die auch heute noch jedes Kind kennt. Beunruhigend ist dabei, was angesichts der Morde der »Washington Snipers«, die anfangs nach einer am Tatort zurückgelassenen Spielkarte »Tarot Killer« genannt wurden, die Bostoner Wissenschaftler James Allen Fox und Jack Levin in »USA Today« vom 23. Oktober 2002 bemerkten: Es könne nämlich durchaus die Folge einer solchen Namensvergabe sein, dass der Täter sich bemüht, ihm durch weitere spektakuläre Morde gerecht zu werden. Zudem bettelten Serienmörder förmlich darum, einen Spitznamen verliehen und damit in den erlauchten Kreis der Superkiller erhoben zu werden, die im kollektiven Gedächtnis verbleiben. Auch der Whitechapel-Mörder ist vermutlich selbst der Schöpfer des Namens Jack the Ripper gewesen, denn so unterzeichnete er seine »Mörderbriefe«.

Film und Literatur verwerteten die Schreckensfigur des seriellen Lustmörders ebenso und trugen damit ihrerseits zu seiner Popularisierung bei. In den 1990er Jahren glorifizierten Filme wie »Copykill« (USA 1995), »Der Knochenjäger« (USA 1999) oder »Sieben« (USA 1995) den Serienkiller als Ikone des Bösen und rückten ihn endgültig aus dem Abseits der Schmuddelecke von Splatterfilmen ins gleißende Rampenlicht. In diesem Zusammenhang sind auch Filme zu sehen, die sich bereits länger zurückliegende reale Mordserien zum Thema wählen, wie »From Hell« über Jack the Ripper (USA 2001) oder »Summer of Sam« (USA 1999). Kaum ein Kriminalroman kommt heute ohne multiplen Mörder aus, ganz nach dem Motto »Je mehr Tote, desto besser«. Es erscheint fast so, als sei ein einziger Mord zu langweilig, um das Interesse der Leser zu fesseln; nur der Serienmörder verschafft noch den ersehnten Thrill. Den vorläufigen Höhepunkt dieser Entwicklung markieren die Geschichten um »Hannibal den Kannibalen«, dem mittlerweile drei Bücher und vier Hollywoodfilme gewidmet sind. Dieses Buch wird jedoch zeigen, dass es sich dabei nicht um eine besonders neue Entwicklung handelt,

13

sondern dass Serienmörder seit dem Auftritt Jack the Rippers Künstler immer wieder inspiriert haben. Neu ist hingegen der Rummel, der um Serienmörder im Internet betrieben wird. Auf zahllosen Seiten wird hier beinahe schon einem Kult gehuldigt, wobei es lediglich darum zu gehen scheint, die Verbrechensserien in immer blutigeren Bildern nachzuzeichnen. Doch auch dies ist nur eine konsequente Erweiterung und Fortführung der Darstellungsmöglichkeiten von Serienmördern, mit denen 1888 begonnen wurde.

Epigonen: Deutsche Serienmörder und Medienberichterstattung

Es bedarf sicher einer Erklärung, warum ein Buch über deutsche Serienmörder des 20. Jahrhunderts mit einem Fall aus dem England des 19. Jahrhunderts beginnt. Die Antwort lautet: Weil der Umgang der Presse mit dem Killer von Whitechapel weit über seine Zeit und auch über sein Land hinaus weist. Weil das, was die britischen Medien an Bildern des Serienmörders schufen, archetypisch war für das, was Medien anderer Länder zu anderen Zeiten taten und immer noch tun. Die Ripper-Storys der englischen Zeitungen bilden Schablonen für die Serienmörderdarstellung, derer sich die deutsche Presse bediente und in die sie ihre eigenen Mordgeschichten einpasste.

Es war dabei kein Zufall, dass gerade Jack the Ripper zum ersten »Star-Serienmörder« avancierte. Denn die Konstellation war besonders günstig für den medialen Aufstieg eines brutalen Triebmörders, dem Prostituierte zum Opfer fielen, die aus dem armen und verrufenen Milieu Whitechapels kamen, zum Protagonisten und Helden der veröffentlichten Meinung: Die Boulevardpresse entstand in England zu eben dieser Zeit – aus der technischen Entwicklung heraus, die mit

der Erfindung der Rotationsdruckmaschine und stark fallen-
den Papierpreisen billige und damit massenhaft verbreitete
Presseerzeugnisse zum ersten Mal möglich machte; und die
Themen, mit denen sie sich etablierte, waren sexuelle und
soziale Skandalgeschichten, die in der spätviktorianischen
Gesellschaft für Aufregung sorgten. Weil der Mörder kein
Gesicht hatte, konnten die Organe der Massenpresse dabei je
nach politischer Grundhaltung ihre eigenen Images konstruieren und auf die »leere Fläche« des identitätslosen Schlitzers
projizieren. In diesem Prozess der medialen Konstruktion von
Bildern des Whitechapel-Mörders entstanden schon alle
Facetten der Deutung des »Lustmordes in Serie«, derer sich
die Presse dann weiter bediente.

Die beim »Urvater« der Serienmörder eingesetzten Sprachbilder zeigen eine bemerkenswerte Konstanz über die Zeit und
auch über Ländergrenzen hinweg. Zwei Beispiele – von vielen
denkbaren – mögen die Grenzen und Zeiten überschreiten-
den Analogien zeigen: 1888 wurden erstmals seine Stilisierung
zur reißenden Bestie und die abwertende Charakterisierung
seiner Opfer und des »Jagdreviers« als Bilder zur Konstruktion
der verkaufsfördernden Figur des Serienkillers eingesetzt. Am
häufigsten erklärte man »Jack« zum triebhaften Monster und
kennzeichnete ihn damit als außerhalb der menschlichen
Gemeinschaft stehend. »Halb Tier, halb Mensch«, ein »Ungeheuer« sei der Killer (z. B. »Daily Chronicle«, 11. September
1888), getrieben von einem unstillbaren, animalischen Blutdurst (»East London Advertiser«, 8. September 1888), geleitet
von mörderischen Instinkten. Dazu zog die Presse noch litera-
rische bzw. märchenhafte Vorbilder heran, um das Ungewöhnliche der Verbrechen und vor allem die Einzigartigkeit des
Täters hervorzuheben. Es sei in diesem Fall an »die finsteren,
arglistigen Dunkelmänner in Poes und Stevensons Romanen«
zu denken (»Lloyd's Weekly News«, 7. Oktober 1888), man

habe es mit einem leichenfressenden Ghoul zu tun (»East London Advertiser«, 15. September 1888). Letzteres war zwar einfallsreicher, aber doch nichts anderes, als beispielsweise Fritz Haarmann 1924 als Werwolf, Peter Kürten 1931 als Vampir oder Fritz Honka 1975 als Blaubart zu apostrophieren.

Wenn hingegen die abschätzige Darstellung der Opfer im Mittelpunkt der Darstellung der Ripper-Morde stand, wie es bei den konservativen Medien der Fall war, knüpfte sie an bestehende Vorurteile des Bürgertums über den Zusammenhang von Armut und moralischer Verwahrlosung an. Nicht mehr die Monstrosität des Verbrechers, sondern die Lebensführung oder das soziale Milieu der Opfer wurden verantwortlich gemacht für die Schrecken der Taten. Im viktorianischen London äußerte sich das konkret in dem Befund, die Ermordeten seien »Frauen mit schlechtem Lebenswandel« (»Evening Standard«, 9. November 1888) gewesen, entstammten einem »Menschenschlag, der sich erstaunlich rasch und mit kümmerlichem Ergebnis vermehrt« habe (»East London Observer«, 27. Juni 1889) und hätten letztlich den Ort ihrer Ermordung selbst gewählt. Eine Variante und Steigerung der abfälligen Opferbeschreibung sah den Mörder als eine Art Vollstrecker eines Todesurteils, das durch das soziale Milieu und die Lebensweise der Opfer auch ohne sein Wirken bereits gesprochen war. Der »Daily Telegraph« etwa ließ sich aus über die »zügellosen Gewohnheiten« der Getöteten, ihren »irregulären Lebenswandel in Obdachlosenasylen«. Diese Beschreibung kulminierte in dem Satz, es habe sich um »trunksüchtige, lasterhafte arme Teufel [gehandelt], für die es fast eine barmherzige Tat war, dass man sie von der Last ihrer Existenz befreite« (24. September 1888). Auch hier finden sich verblüffend analoge Sprachbilder bei deutschen Fällen, wann immer die Getöteten sozial randständige Existenzen waren wie etwa die homosexuellen Opfer Haarmanns oder Prostituierte im Fall Honka.

Zur Relevanz und Legitimität
einer weiteren Arbeit über Serienmörder

Anhand der Untersuchung, wie Medien mit dem Phänomen Serienmord umgehen und welche Bilder des Bösen sie im Zuge dessen konstruieren und transportieren, kann viel über die Konstitution einer Gesellschaft – und ihrer Medien – und gesellschaftliche Ansichten in Bezug auf Gewalt, Ausgrenzung und Toleranz, die Einstellung zum Bösen, zum Anderen und Fremden gezeigt und somit Aufschluss über Mentalitäten der Menschen einer Epoche erreicht werden. Daraus lässt sich die Relevanz des Themas erkennen. Dies gilt umso mehr, als Serienmord heutzutage in der Tagespresse, aber auch in Film und Literatur ein höchst beliebtes Versatzstück bildet.

Rechtfertigt all dies aber, dem Medienhelden Serienmörder mit einer weiteren Abhandlung noch mehr Publizität zu verschaffen? Oder anders gefragt: Besteht nicht eine gewisse Ironie darin, eine Untersuchung zu verfassen, die letztlich das Gleiche tut wie die kritisierten Medien, nämlich der blutigen Faszination brutaler Mörder zu erliegen und im Zuge dessen bestimmte Bilder über diese Täter zu transportieren, die mithelfen, am Mythos Serienmörder zu weben?

Das Böse zu beschreiben heißt einerseits immer auch, es zu beschwören. Andererseits ist es nicht unser Ziel gewesen, noch einmal die Fallgeschichten in ihren blutrünstigen Details nachzuzeichnen. Deshalb beschränkt sich die Darstellung der Morde auch auf das zum Verständnis notwendige Minimum. Vielmehr wollen wir aufzeigen, wie eine Gesellschaft in ihren Zeitumständen auf das plötzliche Hereinbrechen des unerklärlich Bösen reagiert, welcher Mittel sie sich zu seiner Beschreibung bedient und damit am Ende, wie es dazu kommt, dass die personifizierte Scheußlichkeit des Serienmörders nicht nur zum Protagonisten, sondern häufig genug zu einem durchaus als faszinierend, wenn nicht sogar positiv gesehenen Helden der veröffentlichten Meinung gemacht werden konnte. Damit hoffen wir schließlich dazu beitragen zu können, den Serienmörder als das wahrzunehmen, was er ist, ein unvorstellbar brutaler Zerstörer menschlichen Lebens, der in modernen, säkularisierten Zeiten als Substitut einer Teufelsfigur herhält, auf den man seine verborgenen Ängste projizieren kann.

Außerdem hoffen wir zu einer Entmythisierung der modernen Teufelsfigur Serienkiller beizutragen, indem wir zeigen, wer an seinem Mythos mitstrickte und welche Interessen dahinter standen. Denn das ist zweifellos richtig und gleich am Anfang festzuhalten: Der Serienmörder ist keinesfalls ein natürliches Zentrum des öffentlichen Diskurses. Er wird vielmehr dazu gemacht, aus handfesten Gründen, etwa kommerzieller Art, weil die Kombination von Sex und Tod ein nahezu unschlagbares Verkaufsargument auf dem Boulevard darstellt, oder um eine bestimmte gesellschaftspolitische Ideologie zu befördern, wofür es noch immer von Vorteil ist, die Zeitgenossen durch die Präsentation fürchterlicher Verbrechen tüchtig zu erschrecken. Deshalb ist es auch durchaus angemessen, von der Erfindung des Serienmörders zu sprechen.

Von Carl Großmann bis Bruno Lüdke: Medienbilder deutscher Serienmörder in der ersten Hälfte des 20. Jahrhunderts

Die Leitfrage unserer Untersuchung ist, welches Bild sich die deutsche Gesellschaft von ihren Serienmördern machte und warum die Medien gerade zu dieser Art von Berichterstattung griffen. Wir wollen zeigen, dass sowohl beim Fall Carl Großmann, der 1921 aufgedeckt wurde, und der zeitlich der erste ist, den wir aufgenommen haben, als auch bei Rudolf Pleil 1950, Joachim Kroll 1976 und z. B. Wolfgang Schmidt 1991 der

Fundus der Mörderimages stets der gleiche blieb. Welche Bilder dort jeweils herausgegriffen wurden, war jedoch von den Umständen der Zeit abhängig. Wir werden infolgedessen zu erörtern haben, welche Bilder zu welcher Zeit dominierten und weshalb.

Zu diesem Zweck werden wir in diesem Band die Medienauftritte der Serienmörder in der Weimarer Republik und im Nationalsozialismus untersuchen (für die Nachkriegszeit und die Bundesrepublik sei auf Band II verwiesen). Den Anfang machen dabei die 1920er Jahre, in denen vor dem Hintergrund des eben beendeten Weltkriegs, politischer Unruhen und der gesellschaftszerrüttenden Hyperinflation drei höchst spektakuläre Mordserien stattfanden bzw. aufgeklärt wurden. Zunächst richten wir unser Augenmerk auf den Fall des Hannoveraners Fritz Haarmann, des heute noch bekanntesten deutschen Serienkillers, dem die Polizei 1924 auf die Schliche kam. Hier wie auch in allen folgenden Fällen untersuchen wir die Berichterstattung über die Aufdeckung des Mordgeschehens und den sich anschließenden Prozess, wenn er denn stattfand und sich der Verdächtige ihm nicht durch Suizid entzog. Den Schwerpunkt bildet dabei die Analyse der Massenmedien, d. h. in dieser Periode, regionaler wie überregionaler Zeitungen und Illustrierten. Aber auch wissenschaftliche Meinungsäußerungen und fiktionale Medien wie Film und Belletristik sind einbezogen. Diese Darstellung ist jeweils eingebettet in ein Panorama der Zeit, um deutlich zu machen, vor welchem Hintergrund der gesellschaftlichen und politischen Entwicklung Medienmacher die Morde deuteten. Es schließen sich für die 1920er Jahre die heute weitgehend vergessenen Mordserien Carl Großmanns und Karl Denkes an. Die Morde des Peter Kürten erlangten in der ersten Jahrhunderthälfte die wohl größte Publizität. Das lag vermutlich daran, dass sie fast alle innerhalb eines Jahres verübt wurden und eine ganze

Region – unter gehöriger Mithilfe der lokalen Presse – in Angst und Schrecken versetzten. Der Prozess ging dann 1931 in einem Jahr vonstatten, als die Weltwirtschaftskrise die Weimarer Republik immer schneller in den Abgrund zu ziehen begann. Peter Kürten, den »Vampir von Düsseldorf«, verstanden die Zeitgenossen in diesem Zusammenhang auch als Symptom der allgemeinen Krise.

Für die NS-Zeit mussten andere Untersuchungsmaßstäbe angelegt werden als für die Epoche Weimars. Schließlich existierte eine unabhängige Justiz jetzt ebenso wenig wie eine freie Presse. Ohnehin ist es verwunderlich, dass in einem Staat, der den Anspruch auf totale Überwachung seiner Bürger pflegte und mit allen Mitteln durchzusetzen versuchte, Mörder über viele Jahre der Strafverfolgung entgehen und ihr Unwesen treiben konnten. Nichtsdestoweniger gab es solche Fälle, und es gab auch eine Presseberichterstattung von allerdings deutlich geringerem Umfang als in der Weimarer Zeit. Wir haben die Fälle des mutmaßlichen Knabenmörders Adolf Seefeld, des Münchner Sexualverbrechers Johann Eichhorn und schließlich Bruno Lüdkes untersucht.

Der Fall Lüdke, bei dem es mehr als fraglich ist, ob er überhaupt ein Serienmörder war oder ob ihn nicht vielmehr das Regime aus Propagandagründen zu einem solchen herrichtete – was ihn wiederum besonders interessant macht –, reicht in seiner Bearbeitung bis weit in die bundesrepublikanische Zeit hinein. 1957 drehte Robert Siodmak mit Mario Adorf als Lüdke den Film »Nachts, wenn der Teufel kam«, der große Aufmerksamkeit erregte. Somit eignet sich der Fall in besonderer Weise als Abschluss dieses Bandes. Er dient als Scharnier für die Behandlung des medialen Umgangs mit dem Serienmord in der Nachkriegszeit und in der Bundesrepublik Deutschland. Dieser Aufgabe wollen wir uns in einem gesonderten Buch, das auch die Rezeption des Falles Lüdke umfasst, stellen.

Inflation der Zahlen in der Nachkriegsgesellschaft – Die Mordserien Fritz Haarmann, Carl Grossmann, Karl Denke

Die Weimarer Republik wurde in ihren Anfangsjahren von einer ganzen Reihe gravierender Probleme und Krisen förmlich durchgeschüttelt. Viele Deutsche standen der Republik kritisch oder ablehnend gegenüber, dieser Staatsform, die der als schmachvoll empfundenen Niederlage im Ersten Weltkrieg entstammte und der man den »Schandfrieden« des Versailler Vertrags anlastete. Den Radikalismus und die überbordende politische Gewalt jener Zeit zeigten der kommunistische Spartakusaufstand 1919 und seine blutige Niederschlagung sowie die Morde am ehemaligen Vizekanzler und Reichsfinanzminister Matthias Erzberger 1921 und an Außenminister Walter Rathenau 1922 durch rechtsnationale Reichswehrangehörige.

Krisensymptome: Die ersten Jahre der Weimarer Republik

Die junge Demokratie war bedroht und erschien mehr als brüchig. Schon 1920 kam es beim so genannten Kapp-Lüttwitz-Putsch zum Versuch, die gewählte Koalitionsregierung von SPD und Zentrum gewaltsam zu stürzen, was jedoch am passiven Widerstand der Bevölkerung, die in einen Generalstreik trat, scheiterte. Am 9. November 1923 erklärte ein gewisser Adolf Hitler in München die Reichsregierung für abgesetzt und sich selbst zum Reichskanzler. Die Polizei trieb freilich seine Anhänger vor der Feldherrenhalle mit Waffengewalt auseinander. Noch konnte sich die Republik auf ihre Verteidigungsorgane und auf Teile der Bevölkerung verlassen.

Wenig Grund zur Zuversicht bot die außenpolitische Situation; das im Krieg unterlegene Deutschland war in der Welt isoliert. Die Siegermächte bestanden auf der Erfüllung der in Versailles auferlegten Reparationszahlungen. Als Frankreich Versäumnisse bei Kohlelieferungen feststellte, besetzten seine Truppen 1923 das Rheinland. Die deutsche Bevölkerung betrachtete dies als eine weitere, unverdiente Kränkung, und die Regierung rief zum passiven Widerstand auf. Dieser so genannte Ruhrkampf war jedoch nicht durchzuhalten, weil die mit ihm rasant steigenden finanziellen Verpflichtungen des Reichs dessen Leistungsfähigkeit bei weitem überschritten. Die Regierung setzte folglich auf eine beschleunigte Emission von Banknoten, so dass der Geldumlauf sich rasch vermehrte und der Wert der Mark in der Hyperinflation ins Bodenlose sank.

Eine schleichende Geldentwertung war bereits seit 1921 spürbar gewesen. Im Dezember 1921 notierte der US-Dollar bei 190 Mark, ein Jahr später bereits bei 7.650 Mark und im Oktober 1923 betrug der Gegenwert von einem Dollar schließlich 40 Milliarden Mark. Eine Illustrierte kostete am 8. Juli 1923 1.500 Mark, drei Monate später 200.000 und im November 1923 50 Milliarden Mark. Die Geldentwertung verzehrte binnen kürzestem Vermögen und Sparguthaben. Die astronomische Aufblähung der Ziffern ging mit einer Schwindel erregenden Beschleunigung des Lebens einher. Bis ein Uhr mittags musste das Geld täglich ausgegeben werden, denn wenn um diese Zeit die Kurse der New Yorker Börse herauskamen, konnte es seinen Wert schon verloren haben. Angestellte wurden oftmals täglich entlohnt, damit sie sich überhaupt noch etwas für ihr Gehalt kaufen konnten.

INFLATION DER ZAHLEN IN DER NACHKRIEGSGESELLSCHAFT ...

Die Inflationsgesellschaft:
»Vergnügungssucht« und »Sittenverfall«

Mit dem Geldwert schwanden auch Hemmungen. Die Existenz schien zum Glücksspiel zu werden. »Tanzwut« und »Vergnügungssucht« griffen um sich, die Menschen wollten sich verzweifelt amüsieren nach dem Motto: »Man lebt ja nur so kurze Zeit und ist so lange tot«. In den Großstädten entstanden »Schnapsdielen« und »Kokainhöhlen«; konservative Kommentatoren beklagten eine »Entwertung aller Werte«.

Vor dem Hintergrund der »Vergnügungssucht« und der vorgeblichen Gefährdung der Jugend ist die so genannte Schund- und Schmutzdebatte zu sehen, die in den 1920er Jahren in Deutschland ausgetragen wurde. Nach der Weimarer Reichsverfassung, Artikel 118, fand Zensur zwar nicht statt, allerdings wurde die freie Meinungsäußerung durch die Formulierung, dass jeder Deutsche das Recht habe, »innerhalb der Schranken der allgemeinen Gesetze seine Meinung [...] frei zu äußern«, mit den Mitteln des Strafrechts eingeschränkt. Nach dem Mord an Rathenau wurde Artikel 118 vorübergehend außer Kraft gesetzt, und es kam zu über 200 Zeitungsverboten.

Filme waren vom Zensurverbot ausgenommen, »gesetzliche Maßnahmen [...] zur Bekämpfung der Schund- und Schmutzliteratur sowie zum Schutz der Jugend« zugelassen. Die »Schundkämpfer« verlangten darüber hinaus eine noch schärfere Filmzensur, eine striktere Kontrolle von Tanzbars und ein Verbot des Besuchs von öffentlichen Veranstaltungen für Personen unter 18 Jahren. 1926 wurde das »Gesetz zur Bewahrung der Jugend vor Schund- und Schmutzschriften« verabschiedet, allerdings ohne genau zu definieren, was unter solcher Lektüre zu verstehen sei. In der Praxis hatten es Filme und Schriften, die Sexualität und kriminelle Handlungen auch nur am Rande thematisierten, besonders schwer. Allerdings war es für die eingerichteten Prüfstellen gerade im Bereich der Unterhaltungsliteratur fast unmöglich, das Angebot zu sichten.

Die Presselandschaft der Weimarer Republik: Vielfalt und Konformitätsdruck

Die Presselandschaft der Weimarer Republik war gekennzeichnet von einer ausgeprägten Zersplitterung. 1919/20 existierten in Deutschland 3.689 Zeitungen, von denen jedoch nur 26 eine Auflage von mehr als 100.000 Exemplaren erreichten. Fast zwei Drittel aller Blätter erschienen in einer Auflage von weniger als 5.000 Exemplaren.

Ein zweites Kennzeichen war die große Bedeutung der politischen Presse. Am wenigsten parteigebunden waren dabei noch die Organe der bürgerlich-liberalen Presse, die der Deutschen Demokratischen Partei bzw. der Staatspartei nahe standen. 1923 zählten 320 Zeitungen zu diesem Teil des Spektrums, darunter einige der wichtigsten der seriösen überregionalen Blätter, so die »Vossische Zeitung« aus dem Verlagshaus Ullstein, die »Frankfurter Zeitung« oder das »Berliner Tageblatt« von Mosse. Konservative Zeitungen, von denen es in den frühen dreißiger Jahren 400 bis 500 gab, kamen auf eine Gesamtauflage von drei bis vier Millionen. Die größte von ihnen, die der Deutschnationalen Volkspartei (DNVP) nahe stehende »Deutsche Allgemeine Zeitung«, verkaufte täglich 120.000 Exemplare. Sehr viel engere Parteibindungen wiesen die Zeitungen des politischen Katholizismus, die sozialistischen und die kommunistischen Blätter auf. Über 400 katholische bzw. Zentrumszeitungen zählte man 1932, mit einer Auflage von insgesamt drei Millionen. Der SPD gehörten zur

INFLATION DER ZAHLEN IN DER NACHKRIEGSGESELLSCHAFT ...

gleichen Zeit 135 Blätter bzw. standen ihr nahe, sie erreichten
etwa eine Million Auflage, die größte und bekannteste von
ihnen, der »Vorwärts«, um 75.000. Ungefähr 60 Zeitungen hingegen waren kommunistisch orientiert, die »Rote Fahne«
wuchs bis zu einer Auflage von 130.000. Schließlich die völkische bzw. nationalsozialistische Presse: Sie erfuhr auch schon
vor der Machtübernahme Hitlers 1933 einen erstaunlichen
Aufschwung. 1926 gab es gerade einmal 20 solcher Zeitungen,
mit einer Auflage von vielleicht 10.000, 1930 waren es schon
64, die 250.000-mal gedruckt wurden. 1933 erreichten dann
190 NS-Zeitungen eine Auflage von 1,3 Millionen. Größte NS-
Zeitung war der »Völkische Beobachter« mit 1925 unbedeu-
tenden 4.500 Stück Auflage, 1933 aber schon 310.000.

Ein großer Teil der Presse jedoch verstand sich als unpo-
litisch bzw. nichtparteigebunden. Hier sind vor allem die
Erzeugnisse aus der Pressestadt Berlin zu nennen, der »Berliner Lokal-Anzeiger« aus Hugenbergs Scherl-Verlag mit einer
Auflage von 230.000 (1925) oder die auflagenstärkste deutsche Tageszeitung, Ullsteins »Berliner Morgenpost« mit 1928
einer Auflage von 607.000. Ebenfalls den großen Berliner Ver-
lagshäusern entstammten die illustrierten Wochenschriften
»Berliner Illustrirte Zeitung« (von Ullstein), die 1931 eine
Auflage von 1,95 Millionen zählte, und Scherls »Die Woche«,
von der immerhin auch 300.000 Exemplare gedruckt wurden
(1925).

Die eindrucksvolle Zahl der Presseerzeugnisse bedeutete
jedoch nicht auch eine ausgeprägte Meinungsvielfalt. Ende
der zwanziger Jahre wurden fast 3.000 Zeitungen von nur zwei
Nachrichtendiensten bedient, dem altehrwürdigen offiziösen
»Wolff'schen Telegraphischen Bureau« und der »Telegraphen
Union« Hugenbergs, viele davon ausschließlich, vor allem die
kleineren Blätter aus der Provinz. Besonders problematisch
war, dass Alfred Hugenberg, rechtsnationaler Pressezar und

INFLATION DER ZAHLEN IN DER NACHKRIEGSGESELLSCHAFT ...

seit 1928 Vorsitzender der DNVP, die daraus fast zwangsläufig entstehende Meinungskonformität in seinem republikfeindlichen Sinne weiter trieb, etwa auch dadurch, dass seine Dienste allein 850 Zeitungen so genannte Matern lieferten, d. h. vorgefertigte und bereits gesetzte Zeitungsmäntel. Nachrichten von überregionaler Bedeutung wurden also oft von den Journalisten dieser Zeitungen nicht mehr selbst geschrieben und noch nicht einmal redigiert.[3]

Kriminalisierung der Bevölkerung in Zeiten der Not

Die Notzeit nach dem Ersten Weltkrieg, namentlich aber die Hochinflationszeit 1923, führte zu einer weit reichenden Kriminalisierung großer Bevölkerungsteile. Das lag einmal schlicht daran, dass zahlreiche zum Überleben notwendige Praktiken illegal waren. Um an Nahrungsmittel zu kommen, griffen immer mehr Menschen zu nun ungesetzlichen Methoden wie z. B. den »Hamsterfahrten«. Der Schleichhandel blühte, kleinere Diebstähle waren an der Tagesordnung, und der Schwarzmarkt war oft die einzige Möglichkeit, Dinge des täglichen Bedarfs zu kaufen.

Auch Bevölkerungsschichten, die in der Vorkriegszeit ausgesprochen gesetzestreu gelebt hatten, verstrickten sich gezwungenermaßen in die Alltags- und Notkriminalität. Damit aber relativierten sich auch die allgemeinen Vorstellungen von Ordnung und Moral. Obrigkeitliche Institutionen wie die Polizei, die besonders gegen die Kleinkriminalität durchzugreifen versuchte, sah man als Gegner. Die um sich greifende »Schiebermentalität« wurde auch für den Anstieg anderer krimineller Delikte verantwortlich gemacht. Die Zeitgenossen empfanden eine Verrohung der Sitten, die dazu führe, dass ein Menschenleben nicht mehr viel zähle.

INFLATION DER ZAHLEN IN DER NACHKRIEGSGESELLSCHAFT ...

Etliche trieb die rasende Geldentwertung an die Börse, da sie hofften, so ihr zerrinnendes Vermögen durch Spekulationen mit Geld, das seinen Wert binnen Stunden verlor, zurückzugewinnen. Der Schwarzmarkt gedieh, und »Raffkes«, neureiche Kriegs- und Inflationsgewinnler, ließen es sich gut gehen. Erst die Einführung der Rentenmark am 15. November 1923 stoppte endlich die Inflation. Ein Dollar kostete nur noch 4,20 Mark, und eine gewisse Konsolidierung der Wirtschaft setzte ab 1924 ein. Allerdings wirkten die Erinnerungen an die Hyperinflation noch lange im öffentlichen Bewusstsein nach.

Zudem beklagten die Zeitgenossen das Auseinanderbrechen des traditionellen Familienverbandes, was oft kriegsbedingt war. Viele Ehemänner und Väter waren gefallen, so dass Kinder nicht selten mit nur einem Elternteil aufwuchsen. Die Heimkehrer hatten es häufig schwer, ins normale Berufsleben zurückzukehren, damit einher gingen Armut und Spannungen innerhalb der Familien. Obendrein waren die Kriegsteilnehmer, die bis auf kurze Urlaubsperioden lange von zu Hause fort gewesen waren, ihren Kindern und Ehefrauen vielfach fremd geworden. Das ist auch mit den zum Teil traumatischen Erfahrungen der ehemaligen Soldaten im Schützengraben zu erklären.

Vor diesem Hintergrund aus Zusammenbruch, Gewalt und Desillusionierung auf der einen und dem unbedingten Willen, jede Chance auf Amüsement und materiellen Gewinn zu nutzen auf der anderen Seite, spielten sich zu Beginn der 1920er Jahre drei Mordserien ab, von der eine auch heute noch berüchtigt ist, während zwei andere Täter längst vergessen scheinen. Der bekannteste Serienmörder dieser Zeit ist Fritz Haarmann, der in Hannover 1924 zum Tode verurteilt wurde. Bereits 1921 war in Berlin der Frauenmörder Carl Großmann verhaftet worden. Kurz nach Ende des Haarmann-

Prozesses im Dezember 1924 wurden in Münsterberg in Schlesien die Taten des Karl Denke aufgedeckt, der über Jahre mindestens 31 Männer ermordet hatte.

»Der Werwolf von Hannover« Fritz Haarmann

Im Sommer des Jahres 1924 versetzten die Funde von insgesamt fünf menschlichen Schädeln in der Leine die Hannoveraner Bevölkerung in helle Aufregung. Die Polizei nahm Ermittlungen auf, in deren Verlauf der Verdacht auch auf den vorbestraften Altkleiderhändler Friedrich Heinrich Karl Haarmann, genannt Fritz, fiel. Haarmanns Verhaftung am 22. Juni 1924 erfolgte jedoch eher zufällig nach einer Auseinandersetzung mit einem Strichjungen, der Haarmann gewalttätiger Sexualpraktiken beschuldigte. Dies erschien den Polizisten unter den gegebenen Umständen höchst verdächtig.

Haarmann, geboren am 25. Oktober 1879, hatte bis Ende des Ersten Weltkriegs zahlreiche Freiheitsstrafen wegen Eigentumsdelikten verbüßt. Aber bereits als 17-Jähriger war er auch als Sexualstraftäter auffällig geworden. 1912 und 1918 wurde er abermals wegen unzüchtiger Handlungen mit männlichen Jugendlichen verurteilt. 1918 geriet er aufgrund des Verschwindens des Schankwirtssohns Fritz Rothe unter Mordverdacht, der jedoch nicht erhärtet werden konnte.

Die Ermittlungen, die auf Haarmanns Verhaftung folgten, führten schließlich zu einer Mordanklage in 27 Fällen. Seit 1918 sollte Haarmann männliche Jugendliche, die er teilweise als Ausreißer auf dem Hannoveraner Hauptbahnhof oder in der homosexuellen Prostituiertenszene kennen lernte, ermordet, zerstückelt und ihre Überreste in die Leine geworfen haben. Im Dezember wurde Haarmann dann wegen 24-fachen Mordes zum Tode verurteilt und im April 1925 durch das Fallbeil hingerichtet.

Der »Werwolf von Hannover«
Fritz Haarmann 1924.

»Warte, warte nur ein Weilchen …«: Die zeitgenössische Rezeption

Der Fall Haarmann erregte nicht nur in Hannover, sondern in ganz Deutschland immenses Aufsehen. Die Tagespresse begleitete sowohl die Verhaftung und die anschließenden Ermittlungen im Sommer 1924 als auch den Prozess im Dezember des gleichen Jahres intensiv. Dabei befassten sich Zeitungen aller politischen Couleur mit den Ereignissen in Hannover, die kommunistische »Rote Fahne« ebenso wie die konservative »Neue preußische Kreuzzeitung«, die liberale »Frankfurter Zeitung« oder der sozialdemokratische »Vorwärts«. Neben diesen überregionalen Tageszeitungen berichteten auch, und in

INFLATION DER ZAHLEN IN DER NACHKRIEGSGESELLSCHAFT …

der Region Hannover besonders, die Lokalblätter über den Fall Haarmann. Ferner erschienen 1924 zahlreiche broschierte Hefte mit Titeln wie »Aufklärung über den Massenmörder Haarmann in Hannover« von Carl Schomburg oder die anonyme Schrift »Was man sich in Hannover erzählt: Hannovers letzte Ereignisse. Der Fall Fr. Haarmann als Massenmörder«. Auch in juristischen, kriminalistischen und psychiatrischen Fachzeitschriften wurde der Fall behandelt. Bekannte Persönlichkeiten der damaligen Zeit wie der Kriminalschriftsteller Hans Hyan oder der Sexualwissenschaftler Magnus Hirschfeld äußerten sich zu Haarmann.

Aber nicht nur in Zeitungen fand der Fall Berücksichtigung: Haarmann war ebenso Vorbild für die Figur des Franz Biberkopf in Alfred Döblins 1929 erschienenem Roman »Berlin Alexanderplatz« und inspirierte Fritz Lang – neben der Mordserie Kürtens – zu seinem Film »M – Eine Stadt sucht einen Mörder« von 1931.

Auch in die Populärkultur der Weimarer Zeit fand der Fall Eingang. Der Text des beliebten Schlagers von Walter Koll: »Warte, warte nur ein Weilchen, dann kommt auch das Glück zu dir!« wurde umgedichtet zu: »Warte, warte nur ein Weilchen, dann kommt Haarmann auch zu dir!«, wobei der Serienmörder in den verschiedenen Versionen wahlweise Hackfleisch, Schabefleisch oder Rindsgulasch aus seinen Opfern machte. Nach der Aufdeckung der Mordtaten erschienen Karikaturen, die Aspekte des Falles Haarmann humoristisch verpackten. Daneben kursierten Witze über den Mörder. Dies kann als Versuch der Verarbeitung der Schrecken gesehen werden, die der Fall in der Bevölkerung ausgelöst hatte. Die amüsante Darstellung der Serienmorde verharmloste den Fall, nahm ihm seine erschreckende Komponente und machte ihn zur Unterhaltungsware, was vielleicht die Wurzel des Mythos und des Kultes ist, der um Haarmann bis in die Gegenwart besteht.

INFLATION DER ZAHLEN IN DER NACHKRIEGSGESELLSCHAFT ...

SIMPLICISSIMUS

Haarmann-Hannover

(Th. Th. Heine)

„Ihre Verdienste um die Polizei in Ehren — aber ich bitte mir aus, daß Sie mich jetzt nicht mehr duzen."

Die berühmte Satirezeitschrift »Simplicissimus« greift am 4.08.1924
den Fall Haarmann auf.

31

Haarmann ist bis heute unvergessen, im Gegensatz zu Großmann und Denke, die für nicht minder spektakuläre Mordserien der frühen 1920er Jahre verantwortlich sind. Gerade in jüngster Zeit ist der Fall Haarmann durch den mehrfach preisgekrönten Film »Der Totmacher« von 1995 mit Götz George in der Hauptrolle wieder besonders populär geworden. Der Film feierte auch als Bühnenstück Erfolge. Ebenfalls 1995 entstand das Stück »Haarmann« von Marius von Mayenburg. Und bis in die 1990er Jahre erschienen noch Bücher über den Fall, so z. B. »Haarmann. Nachruf auf einen Werwolf« von Friedhelm Werremeier (1992).

Es handelt sich hierbei jedoch nicht um eine Wiederentdeckung eines zwischenzeitlich vergessenen Kriminalfalles, beispielsweise thematisierte der Faßbinder-Film »Die Zärtlichkeit der Wölfe« schon 1973 den Fall Haarmann. Und dass die Mordserie noch Mitte der 1970er Jahre hohe Wellen schlagen konnte, belegt die massive Empörung, die Alfred Hrdlickas Idee hervorrief, ein Denkmal für den Mörder in Hannover zu errichten. An diesen Protesten beteiligten sich auch Angehörige der Haarmann-Opfer.

Doch schon in den 1920er Jahren war der Topos des Lustmörders auch in der Kunst weit verbreitet: Die Figur des Triebmörders stand im Mittelpunkt zahlreicher Bilder von Georg Grozs und Otto Dix und tauchte in Büchern wie Jacob Wassermanns »Christian Wahnschaffe« (1919) und Robert Musils »Der Mann ohne Eigenschaften« (1930/32) auf. Schon damals wurde der Serienmörder entweder als »faszinierender Übermensch« glorifiziert oder als negatives Produkt der modernen Gesellschaft gesehen.

Es lässt sich sogar eine Vermischung von Populärkultur und Wissenschaft feststellen: Kunst und Literatur verarbeiten nicht nur Aspekte realer Kriminalität, die künstlerische Verarbeitung wirkt bisweilen auch darauf zurück, wie Wissenschaftler

INFLATION DER ZAHLEN IN DER NACHKRIEGSGESELLSCHAFT ...

Otto Dix »Sexmörder«
(1920). Ein Beispiel
für das Auftauchen
des Serienmörders
in der Kunst.

über Kriminalität denken und sie beschreiben. So empfahl beispielsweise der Jurist und Polizeifachmann Heinrich Lindenau zum Aspekt der Leichenzerstückelung in einem Artikel über den Fall Haarmann von 1924 sein eigenes, kurz vor der Aufdeckung der Mordserie in der juristischen Romanreihe »Schattenbilder des Lebens« erschienenes Buch »Kriminalinspektor Dr. Stretter«. Ähnlich ging auch der Psychiater Prof. Friedländer vor. Er bezeichnete Haarmann 1925 als »Vertreter der gefährlichen Gruppe der perversen Monomanen«. Als Beispiel für einen solchen Monomanen führte er jedoch keine klinischen Untersuchungen an, sondern den Goldschmied in

E. T. A. Hoffmanns Erzählung »Das Fräulein von Scuderi«, die 1818 erschienen war.

Nachdem der Prozess so viel Aufmerksamkeit und Schrecken erregt hatte, unternahm die Obrigkeit in den 1920er Jahren vieles, um den Fall Haarmann aus dem öffentlichen Bewusstsein zu tilgen. Die Beerdigung der Haarmann-Opfer fand kaum Berücksichtigung in der Presse. Nach langwierigen Auseinandersetzungen mit den Eltern der Opfer, wobei es um die Bezahlung der Begräbniskosten durch die Stadt Hannover ging, wurden die sterblichen Überreste der Getöteten schließlich am 21. Februar 1925 in einem Gemeinschaftsgrab in Hannover beigesetzt. Einen Grabstein stellte man jedoch erst 1928 auf, nachdem der von den Angehörigen vorgeschlagene Gedenktext entschärft worden war. Ursprünglich hatte es heißen sollen: »Jünglinge, kaum der Schule entwachsen, rein wie die Lilie, riß ein entarteter Kreis fort euch aus sittlichster Bahn. Schmerzen, Liebe und Tränen, geweint von Vätern und Müttern um den gemordeten Sohn, schufen dies steinerne Bild. Nimmer kehret ihr wieder, ihr fandet ein grausames Ende durch ein Werkzeug, das Henker und Massenmörder zugleich.« Heute ist auf dem Stein lediglich zu lesen: »Dem Gedächtnis unserer lieben von September 1918 bis Juli 1924 verstorbenen Söhne.« Der anklagende Grundton wurde ebenso beseitigt wie die provozierenden Worte »gemordet« und »Massenmörder«.

»Irrenhaus oder Schafott?«

Die Todesstrafe für Haarmann war nicht unumstritten gewesen. Einige Autoren merkten im Zusammenhang mit der Verhandlung vor dem Schwurgericht an, dass es sich um einen Geisteskranken oder doch zumindest um einen vermindert zurechnungsfähigen Täter handele. So schrieb das »Hamburger Echo«, bei Haarmann habe man es mit einer »besonders furchtbaren Spielart eines Irren zu tun«. Dies wurde schon mit der Anzahl der Morde begründet, die kein geistig gesunder Täter begangen haben könne. Auch das Fehlen eines klaren Motivs stützte diese Argumentation: Die vom Gericht unterstellte Habgier, die Haarmann getrieben habe, da er sich der Kleidungsstücke seiner Opfer habe bemächtigen wollen, wurde fast einhellig als wenig einleuchtend zurückgewiesen. Teilweise wurden auch Haarmanns mehrfache Einlieferungen in psychiatrische Heil- und Pflegeanstalten zur Untermauerung des Befundes vom gestörten Geisteszustand angeführt. Der Gutachter der Anklage, Professor Ernst Schultze, bezeichnete Haarmann jedoch als voll zurechnungsfähig. Pikanterweise ergab eine im »Kraepelinschen Hirnforschungsinstitut« in München post mortem durchgeführte Untersuchung von Haarmanns Gehirn die Diagnose einer früheren Hirnhautentzündung. Christine Pozsár, Oberärztin an der Abteilung Forensische Psychiatrie des Landeskrankenhauses Göttingen, argumentiert, dass Meningitis, die eine hirnorganische Schädigung hervorrufen kann, von Schultze in seinem Gutachten über Haarmann ausgeschlossen worden war, in den 1920er Jahren aber aufgrund der damaligen medizinischen Verfahren durchaus schon erkennbar gewesen wäre. Eine solche Diagnose hätte auch zahlreiche Verhaltensauffälligkeiten Haarmanns erklären können. Pozsár kommt daher zu dem Schluss, dass »bei Haarmann bereits vorhandene pathologische Persönlichkeitsmerkmale durch eine hinzugetretene hirnorganische Beeinträchtigung akzentuiert wurden«. Dies habe eine »erhebliche Einschränkung seiner Steuerungsfähigkeit zum Zeitpunkt der Straftaten bedingt«.[4] Erich Wulffen schrieb allerdings 1926: »Über das Ergebnis der Gehirnsektion ist bisher nichts bekannt geworden.« Dies legt die Vermutung nahe,

INFLATION DER ZAHLEN IN DER NACHKRIEGSGESELLSCHAFT ...

dass die Diagnose einer Hirnerkrankung bei Haarmann bewusst zurückgehalten wurde, um eine Diskussion über ein mögliches Fehlurteil zu vermeiden.

Die Alternative zur Todesstrafe wäre nach dem in der Weimarer Republik geltenden Strafrecht gewesen, Haarmann für unzurechnungsfähig zu erklären. Eine Zwischenform, wie sie die heute im Strafrecht existierende Kategorie der verminderten Zurechnungsfähigkeit darstellt, wurde im Zuge der angestrebten Strafrechtsreform in den 1920er Jahren zwar diskutiert und ihr Vorhandensein auch von Experten nicht bestritten, allerdings hielt sie aufgrund des Scheiterns der Justizreform keinen Einzug ins damalige Strafrecht. Als Unzurechnungsfähiger hätte Haarmann freigesprochen werden müssen. Die Polizeibehörde hätte nur eine erneute Einweisung in eine psychiatrische Anstalt anordnen können. Davor warnte der »Hannoversche Kurier«, wenn er den juristischen Sachverhalt etwas verkürzt folgendermaßen darstellte: »Wird Haarmann freigesprochen, dann muß ihn das Gericht laufen lassen!«

Dies erschien der Presse und wohl auch dem Gericht nicht als angemessene Strafe für seine Verbrechen. So war im »Hannoverschen Kurier« vom »Wunsch nach Vergeltung und Sühne« die Rede, der auch durch den angeblich »pathologischen Geisteszustand« Haarmanns nicht abzuschwächen sei. Das »Hamburger Echo« schrieb: »Der Sinn der Todesstrafe für Haarmann ist ganz einfach der, für ... vergossenes Blut Rache zu nehmen.« Und der Staatsanwalt bekundete im Vorfeld des Prozesses seinen Willen »als Laie selbst gegen die Wissenschaft anzukämpfen, wenn diese etwa Haarmann für unzurechnungsfähig erklärt haben solle«. Das gesellschaftliche Bedürfnis nach Vergeltung und Rache wog schwerer als eine Nichtverantwortlichkeit des Täters für seine Taten. Das juristische Konzept der Unzurechnungsfähigkeit scheint in einem Fall wie Haarmann als recht abstrakt empfunden worden zu sein. Ein weiterer Gutachter im Haarmann-Prozess, Medizinalrat Dr. Schackwitz, erklärte 1926, die Hinrichtung des Angeklagten habe dem »Volksempfinden [...] durchaus entsprochen«.

In der Berichterstattung wurde deutlich, dass, selbst wenn Haarmann als geisteskrank zu gelten habe, ihn dies nicht weniger gefährlich mache. Vielmehr belege gerade eine Geistesstörung die Notwendigkeit seiner Hinrichtung, da er nur so dauerhaft und endgültig aus der Gesellschaft entfernt werden könne. Das »Hamburger Echo« brachte das Dilemma auf den Punkt: »Ein bürgerliches Publikum wird sich ... entrüsten: Natürlich ist Haarmann krank, das sieht man doch! Gut – tretet ihr dann dafür ein, daß er begnadigt und dem Irrenhaus überwiesen wird? Das fehlte noch – werdet ihr sagen –, man müßte dem Scheusal 24mal den Kopf herunterreißen!«

»Blutige Visionen« und »geschmolzenes Menschenfett«: Darstellung der Taten in der Presse

Da Haarmann behauptete, sich an die Tatausführung nicht erinnern zu können, blieb es der Fantasie der Journalisten überlassen, ihren Lesern den Tathergang auszumalen, was zu reichlich blutigen Beschreibungen führte. So war denn die Rede von »sadistischen Orgien«, in denen sich Haarmann in seiner Kammer, deren Wände blutverschmiert gewesen seien, ergangen und bei denen er seinen Opfern die Kehle durchgebissen habe.

Eine Steigerung erfuhr diese Darstellung durch die offen erhobene Behauptung, Haarmann habe seine Opfer »regelrecht tranchiert« und die Leichenteile als Fleisch verschenkt bzw. »zu Sülze, Bouletten und Konserven verarbeitet«. Daraufhin grassierte in Hannover eine regelrechte Menschenfleisch-

INFLATION DER ZAHLEN IN DER NACHKRIEGSGESELLSCHAFT ...

Psychose, die Angst, unwissentlich Menschenfleisch zu essen. Es ist sicher bezeichnend, dass noch 47 Jahre später, im zweiten Prozess gegen den so genannten »Kirmes-Mörder« Jürgen Bartsch von 1971, ein Gutachter auf diese fantastische Horrorgeschichte rekurrierte: Der emeritierte Professor für Psychiatrie, Friedrich Panse (71), gab anlässlich seiner Aussage nämlich eine Erinnerung an seine Hochzeitsreise zum Besten: Das Kalbsragout, das er und seine Frau gegessen hätten, habe seltsam geschmeckt. Noch heute meine seine Frau, das Fleisch sei von Kindern gewesen, die Haarmann umgebracht habe.

Die Zeitungen überboten sich regelrecht mit immer schauerlicheren Geschichten, nicht jedoch, ohne jeweils die Konkurrenzblätter ob ihrer Sensationslüsternheit zu geißeln und zu betonen, man selbst nehme von solchen Darstellungen Abstand, um dann freilich genüsslich reißerische Einzelheiten verlauten zu lassen. Dies geschah häufig in Form von Zitaten, so im »Hamburger Fremdenblatt«: »Ein Bericht will wissen, daß H. seine Opfer vorsichtig entbluten ließ [...].« Das »Hamburger Echo« verpflichtete sich zum Prozessauftakt am 4. Dezember 1924 zu zurückhaltender Berichterstattung, denn: »Die Greueltaten des Haarmann sind so fürchterlich, daß es sensationeller Übertreibungen wirklich nicht bedarf. [...] Wir werden uns deshalb [...] auf das Notwendigste beschränken [...], ohne mit lüsternen Stimmungsbildern die Gemüter noch mehr in Aufregung zu versetzen [...].« Am 5. Dezember konnte der Leser dem Blatt jedoch entnehmen, dass in Haarmanns »düsterer Dachkammer« 27 junge Menschen »einen entsetzlichen Schlächtertod« gefunden hätten und von deren »Todesängsten« lesen. Das Mittel des Zitats oder die angebliche freiwillige Selbstbeschränkung wurden bewusst eingesetzt, um der jeweiligen Zeitung den Anschein von verantwortungsvoller Berichterstattung zu verleihen. Andererseits sollte das Bedürfnis des Lesers nach brutalen Details befriedigt werden. Denn:

Serienmorde (und natürlich deren Darstellung in möglichst allen Einzelheiten) waren schon in der Weimarer Republik ein Garant für Auflagen- und damit Umsatzsteigerungen. So konnte die »Niedersächsische Arbeiter-Zeitung« (NAZ) ihre Auflage durch die Haarmann-Berichterstattung 1924 von 8.000 Exemplaren auf 35.000 Exemplare mehr als vervierfachen. Die Presse führte jedoch moralisch höher stehende Gründe für die ausgedehnte Berichterstattung an. Der »Hannoversche Kurier« wollte angeblich klären, wie die Mordserie habe geschehen können. Das »Hamburger Echo« versuchte, bei seinen Lesern »Abscheu ... vor solchen Handlungen zu erwecken« und »Mitgefühl für die Opfer und Hinterbliebenen« wachzurufen. Die amerikanische Historikerin Karen Halttunen spricht in diesem Zusammenhang von einer »zuschauenden Anteilnahme«. Sie meint damit, dass Mitgefühl nur durch das Wahrnehmen von Leid und Schmerz hervorgerufen werden könne. Da sich moderne Gesellschaften jedoch durch eine zunehmende Distanz von physischer Qual auszeichneten, benötigten sie zur Vermittlung solcher Erfahrungen Medien wie die Presse, die ihnen erschütternde Taten vorführe. Dabei bestehe jedoch die Gefahr, dass die Leser abstumpften oder Gefallen an brutalen Details fänden. Dies führe zu einer »Kultur des Sensationalismus«, einer populären voyeuristischen Vorliebe für Leid und Schmerz – sie spricht sogar von einer »Pornographie des Schmerzes« –, in der schockierende Ereignisse kommerziell ausgebeutet und öffentliche Erregung geschürt werden könne. Die Presse müsse, um Mitgefühl oder Ablehnung zu erzeugen, gerade die Handlungen möglichst genau und blutig schildern, die sie eigentlich verdammen und beseitigen wolle.[5]

Die Risiken einer solchen Berichterstattung wurden bereits in der Weimarer Republik gesehen. So rief der vorsitzende Richter zu Beginn des Haarmann-Prozesses die Presse zur

Diskretion auf. Die »Vereinigten Elternbünde der Stadt Hannover« wandten sich ebenfalls gegen eine zu minuziöse Berichterstattung und forderten die Presse auf, zurückhaltend zu informieren. Dabei unterstellten sie »einen unmittelbaren Zusammenhang zwischen dem genannten Fall und der Schmutzliteratur«. Der »Bund Deutscher Frauenvereine« bat die Zeitungen sogar, ihre Berichterstattung über den Prozess ganz einzustellen, da er befürchtete, die Jugend könne Schaden erleiden. Dahinter wiederum stand die Befürchtung, dass die Vermittlung von Verbrechen in Massenmedien moralisch verrohend wirken und dass die Darstellung von Gewalt Vorbild für andere Gewalttaten werden oder diese auslösen könne. Die These von der Gewaltinduzierung durch Medien, wie sie auch heute noch diskutiert wird, fand mithin bereits in der Weimarer Republik Verbreitung.

Die ultra-konservative »Kreuzzeitung«, die den Aufruf der Frauenvereine am 12. Dezember 1924 abgedruckt hatte, verzichtete tatsächlich in den nächsten Tagen auf Meldungen vom Haarmann-Prozess. Doch bereits am 15. Dezember erschienen in dem Blatt wieder Artikel zum Thema. Die ökonomische Notwendigkeit, bemäntelt mit dem Recht des Lesers auf Informationen, siegte über moralische Bedenken.

Minderwertigkeit und der geborene Verbrecher: Biologistische Erklärungsversuche

Welchen Grund hatten die Zeitungen, Haarmann zum reißenden Werwolf, zum menschenfressenden Monster zu stilisieren? Sie verfolgten damit ein bestimmtes Ziel: Den Täter so weit wie möglich aus der menschlichen Gemeinschaft auszugrenzen. Dem Leser wurde ein Ungeheuer präsentiert, die gänzlich von ihren abnormen Trieben gesteuerte Bestie, und damit: das genaue Gegenteil zu einem Mitmenschen. Diese Tätercharakterisierung wiederum ist ein elementares Glied in einer Darstellungskette, mit der die Furcht der Öffentlichkeit vor solchen Taten eingedämmt werden soll. Der besondere Schrecken von Serienmorden nämlich – aufgrund des für den normalen Menschen nicht zu verstehenden Motivs und der Brutalität der Tatausführungen – schlägt eine klaffende Wunde in das, was man als kulturelles Geflecht bezeichnen könnte: die gemeinsamen Vorstellungen einer Gesellschaft darüber, was richtig und was falsch, gut und böse, denkbar und undenkbar sei. Im Fall des »Lustmordes« ist diese Wunde besonders tief und schmerzhaft. Unterschiedliche gesellschaftliche Reaktionen – z. B. der Prozess, aber auch die Presseberichterstattung – bemühen sich nun darum, die Wunde zu schließen, indem man den Täter als außerhalb des sozialen Werte-Koordinatensystems stehend darstellt. Auf diese Weise soll das Fortdauern des kulturellen Flechtwerks vorgeführt werden.[6] Damit helfen die Medien der Gesellschaft bei der Selbstversicherung, dass ihre Werte weiterhin Gültigkeit besitzen. Dieses Bedürfnis nach Selbstversicherung wiederum tritt ganz besonders in krisengeschüttelten Gesellschaften auf, wie es die Weimarer Republik in den Jahren nach dem Ersten Weltkrieg zweifellos gewesen ist.

Vor allem der Haarmann zugeschriebene Kannibalismus sollte als Vehikel dienen, den Serienmörder als außerhalb der normalen menschlichen Gesellschaft stehend zu zeigen. Dazu trugen auch die ihm zugeschriebenen tierhaften Attribute und Beschreibungen seines Äußeren bei. So behauptete das sozialdemokratische »Hamburger Echo«, Haarmann habe ein »bestialisches Tiergesicht«. Die Presse nannte ihn des Weiteren »Bestie in Menschengestalt«, »Untier« und »bestialischen Mordbuben«. Damit in Zusammenhang standen Behauptungen, Haarmann sei »ganz besonders primitiv«, »sittlich verwahrlost« und »erblich belastet«.

41

Immer wieder wurde Haarmann als geistig und moralisch minderwertig bezeichnet, so vom Gutachter Schackwitz und dem Schriftsteller Hyan. Auch in der kommunistischen Presse war davon zu lesen. Die Theorie war ideologieübergreifend konsensfähig. Dabei suggeriert schon der Ausdruck »minderwertig« einen geringeren Wert des so bezeichneten Menschen und erleichtert dessen Ausgrenzung aus der Gesellschaft. Im Fall Haarmann war diese gesellschaftliche Eliminierung endgültig: Er wurde hingerichtet.

Das Konzept der »geistigen Minderwertigkeit« war Ende des 19. Jahrhunderts von dem Arzt Julius Ludwig August Koch entwickelt worden, stammte also aus der Medizin. Koch subsumierte unter diesem Begriff alle angeborenen oder erworbenen psychischen Regelwidrigkeiten, die zwar keine Geisteskrankheit darstellten, einen Menschen aber auch nicht als im Vollbesitz seiner geistigen Kräfte erscheinen ließen. Während des Ersten Weltkriegs fand dann eine Gleichsetzung der geistigen Minderwertigkeit mit der juristischen Vorstellung von der Existenz einer verminderten Zurechnungsfähigkeit statt. In diesem Kontext kann von einer Medizinalisierung der Strafrechtslehre gesprochen werden, wofür auch die wachsende Bedeutung der Kriminalbiologie spricht. Diese war am Ende des 19. Jahrhunderts entstanden und wurde mit der Gründung der ersten Kriminalbiologischen Sammelstelle 1923 in Bayern institutionalisiert. 1924 schrieb der Psychiater Karl Wilmanns, dass der Begriff Minderwertigkeit mit psychischer Entartung gleichgesetzt werde.

Eine zu dieser Zeit noch stärker vom Biologismus – d. h. der Verabsolutierung von Erkenntnissen aus der Biologie für wissenschaftliche und soziale Bereiche – geprägte Wissenschaft war die Kriminologie. Sie ging schon in ihren Anfängen eine enge Verbindung mit Medizin und Anthropologie ein. Dies zeigt sich in der Person eines ihrer Urväter, des italienischen

Arztes und Anthropologen Cesare Lombroso, der die Theorie vom »geborenen Verbrecher« entwickelte. Lombroso behauptete, die Ursachen von Verbrechen seien Krankheit und Vererbung. Seiner Auffassung nach handelte es sich bei einem »geborenen Verbrecher« um einen an körperlichen Anomalien identifizierbaren Menschentypus. So veranlagte Menschen müssten zwangsläufig, unabhängig von äußeren Einflüssen, kriminell werden. Die Kategorie des geborenen Verbrechers wurde in der Folgezeit zwar oft kritisiert, fand jedoch als Vorstellung von der Existenz von Berufsverbrechern, gefährlichen oder unverbesserlichen Gewohnheitsverbrechern Verbreitung bis in die 1920er Jahre und wirkte selbst danach noch fort. Auch Haarmann wurde aufgrund seines Lebenslaufes wiederholt in der Presse so bezeichnet.

Kriminalbiologie und Kriminologie wiesen, aufgrund der Idee der Vererbung von Eigenschaften und Verhaltensweisen, aus denen kriminelle Handlungen erwüchsen, eine enge Verbindung zu der zu Beginn der 1920er Jahre aufkommenden Diskussion um eugenische Maßnahmen an Straftätern auf. Durch Eingriffe in die Vererbung sollte sichergestellt werden, dass kriminelle Veranlagungen nicht von Generation zu Generation weitergereicht würden. Zur Begründung der Notwendigkeit solcher eugenischer Maßnahmen zog man extreme Mordfälle wie die Haarmanns heran, um zu belegen, dass die prophylaktische Kastration von Verbrechern eine Möglichkeit sei, derartige Straftaten in Zukunft zu verhindern. So schrieb Marloth, Stadtarzt in Leipzig, 1925 in der »Deutschen Juristen-Zeitung« (DJZ) in einem Artikel, der sich mit der Möglichkeit der Sterilisation von Kriminellen befasste, »der Fall Haarmann … zeigt, wie dringend die Erfüllung dieser Aufgabe ist«. Er äußerte die Hoffnung: »Unter dem … Eindrucke der grausigen Haarmannaffäre wird sich eine Umstellung der deutschen Volkseele […] bereitwilliger als bisher … vollziehen.« Die Sterilisation wurde zudem als Ersatz für als teuer angesehene Freiheitsstrafen von Sexualstraftätern propagiert. Ostermann, Oberministerialrat im Ministerium für Volkswohlfahrt, führte dazu 1926 aus:»Die Asylierung ist kostspielig. [...] Bleibt ... die Sterilisierung. [...] Sicherlich verursacht sie auch nur sehr geringe Kosten.« Das Kostenargument war in der mit finanziellen Schwierigkeiten kämpfenden Weimarer Republik immer schlagkräftig.

Dass dabei Verbrechern elementare Rechtsgrundsätze abgesprochen wurden, nahm man offensichtlich billigend in Kauf. Landgerichtsrat Kleineberg, am Haarmann-Prozess als Beisitzer beteiligt, schrieb 1925 in der»DJZ«, dass in solchen Fällen»die persönliche Freiheit des Einzelnen ... unter ... den Gesichtspunkt des Allgemeininteresses zu stellen« sei. Solche Ansichten begünstigten später zweifellos die Einführung eugenischer und»rassehygienischer« Maßnahmen zu Beginn des»Dritten Reichs«. Der Kommentar zum»Gesetz zur Verhütung erbkranken Nachwuchses« vom Juli 1933 ordnete ebenfalls»das Interesse des erbkranken Einzelwesens dem Gesamtwohl des erbgesunden deutschen Volkes« unter.

Kriminalität wurde demnach als biologisch determiniert und vererbbar angesehen. Kriminelle galten mehr und mehr als»minderwertig«. Kriminelles Verhalten wurde als abnorm und als Anzeichen eines moralischen Defekts wahrgenommen. Dies geschah zu einer Zeit, als weite Kreise der Bevölkerung zu illegalen Mitteln griffen, um ihren Lebensunterhalt zu bestreiten. Dennoch empfanden sich diese Menschen nicht als Kriminelle, denn sie wurden von äußeren Gegebenheiten zu gesetzeswidrigen Handlungen getrieben. Um ein Gegenbild zu ihrem eigenen Verhalten zu entwerfen, akzeptierten sie bereitwillig Konzepte, die besagten, dass nicht durch äußere Umstände hervorgerufene Kriminalität eine Gefahr darstelle, sondern dass vielmehr die Gewohnheitsverbrecher die eigentliche Bedrohung der Ordnung wären. Diese Gruppe konstituierte sich angeblich aus aufgrund von geistigen Defekten zur Kriminalität neigenden Elementen, die unabhängig von Krisenzeiten zwangsläufig gegen Gesetze verstießen. Dadurch war es möglich, das eigene Selbstverständnis als »gesetzestreuer Bürger« mit illegalem Verhalten in Einklang zu bringen und sich gleichzeitig gegen die »geborenen Verbrecher« abzugrenzen.

»Wahnsinn, Seelenvergiftung und wirtschaftlicher Zusammenbruch«: Die Deutung der Haarmannmorde vor dem Hintergrund der Krisenjahre der Republik

Konträr zur pathologisch-biologistischen Verbrechenserklärung stand die Lehre vom Verbrechen als soziale Erscheinung. Dabei wurde Kriminalität als milieubedingt und abhängig von gesellschaftlichen und ökonomischen Gegebenheiten gesehen.

Die Situation nach dem Ersten Weltkrieg beschrieb der Jurist Alfred Richter 1928 in seiner Dissertation zur Sicherungsverwahrung folgendermaßen:»Die Kriegsfolgen und die innerpolitischen Umwälzungen, später dann der Währungsverfall, die Zerrüttung aller Wirtschafts- und Lebensverhältnisse, nicht zuletzt auch das wiederholte Versagen der Staatsautorität [...], haben die Kriminalität auf eine als anormal zu bezeichnende Höhe anschwellen lassen [...].« In diesen Kontext wurden auch die Haarmann-Morde eingepasst. Hans Hyan schrieb in einem Artikel für die Zeitung »Die Welt am Mittag« 1924:»Auf solchem Hintergrund des Wahnsinns, der Seelenvergiftung, des wirtschaftlichen Zusammenbruchs und der schamlosesten Volksausraubung zeichnet sich mit grellroten Strichen die Mordhistorie des homosexuellen Sadisten

Fritz Haarmann ...« Hyan sah in der Radikalität der Kommunisten und der »Rechtsbolschewisten«, den politischen Morden und dem Streben nach materiellem Gewinn eine Atmosphäre der Gewalt und Rücksichtslosigkeit entstehen, die auch die Morde Haarmanns begünstigt habe.

Der Philosoph Theodor Lessing benutzte den Fall Haarmann in seinem Buch »Haarmann – Die Geschichte eines Werwolfs« von 1925 ebenfalls zu einer tiefer gehenden Gesellschaftskritik. Das Buch endet mit den Worten »Unser aller Schuld!«, was impliziert, dass die Morde nicht Haarmann allein angelastet werden könnten, sondern er im Gegensatz dazu ein Produkt der Gesellschaft und seiner Zeit gewesen sei. In diesem Sinne äußerte sich auch der Journalist Otto Kaus in der Zeitschrift »Die Weltbühne«, wenn er im Zusammenhang mit dem Fall Haarmann von der »Kollektivhaftung der Gesellschaft für die Verirrungen des Einzelnen« sprach. Solche Deutungen forderten soziale Veränderungen und wandten sich gegen eine Ausgrenzung des Täters aus der Gesellschaft, die sich vielmehr ihrer Verantwortung stellen müsse.

Ganz konkret wurden die Haarmannmorde mit dem Milieu, in dem sie geschehen waren, verbunden. Die Altstadt Hannovers, in der Haarmann gewohnt hatte, wurde als »Verbrechernest« und »Prostitutionsmarkt« beschrieben. Dort herrsche »Krankheit, Unzufriedenheit und Verbrechen«. Haarmanns Nachbarn, die von den begangenen Morden nichts bemerkt haben wollten, bezeichnete eine Presseerklärung der Hannoveraner Polizei als »das verdorbenste Proletariat der Großstadt«, seine Opfer nannte der gleiche Text »verwahrlost und moralisch minderwertig«. Nicht nur Haarmann selbst, auch seine Opfer und sein gesamtes Lebensumfeld hätten demnach außerhalb der normalen Gesellschaft gestanden. Dies erweckte den Anschein, als hätten sich die Außenseiter der Gesellschaft nur gegenseitig massakriert, womit den anständigen Bürgern die Angst genommen werden sollte, einer von ihnen könne ebenso zur Bestie werden wie Haarmann – oder zu seinem Opfer.

Auch hier ist wiederum nach den Gründen zu fragen, die Zeitungen dazu bewogen, ihren Lesern gerade solche Bilder zu vermitteln. Warum griffen bestimmte Medien zu derartigen Denunziationen der Opfer und Darstellungen des Milieus, in dem sich Täter und Opfer bewegten? Diese Vorgehensweise lässt sich begründet als Versuch der Massenmedien interpretieren, dem tödlichen Schrecken der Wahl- bzw. Motivlosigkeit der Taten eine Möglichkeit der Plausibilisierung entgegenzustellen, durch die eine hysterische Furcht in schauderndes Interesse, das sicher verkaufsfördernd ist, abgeschwächt wird. Das Entsetzen, das beim Bekanntwerden solcher Taten um sich greift und häufig weit über die unmittelbare Zeit des Mordens hinausreicht, ist eine Folge der spezifischen Tatumstände von Serienmorden. Beim »gewöhnlichen« Mord gibt es eine nachvollziehbare, oftmals enge Verbindung zwischen Täter und Opfer: Entweder, wenn beispielsweise in einem kriminellen Milieu ein Verbrecher einen anderen tötet oder – sehr viel häufiger – Tötungsdelikte innerhalb von Familien stattfinden. Demgegenüber sucht der Serienmörder seine Opfer in der Regel nach für den gewöhnlichen Verstand nicht zu begreifenden Motiven aus. Und so kann denn auch – im Bereich einer bestimmten Gruppe, die den meist sexuellen Präferenzen des Serienmörders entspricht, die aber häufig einen Großteil der Gesellschaft umfasst (Kinder z. B. oder junge Frauen oder Männer etc.) – potentiell jeder zum Opfer werden. Wenn nun Medien die Opfer als minderwertes Leben und ihre Umgebung als eine Art Vorhof der Hölle, in dem sie ohnehin todgeweiht gewesen seien, beschreiben, kann dem Leser der ganze Schrecken der Taten als Horror aus einer anderen Welt, der ihn nicht betreffe, und vor dem er sich folglich auch nicht

INFLATION DER ZAHLEN IN DER NACHKRIEGSGESELLSCHAFT …

zu fürchten habe, gezeigt werden. Auch in diesem Fall verfolgten die Darstellungen also die Strategie, das gesellschaftliche Werte-Koordinatensystem ungeachtet der Erschütterung durch die Taten als unbeschädigt und weiterhin gültig vorzuführen.

Eine weitere Verbindung wurde zwischen den Mordtaten Haarmanns und dem Ersten Weltkrieg und seinen Folgen gesehen. Lessing schrieb:»Dieselbe Menschheit, die nach Materialschlachten mit 500.000 Toten ihre Feldherren mit Orden schmückte, ist über einen Mann entsetzt, der vielleicht 20, vielleicht 30 Menschen umgebracht hat …« Lessing warf die Frage auf, wie eine Gesellschaft, die staatlich sanktioniertes Töten in Form von Krieg gutheiße, einen Menschen wie Haarmann verdammen könne, und kritisierte damit den konservativen Militarismus.

Die»DJZ« stellte eine ungewöhnliche Häufung von Massenmorden fest und spekulierte über die Gründe dafür. Sie fragte:»Wirkt die durch den Krieg hervorgerufene Geringschätzung des Menschenlebens nach?« und konstatierte damit eine allgemeine Brutalisierung der Gesellschaft durch die Ereignisse des Ersten Weltkriegs. Für den Juristen Erich Wulffen legten die Massenmordfälle Haarmann und Großmann nahe, dass»in unserer gegenwärtigen kriminellen Atmosphäre solche Taten ganz besonders gedeihen«. Nach dem Ersten Weltkrieg sei eine auffällige Zunahme derartiger Taten zu verzeichnen gewesen, so dass»ein Zusammenhang mit der im Weltkriege und danach in der modernen Kultur hervorgetretenen Entwertung des Menschenlebens … nicht von der Hand zu weisen sein« könne. Obwohl sich Haarmann wegen der Verbüßung einer Haftstrafe von 1913 bis 1918 im Gefängnis befunden hatte, also nicht durch persönliche Kriegserlebnisse traumatisiert gewesen sein kann, behauptete Wulffen:»Auch diesen Psychopathen mobilisierte der Krieg mit seinen Gewaltsamkeiten und seiner Entwertung des Menschenlebens.«

Brutale Serienmorde sind besonders dazu geeignet, als Projektionsfläche für die schlimmsten Vorstellungen der Gesellschaft auf die Täter zu dienen und sie dadurch zu katalysieren. Eine solche Projektion macht sichtbar, was eine Gesellschaft für möglich hält, was sie zu glauben bereit ist, was sie dem Anderen zutraut. Im Fall Haarmann ist festzustellen, dass die Fantasie der Bevölkerung eine extrem hohe Opferzahl und auch Anthropophagie für möglich erachtete. Dies zeigt, dass die Öffentlichkeit gerade in Krisenzeiten – und in solchen waren die Haarmann-Morde geschehen – damit rechnete, dass einzelne Individuen die Zivilisiertheit der Gesellschaft durchbrachen. Diese wurden zwar als einzelne Außenseiter wahrgenommen, aber dennoch als symptomatisch für die soziale Lage angesehen.

Der Psychologe Richard Herbertz führte Haarmanns Taten in seiner Schrift »Verbrecherdämmerung« von 1925 auf das Trauma des verlorenen Kriegs zurück. Herbertz beschrieb das deutsche Volk als »zermürbt und seelisch zerschunden ...«. Es sei »... immer wieder enttäuscht und verraten ...« worden. Damit spielte er auf das Ende des Ersten Weltkriegs an. Die Auswirkungen des Versailler Vertrags hätten einen Nährboden geschaffen, auf dem das Verbrechen gedeihe: »... daß der ungeheure Druck, der auch heute noch [...] von Deutschlands Feinden auf unser Vaterland ausgeübt wird [...], die immer wieder enttäuschten Hoffnungen, der kalte Hohn gegen ehrlichen Erfüllungswillen ..., daß durch alles dies Deutschlands Feinde freilich nach Kräften dafür sorgen, [...] den Fortschritt der sittlichen Verwahrlosung des deutschen Volkes nicht nur nicht hintanzuhalten, sondern nach Möglichkeit noch zu fördern«.

Herbertz machte also den angeblichen »Diktatfrieden« für die Häufung von Serien- und Massenmorden wie die Haarmanns und Großmanns verantwortlich. Diese seien typische

Zeiterscheinungen. Wenn ein ganzes Volk gedemütigt werde, sei es unausbleiblich, dass sich die Instinkte verbrecherisch veranlagter Einzelindividuen Bahn brächen. Wenn das Gefühl der Wehrlosigkeit verschwände, würde auch das Verbrechertum zurückgehen. Herbertz forderte also eine Revision des Versailler Vertrags und bediente sich zur Verdeutlichung der Notwendigkeit des Falles Haarmann.

Systemkritik, Reform des § 175 und die Frage der Rechtmäßigkeit der Todesstrafe: Politische Instrumentalisierung des Falles Haarmann

Philip Jenkins, Professor für Geschichte in Cambridge, behauptet, dass bestimmte Fälle von Serienmord sich besonders gut dazu eigneten, die Öffentlichkeit zu beeinflussen. Serienmordfälle würden von verschiedenen Interessengruppen öffentlich ausgeschlachtet und flössen auch in politische Debatten ein. Bevor eine Beeinflussung jedoch stattfinden könne, müssten die Mordtaten in Kontexte oder Rahmen eingebettet werden, mit denen das angesprochene Publikum vertraut sei; nur so könnten sie zu einer allgemein begreiflichen Bedrohung stilisiert werden. Diesen Prozess übernähmen meist die Massenmedien, indem sie beispielsweise ein Ereignis in einen Zusammenhang mit einem bereits identifizierten und bekannten Problem brächten. Dadurch könne zudem ein neues Problem gekennzeichnet werden, indem man es mit einem als sehr viel schlimmer empfundenen Übel verbinde. Alles, was mit Serienmord verknüpft werden könne, ihn auslöse oder begünstige, werde im Zuge eines aufgedeckten Falles als sehr viel schwerwiegender und bedrohlicher empfunden.[7] So ist auch bei der politischen Instrumentalisierung der Haarmann-Morde verfahren worden. Der Fall wurde von liberalen, rechten und linken Gruppen benutzt, um ihren jeweiligen Forderungen Nachdruck zu verleihen.

Die kommunistische Presse versuchte durch den Fall Haarmann, die Polizei und besonders ihr Spitzelwesen in Misskredit zu bringen. Die Presse erfuhr während der Ermittlungen von dem Umstand, dass Haarmann seit 1923 der Polizei als Zuträger aus dem kriminellen Milieu zu Diensten gewesen war. Die »Rote Fahne« und die »NAZ« behaupteten nun, Haarmann habe im Auftrag der Hannoveraner Polizei die KPD bespitzelt. Auch wenn eine solche politische Tätigkeit Haarmanns von den zuständigen Stellen vehement bestritten wurde, sprach die KPD-Presse im Zusammenhang mit der Polizei bald nur noch vom »Haarmann-System«, das »die Methoden Haarmanns ... als Massenterror gegen das revolutionäre Proletariat« anwende. Dies ist vor dem Hintergrund zu sehen, dass Polizei und Justiz nach der Niederschlagung des Spartakusaufstandes unter anderem durch rechtsnationale Freikorps, woran der Hannoveraner Oberpräsident Gustav Noske (SPD) führend mitgewirkt hatte, verschärft gegen Kommunisten vorgingen. So wandte der Staatsgerichtshof das nach dem Erzberger-Mord 1922 erlassene »Gesetz zum Schutz der Republik«, das eigentlich gegen rechte Republikfeinde wirken sollte, hauptsächlich gegenüber Kommunisten an. 1923 waren insgesamt cirka 7.000 Arbeiter aufgrund politischer Aktivitäten verhaftet worden. Häufig stützten sich diese Verhaftungen auf Spitzelaussagen. Die »Rote Fahne« warf staatlichen Stellen nun vor, Menschen aufgrund von Aussagen von Personen wie Haarmann zu verhaften. Das ließ solche Aktionen in einem sehr fragwürdigen Licht erscheinen. Außerdem kritisierte die kommunistische Presse die Untätigkeit der Polizei im Fall Haarmann, denn diese sei mit der Bespitzelung der KPD so beschäftigt gewesen, »daß sie sich der eigentlichen Aufgabe der Polizei kaum mehr widmen kann«. Statt die Kommunisten

INFLATION DER ZAHLEN IN DER NACHKRIEGSGESELLSCHAFT ...

zu verfolgen, solle die Polizei doch lieber versuchen, Verbrechen an Leib und Leben zu verhindern, denn nur durch die Passivität der Ermittlungsbehörden habe Haarmann so lange ungestört morden können.

Von kommunistischer Seite wurde sogar der Vorwurf erhoben, die Polizei habe Haarmann, der ja quasi ein Kollege gewesen sei, gedeckt. Auch andere Zeitungen warfen der Polizei vor, nicht bemerkt zu haben, dass ein Serienmörder in Hannover sein Unwesen trieb. Allgemein wurde die Ansicht vertreten, die Staatsmacht habe im Fall Haarmann »versagt«. In einer als krisenhaft empfundenen Zeit untergrub dies das Vertrauen der Bürger in die Republik weiter.

Agitation. Hannovers Oberpräsident Noske und Haarmann gemeinsam auf dem Titelblatt einer kommunistischen Broschüre von 1924.

INFLATION DER ZAHLEN IN DER NACHKRIEGSGESELLSCHAFT ...

Auch in der Diskussion um die Änderung des § 175 des Strafgesetzbuches, der Geschlechtsverkehr zwischen Männern unter Strafe stellte, tauchte der Fall Haarmann auf. Konservative Elemente wie das Zentrum, die politische Vertretung des Katholizismus, und die DNVP befürchteten, Straffreiheit homosexueller Handlungen müsse den »Verfall der Volkskraft« zur Folge haben. Dementsprechend versuchten sie, das Eintreten der KPD für eine Liberalisierung des Homosexuellenstrafrechts zu diskreditieren, indem sie Haarmanns Homosexualität herausstellten und deren angebliche Verbindung zum Sadismus betonten. Dies führte dazu, wie es in einer Presseerklärung eines leitenden Ermittlungsbeamten hieß, dass »die Öffentlichkeit die Lustmorde Haarmanns einer homosexuellen Veranlagung zur Last legt«. Die Argumente der Konservativen liefen darauf hinaus, dass, wenn man Homosexualität nicht mehr streng verfolge, Fälle wie die Haarmann-Morde zunehmen würden. Dabei konnten sich die Gegner der Liberalisierung des § 175 auf wissenschaftliche Meinungen stützen, die besagten, Homosexualität sei »Entartung« und werde durch gleichgeschlechtliche Kontakte erworben. Dies wurde von den Konservativen und Rechtsnationalen als die eigentliche Gefahr der Legalisierung der Homosexualität gesehen. Sie konnten sich dabei auf zahlreiche prominente Psychiater und Mediziner berufen. Die gängigen Vorstellungen über diesen Vorgang fasste Magnus Hirschfeld 1924 in seinem Buch »Sexualität und Kriminalität« folgendermaßen zusammen: »… dagegen begegnet man auch jetzt noch selbst unter Ärzten nicht selten der Meinung, daß normalsexuelle Leute, besonders jüngere, durch Verführung älterer homosexuell werden könnten; scheint sogar, als ob diese Befürchtung gegenwärtig der hauptsächliche Einwand ist, der viele, die sich der Überzeugungskraft der Gründe für die Abschaffung homosexueller Strafverfolgung nicht verschließen kön-

53

Inflation der Zahlen in der Nachkriegsgesellschaft …

nen, dennoch veranlasst, an Strafmaßregeln für Akte zwischen Geschlechtsgleichen festzuhalten oder wenigstens für Zubilligung ihrer Vornahme ein recht hohes Schutzalter zu befürworten«.

Es gab jedoch auch eine breite wissenschaftliche Opposition gegen die Theorie von der erworbenen Homosexualität, die sie im Gegenteil für angeboren hielt. Einige ihrer Vertreter befürworteten die Straffreiheit von homosexuellen Handlungen zwischen Erwachsenen. Allerdings setzten sie angeboren nicht mit normal gleich. Für den Psychiater Richard von Krafft-Ebing war die »konträre Geschlechtsempfindung« ein »dysfunktionelles Degenerationszeichen und ... Teilerscheinung eines neuropsychopathischen, meist hereditär bedingten Zustands«. Für den Arzt Albert Moll stellte Homosexualität eine Perversion dar. Der Mediziner Paul Näcke nannte Homosexualität eine Entwicklungshemmung. Ein Artikel von Ernst Bischoff fasste 1922 im »Archiv für Kriminologie« unter dem Titel »Die neueren Theorien über die Homosexualität« den Stand der wissenschaftlichen Diskussion dahingehend zusammen, dass Homosexualität als angeborene pathologische Triebrichtung und eine Abirrung neuropathisch »Minderwertiger« anzusehen sei. Doch selbst wenn die Fachwelt inzwischen größtenteils zur Überzeugung gelangt war, Homosexualität sei angeboren, bedeutete dies nicht, dass auch die Öffentlichkeit ihre alten Vorurteile über die »Ansteckungsgefahr« homosexueller Betätigung aufgegeben hatte.

Zudem waren Vorurteile stark verbreitet, laut denen es homosexuellen Männern an Verantwortungsgefühl und körperlicher Stärke mangelte, wichtigen Eigenschaften des »normalen« Mannes. Der Fall Haarmann kam konservativen Gruppen in diesem Zusammenhang gelegen, denn man konnte Homosexualität in Verbindung mit den Serienmordfällen als Bedrohung darstellen. An einem Einzelfall wurde die angebliche Gefahr des Auslebens homosexueller Neigungen konstruiert und verdeutlicht. Nach den Haarmann-Morden wurde so eine Liberalisierung des § 175 verworfen und stattdessen eine Verschärfung des bestehenden Gesetzes angeregt, die beispielsweise neue Straftatbestände schuf und das Strafmaß erhöhte. Da die Justizreform jedoch in der Weimarer Republik nicht zum Abschluss kam, traten diese Vorschläge nicht in Kraft.

Haarmanns Homosexualität wurde aber auch zur Diskreditierung Homosexueller allgemein herangezogen, wenn von »homosexuell-sadistischer Erregung« und davon geschrieben wurde, dass »die meisten homosexuellen Verhältnisse … sadistisch durchsetzt« seien. Zahlreiche bekannte Homosexuellentreffpunkte in Hannover wurden nach der Aufdeckung der Haarmann-Morde geschlossen, und Homosexuelle verließen aus Angst vor Übergriffen die Stadt.

Gegen die Verknüpfung der Serienmorde mit Haarmanns Homosexualität regte sich jedoch auch Widerspruch. Hyan bezeichnete es in seinem Buch »Massenmörder Haarmann. Eine kriminalistische Studie« von 1924 als »ungerecht«, Homosexualität für die Mordtaten verantwortlich zu machen. Der Sexualreformer Magnus Hirschfeld, der sich für eine Liberalisierung des § 175 einsetzte, nannte einen solchen Zusammenhang »abwegig«. Im Gegenteil: »Heterosexuelle Lust- und Massenmörder übertreffen an Häufigkeit die homosexuellen …«

Auch völkisch-rechtsnationale Kreise, die zum damaligen Zeitpunkt und nach dem gescheiterten Hitlerputsch allerdings keine große Rolle spielten, versuchten, den Fall Haarmann zur Propagierung ihrer rassistischen und antisemitischen Weltanschauung zu nutzen. Die 1924 anonym erschienene Schrift »Irrenhaus oder Schafott? Die Wahrheit über den Massenmörder Haarmann aus Hannover« vertrat zunächst die Existenz eines »spezifischen physiognomischen Verbrechertyps« – und spielte damit auf Lombroso an. Die rassistische Ausrichtung des Pamphlets zeigt sich allerdings deutlich, wenn die Abschaffung des § 175 als »jüdische Bestrebung« abgestempelt wird. Antisemitismus wurde aggressiv propagiert. So hieß es weiter: »Darum kann die gleichgeschlechtliche Veranlagung durch Anreiz erworben werden, und eben darum habe ich mehr als einmal ins Land gerufen, daß H[irschfeld] und Genossen unter planmäßiger Förderung durch die jüdische Presse, eine ansteckende Seuche auf uns hetzen. [...] Als die jüdische Novemberrevolution durchbrach, wurde die homosexuelle Entartung ... von der Kette gelöst.« Wie konstruiert der Zusammenhang auch immer war, wenn es galt, Feindbilder zu schaffen und unliebsame Personen zu diskreditieren, konnte man mühelos auf den Fall Haarmann rekurrieren.

Seit 1919 war auch die Abschaffung der Todesstrafe diskutiert worden. SPD und die liberale Deutsche Demokratische Partei (DDP) hatten sich bemüht, sie aus der neuen Verfassung herauszuhalten, waren damit allerdings knapp gescheitert. KPD, SPD und Linksliberale agitierten jedoch weiter für eine Abschaffung der Todesstrafe und hatten damit insoweit Erfolg, als der Entwurf zu einem neuen Strafgesetzbuch von 1922 im Zuge der angestrebten Strafrechtsreform diese nicht mehr einschloss. Zur Zeit der Aufdeckung der Haarmannmorde wurde dieser Entwurf jedoch dahingehend modifiziert, dass Hinrichtungen als Strafbestimmungen nun wieder beibehalten werden sollten. Es ist sicher nicht abwegig zu behaupten, dass die positive Aufnahme des Todesurteils gegen Haarmann in großen Teilen der Presse Einfluss hatte auf die Änderung des Entwurfs.

Nur in der linken Presse klang auch Kritik am Todesurteil für Haarmann an, wenn es z. B. im sozialdemokratischen »Vorwärts« hieß: »Haarmann [...] findet ... keine Worte der Anklage gegen die Gesellschaft, die ihn zum Massenmörder werden ließ und jetzt den kranken Menschen als Sühneopfer für sich selbst zum Schafott führt.« Hier wurde, wenn auch recht erfolglos – und, in Anbetracht der Gemütslage der Öffentlichkeit, aussichtslos – versucht, gegen die Todesstrafe zu argumentieren. Die KPD organisierte eine Kundgebung in Hannover, auf der gegen das Todesurteil protestiert wurde. Allerdings fand die Demonstration nach der Hinrichtung Haarmanns statt, und der Protest richtete sich hauptsächlich gegen die angebliche »Klassenjustiz«. Auch in der Fachpresse äußerte sich vereinzelt Widerspruch gegen die Hinrichtung Haarmanns. So forderte Prof. Friedländer 1925 in der Zeitschrift »Die Umschau«, Haarmann zu lebenslangem Zuchthaus zu begnadigen, »um der Psychologie und Kriminalistik Gelegenheit zu geben, dieses außergewöhnliche Exemplar zu studieren ...«. Allerdings könne er, schrieb Friedländer weiter, »sogar verstehen, daß der Laie verlangt: Ein Mensch wie H. ist hinzurichten ...«. Die Gegnerschaft zur Todesstrafe war im Fall Haarmann also allenfalls halbherzig, die große Mehrheit stand ihr zu Beginn der Weimarer Republik positiv gegenüber. Ausgesetzt wurde sie dann von 1928 bis 1930, infolge eines vermeintlichen Fehlurteils und nachdem die Zahl der Hinrichtungen schon seit 1925 zurückgegangen war. Allerdings wurde die Todesstrafe ab 1931 wieder vollstreckt, und einer der ersten wieder Exekutierten war der Serienmörder Peter Kürten.

Der »Blaubart vom Schlesischen Bahnhof«
Carl Großmann

Die Mordserie des Schlachters und Händlers Carl Wilhelm Großmann war eine der ersten der Weimarer Republik, die einen prominenten Status erlangten. Heute sind die Taten des »Blaubarts vom Schlesischen Bahnhof« jedoch weitgehend vergessen. Das mag daran liegen, dass schon die zeitgenössischen Nachrichten von dem Fall ein weit geringeres Ausmaß annahmen als etwa bei Fritz Haarmann. Überdies gab es aufgrund des Selbstmordes des Angeklagten kein abschließendes Urteil. Und es ist auch nie endgültig geklärt worden, wie viele Opfer auf Großmanns Konto gingen.

Großmann wurde am 21. August 1921 in seiner Wohnung Lange Str. 88 im Berliner Stadtteil Friedrichshain nahe der Spree verhaftet. Nachbarn hatten Schreie und Stöhnen einer Frau gehört und die Polizei alarmiert. Sie fand in Großmanns Zimmer die Leiche der Köchin Marie Nitsche, die am selben Tag aus dem Frauengefängnis entlassen worden war. Die Polizei stellte eine Verbindung zwischen dem Verhafteten und etlichen in den letzten Jahren im Luisenstädtischen Kanal, im Engelbecken und im Landwehrgraben gefundenen Leichenteilen her. Im August 1921 hatte die Berliner Polizei in diesem Zusammenhang zwei Aufrufe an die Bevölkerung gestartet. Im ersten wurden 5.000 Mark Belohnung geboten, im zweiten schon 10.000 Mark. Diese hohen Summen verdeutlichen die Priorität der Ermittlungen, stehen aber sicher auch mit der Aufregung der Bevölkerung in Verbindung. Insgesamt waren Gliedmaßen von ungefähr 23 Frauen aufgefischt worden, zudem konnte der Verbleib von sieben von Großmanns »Wirtschafterinnen« nicht ermittelt werden. Konkrete Verdachtsmomente gegen Großmann gab es aber lediglich in zwei

Fällen: 1919 und 1920 waren Leichenteile im Lietzensee und im Nikolassee entdeckt worden. Großmann selbst gestand daher nur die Morde an Marie Nitsche (35), an Johanna Sosnowski (24) und an einer gewissen Martha aus Polen. Er galt auch als der Mörder von Frieda Schubert. In diesem Fall aus dem Jahr 1920 war Großmann durch Zeugenaussagen unter Verdacht geraten, eine Durchsuchung seines Zimmers im Oktober 1920 ergab jedoch nichts Belastendes. Zu Beginn der Voruntersuchung wurde Großmann noch der Mord an Albertine Ascher angelastet. Dieser Name verschwindet dann jedoch aus den Akten.

Dass nie genau festgestellt werden konnte, wie viele Frauen Großmann ermordet hatte, mag damit zusammenhängen, dass er die Namen seiner Opfer selbst kaum kannte. Und auch in der Zeitungsberichterstattung machte sich Verwirrung breit. So tauchen verschiedene Namen auf: Die »Rote Fahne« nannte zu Beginn der Berichterstattung Marie Nitsche Marie Ritsche, später war dann von Emma Ritsche die Rede. In der »Frankfurter Zeitung« hieß die Tote Marie Ditsche. Die »Kreuzeitung« schrieb, das erste Opfer sei »eine 34 Jahre alte Schneiderin Emma Boretzki aus der Pappel-Allee 77«. Einen Tag später wiederum war aus Boretzki Soretzki geworden.

Nach zehnmonatiger Ermittlungsarbeit begann am 1. Juli 1922 auf Drängen der Staatsanwaltschaft der Prozess, obwohl die Berliner Mordkommission eigentlich noch weitere Frauenmorde hatte untersuchen wollen. Auch der Anwalt Großmanns beschwerte sich über die »Überstürzung der Schließung der Voruntersuchung«. Großmann war der vorsätzlichen Tötung der »Sittendirne Elisabeth Barthel« sowie von Johanna Sosnowski und Marie Nitsche angeklagt.[8] Am vorletzten Verhandlungstag, dem 5. Juli 1922, erhängte sich Großmann in seiner Zelle, so dass das Verfahren gegen ihn geschlossen wurde. Die psychiatrischen Sachverständigen hatten beabsichtigt, Großmann im Sinne des § 51 RStGB für voll zurechnungsfähig zu erklären, womit ihm im Prozess die Todesstrafe gedroht hätte. Großmann wurde am 13. Dezember 1863 geboren. Er stammte aus Neuruppin, wo er bis er 14 war die Volksschule besuchte und anschließend in einer Tuchfabrik arbeitete. Sein Vater war ein Lumpenhändler, der als »jähzorniger Säufer« geschildert wurde. Im Alter von 16 Jahren ging er nach Berlin und leistete mit 19 seinen Militärdienst. Großmann soll zum Zeitpunkt des Prozesses bereits 25-mal vorbestraft gewesen sein. Zunächst wurde er der Landstreicherei und Bettelei angeklagt, später kamen Eigentumsdelikte und Körperverletzung hinzu. Sein erstes Sittlichkeitsdelikt beging er mit 24, als er ein vierjähriges Mädchen vergewaltigte. Für weitere Notzuchtsdelikte an Kindern wurde er 1899 zu 15 Jahren Zuchthaus verurteilt. Nach Verbüßung der Strafe ließ sich Großmann wieder in Berlin nieder. Es ist vermutet worden, dass die Serie von Frauenmorden schon in der Zeit des Ersten Weltkriegs begann.

Der »Blaubart vom Schlesischen Bahnhof« Carl Großmann 1921.

INFLATION DER ZAHLEN IN DER NACHKRIEGSGESELLSCHAFT ...

Verbrechensdarstellungen im Zeichen politischer Morde

Die Presseberichterstattung im Fall Großmann nahm ein deutlich geringeres Ausmaß an als im Fall Haarmann. Die überregionalen Zeitungen gaben meist nur kurz den Stand der Ermittlungen wieder, Kommentare oder andere Stellungnahmen der Presse hingegen finden sich kaum. Dafür gibt es mehrere Gründe. Einmal ereignete sich kurz nach der Verhaftung Großmanns ein Mord, der das öffentliche Interesse sehr viel mehr fesselte und darüber hinaus weitreichende politische Konsequenzen hatte. Am 26. August 1921 wurde der Zentrumspolitiker und frühere Finanzminister Matthias Erzberger von Angehörigen der rechtsradikalen Geheimorganisation Consul ermordet. Das Attentat und die Suche nach seinen Mördern beherrschten anschließend die Schlagzeilen aller großen Zeitungen. Dazu kam noch, dass zur Zeit des Großmann-Prozesses die Berliner Zeitungsdrucker streikten und damit in Berlin zwischen dem 30. Juni und dem 12. Juli 1922 nur die »Deutsche Zeitung«, die »Rote Fahne« und zwei weitere sozialistische Blätter erschienen. Kurz vor Prozessbeginn am 24. Juni 1922 fiel zudem erneut ein herausragender Vertreter der Weimarer Republik einem politischen Mordanschlag durch rechtsradikale Terroristen zum Opfer. Diesmal traf es Außenminister Walter Rathenau, den profiliertesten Staatsmann der Zeit. Bei einer derart von politischen Gewalttaten durchtränkten Gesellschaft scheinen die »privaten« Verbrechen eines Serienmörders als etwas beinahe Banales gesehen worden zu sein. Die Berichterstattung ist daher fast schon als unaufgeregt zu charakterisieren. Die Menschen hatten in den ersten, krisenvollen Jahren der Weimarer Republik offenbar andere Sorgen, als genüsslich oder entsetzt in Berichten über blutige Mordtaten zu schwelgen. Obwohl beim Fall Großmann alle Versatzstücke des klassischen Lustmordes – zerstückelte, weibliche Leichen, sadistische Sexualpraktiken, junge Frauen als Opfer eines alten, unansehnlichen Mannes, unermessliche Opferzahlen – zusammenkamen, war die Zeit wohl noch nicht reif für die Art von Berichterstattung, wie sie die Medien Mitte der 1920er Jahre, als sich die Republik etwas konsolidiert hatte, groß aufzogen.

Während im Fall Haarmann die Mordserie und die Zahl ihrer Opfer erst nach seiner Verhaftung deutlich wurden, suchte die Polizei in Berlin bereits einen Serientäter, bevor sie Großmann verhaftete. Die bereits angeführten Funde von Leichenteilen in der Spree hatte auch die Presse thematisiert. So schrieb die in Berlin gedruckte, aber überregional erscheinende »Rote Fahne« in ihrer Rubrik »Kleine Lokalnotizen« kurz vor der Verhaftung Großmanns: »Der Leichenfund im Engelbecken ist noch nicht aufgeklärt. Merkmale sprechen dafür, daß für das Verbrechen ein Täter in Betracht kommt, der von der Polizei schon lange gesucht wird und im östlichen Südviertel, in der Gegend des Schlesischen Bahnhofs zu finden sein wird.« Wenige Tage später war, nach einem erneuten Leichenfund, sogar von der Vermutung die Rede, dass »ein Massenmörder in der Gegend des Schlesischen Bahnhofs sein Unwesen treibt«.

Die Presseberichterstattung über den Fall Großmann begann mit der Schilderung der Umstände seiner Verhaftung. Der »Berliner Lokal-Anzeiger« meldete dabei schon am 22. August 1921, Großmann sei »unter sechsfachem Mordverdacht verhaftet« worden und sprach von einem Verdacht in fünf weiteren Fällen, schrieb Großmann also elf Morde zu. Einen Tag später brachte das gleiche Blatt Großmann in direkten Zusammenhang mit den »Mädchenmorde[n] im Berliner Osten«. Der Massenmörder war gefunden.

In den Nachrichten vom 23. August tauchte auch in überregionalen Zeitungen die Vermutung auf, dass Großmann die

Frauen, deren Leichenteile in der Spree entdeckt worden waren, umgebracht hatte. Noch lauteten die Überschriften der Meldungen geographisch begrenzt:»Der Mord in der Langen Straße.«Sie erschienen in Rubriken wie»Berliner Zuschauer« (Kreuzzeitung) oder»Vermischte Nachrichten«(Frankfurter Zeitung), in denen über Verbrechen, Naturkatastrophen und lokale Ereignisse berichtet wurde. Doch nach cirka zwei bis drei Tagen änderten sich die Überschriften. Jetzt war von den »Frauenmorden in Berlin«(Frankfurter Zeitung) und dem »Lustmörder Großmann«(Rote Fahne) die Rede, denn die Polizei versuchte nun, Großmann weiterer Taten zu überführen.

Die Presse berichtete dabei von den neu identifizierten Opfern und der Suche nach weiteren Leichen. Der Mörder leugnete jedoch beharrlich und behauptete, allein Marie Nitsche, bei deren Tötung er quasi»in flagranti«ertappt worden war, umgebracht zu haben, weil sie ihn bestohlen habe und er darüber in Rage geraten sei. Großmann gab im Zuge der Ermittlungen später nur die Taten zu, derer er klar überführt worden war. Der»Lokal-Anzeiger«nannte dies»freche Ruhe«und schrieb weiter:»Für alles hat er Ausreden.«

Die Presse führte ganz unterschiedliche Opferzahlen an. Meist war von drei oder vier Toten die Rede. Der»Lokal-Anzeiger«schrieb zunächst recht allgemein vom»Tod einer großen Anzahl verschwundener Frauen«. Dadurch, dass Großmann beharrlich schwieg, konnten immer wieder neue Mutmaßungen über die Zahl seiner Opfer angestellt werden. Dies geschah nach dem Motto»Je mehr, desto besser«, weil gruseliger. Außerdem konnten solche Spekulationen als Neuigkeiten verkauft werden. Der»Lokal-Anzeiger«druckte am 26. August 1921 eine Liste mit sieben Namen von verschwundenen Wirtschafterinnen Großmanns. Zu dieser Aufzählung kämen»reichlich 20 weitere weibliche Personen«hinzu, die

INFLATION DER ZAHLEN IN DER NACHKRIEGSGESELLSCHAFT ...

mit Großmann gesehen worden und nun verschwunden seien. Am 29. August hieß es, nachdem Großmann wegen Mordes an Johanna Sosnowski unter Verdacht geraten war: »Sosnowski wäre das 15. Opfer.«

Die Berichtsintensität war in der letzten Augustwoche recht hoch, der Fall tauchte in allen überregionalen Zeitungen auf, ebbte jedoch Anfang September ab. Eine der vorläufig letzten Meldungen erschien am 29. September 1921 in der »Roten Fahne« und besagte, dass die Voruntersuchung gegen Großmann eröffnet worden sei.

Großmann sah sich selbst als Opfer einer Medienkampagne. In einem Gespräch mit dem Gutachter Prof. Strauch sagte er, »seine Straftaten seien alle von der Presse in ganz ungeheuerlicher Weise aufgebauscht worden ...«. Diese Presseschelte korrespondierte mit der Feststellung des Gutachters, dass Großmann »keine Spur von Reue« zeige.

Über den Prozess im folgenden Jahr gibt es nur wenige Artikel. Das liegt zum einen am Druckerstreik, weshalb »Kreuzzeitung« und »Vossische Zeitung« nicht erscheinen konnten. Die »Frankfurter Zeitung« berichtete kurz, dass der Prozess begonnen habe. Dem »Hamburger Echo« und dem »Hamburger Fremdenblatt« war lediglich Großmanns Selbstmord eine kurze Meldung wert. Einzig die »Rote Fahne« äußerte sich etwas ausführlicher, als sie am 6. Juli 1922 schrieb: »Der Prozeß hat gestern durch den Selbstmord des Angeklagten zum Leidwesen eines sensationslustigen Publikums und der Schmockpresse ein vorzeitiges Ende gefunden.« Damit kritisierte die Redaktion der »Roten Fahne« zwar die Sensationsgier von Zeitungen und Leserschaft, sie vergaß dabei allerdings zu erwähnen, dass sie selbst eben diese im Vorjahr bei der Verhaftung Großmanns genauso bedient hatte wie alle anderen Zeitungen.

INFLATION DER ZAHLEN IN DER NACHKRIEGSGESELLSCHAFT ...

»Werwolf« und »Blaubart«: Die Berichterstattung
über Haarmann und Großmann im Vergleich

Obwohl im Vergleich mit Haarmann über Großmann sehr viel
weniger berichtet wurde, zeigen einige der in den Artikeln
herausgehobenen Aspekte doch deutliche Parallelen zum Fall
Haarmann. Da ist zunächst die Beschreibung von Großmanns
Äußerem anzuführen. Die »Frankfurter Zeitung« schilderte
ihn als einen »mehr als unansehnlichen Manne. [...] Überaus
häßlich von Ansehen und schmutzig und zerlumpt in der Kleidung«. Dabei bemühte die Zeitung wieder das Mittel des

Vermischte Nachrichten.

Die Frauenmorde in Berlin.

* Berlin, 24. Aug. Das Dunkel, das bis in die letzten Tage
noch über den jüngsten Frauenmorden in Groß-Berlin lagerte, beginnt sich nach und nach zu lichten. Die Verhaftung des Händlers
Carl Großmann, die völlig in flagranti erfolgte, leitet zu so-
viel neuen Momenten über, daß, wenn nicht alle Anzeichen trügen,
hierdurch der Schlüssel zur Aufklärung der mysteriösen
Leichenteilfunde gegeben ist. Großmann selbst scheint trotz schwerster
Belastung seine Ruhe noch nicht verloren zu haben. Wenn seine
Angaben auch reichlich viel Widersprüche enthalten und durch glaub-
hafte Zeugenaussagen widerlegt werden, so war ihm bis zur
Stunde ein Geständnis noch nicht abzuringen. Man sieht es, dem
„Berl. Tagebl." zufolge, diesem mehr als unansehnlichen
Manne nicht an, daß er Mädchen an sich locken konnte, um sie
dann auf bestialische Weise ins Jenseits zu befördern. Ueberaus
häßlich von Ansehen und schmutzig und zerlumpt in der Kleidung,
das ist das Aeußere dieses Mörders. Ganz so ist das Milieu, in
dem sich die Ermordung der früheren Köchin Marie Ditsche
abspielte. Ein denkbar unsauberer Raum, ausgestattet mit altem
Möbelgerümpel, bildete die Wohnung des Wüstlings, in einem
Hause der Lange Straße. Einem Trödlerladen gleicht das Zimmer
der zuständigen Mordkommission. Hier liegt die noch blutige Reibekeule, mit der der Mörder sein Opfer besinnungslos geschlagen hat,
dort ein zusammengebrehtes Handtuch, das dem ohnmächtigen
Mädchen tief in den Hals gewürgt war und so den Erstickungstod
herbeigeführt hat. Ein Topf enthält einen Rest vergifteten Kaf-
fees, und ein Kochgeschirr birgt Fleischteile, die vermutlich von
einem Menschenkörper stammen. Eine Blütenlese schmutziger weib-
licher Kleidungsstücke vervollständigt das aufgestapelte beschlag-
nahmte Beweismaterial. Großmann scheint — das mag jedoch
nicht als Entschuldigung für seine schweren Verbrechen gesagt werden — stark widernatürlich veranlagt zu sein. Sein Gesichtsaus-
druck legt hierfür auch ein beredtes Zeugnis ab. Viele Mädchen,
die mit ihm zu tun hatten, haben sich entweder selbst gemeldet
oder sind von der Kriminalpolizei ermittelt worden und werden
im Polizeipräsidium vernommen werden. Von den anderen Mäd-
chenmorden will Großmann nach wie vor nichts wissen. Er bleibt
dabei, daß er mit ihnen nicht das Geringste zu tun hat.

*»Frankfurter Zeitung«
v. 25.08.1921:
Presseberichterstattung
zum Fall Großmann.*

Zitats, denn als Quelle dieser Beschreibung nannte sie das
»Berliner Tageblatt«. Während es bei Haarmann hieß, man
sehe ihm den Mörder nicht an, wunderte sich die Presse bei
Großmann, dass ein Mensch mit solchem Aussehen »Mädchen
an sich locken konnte«.

Großmanns Wohnung schilderte man in düsterem Licht.
Die »Frankfurter Zeitung« schrieb am 25. August 1921: »Ein
denkbar unsauberer Raum, ausgestattet mit altem Möbelgerümpel, bildet die Wohnung des Wüstlings ...« Die »Kreuzzeitung« beschwor einen »Wohn-, Schlaf- und Küchenraum«
herauf, »der vor Schmutz und Ungeziefer starrte ...«. Doch
nicht nur Großmanns Zimmer, auch sein Lebensumfeld wurde
als verkommen illustriert, um so die Schlechtigkeit seines
Charakters herauszustreichen. Das Milieu, in dem sich Großmann und seine Opfer bewegten, belegte man mit den gleichen Sprachbildern der Verwahrlosung wie sein Zimmer.
Auffällig ist, dass sich diese Beschreibungen nur zu Beginn der
Berichterstattung und nur in der erzkonservativen »Kreuzzeitung« und der liberalen »Frankfurter Zeitung« finden. Die
linke Presse wie die kommunistische »Rote Fahne« und auch
die linksliberale »Vossische Zeitung« verzichtete auf solche
Versatzstücke und beschränkte sich weitestgehend auf die
Schilderung des Kriminalfalles. Der rechtsnationale »Lokal-
Anzeiger« war das einzige Blatt, in dem Großmann auch mit
diffamierenden Bezeichnungen belegt wurde. So war dort am
23. August von einem »Wüstling« und »Unhold« die Rede. Am
1. September fiel in dieser Zeitung auch erstmals der Ausdruck
»Massenmörder« im Zusammenhang mit Großmann.

Eine Erklärung für Großmanns Taten war ebenfalls zügig
gefunden. Großmann behauptete, die Taten im Affekt begangen zu haben. Dies gab zu Spekulationen Anlass, er wolle nach
§ 51 für nicht zurechnungsfähig erklärt und freigesprochen
werden. Der »Lokal-Anzeiger« erwähnte denn auch am 9. Sep-

INFLATION DER ZAHLEN IN DER NACHKRIEGSGESELLSCHAFT ...

tember 1921 etwas unscharf Großmanns »dunkle Triebe«. Am 26. August war der Mord an Marie Nitsche als »absolut bewußter Lustmord« bezeichnet worden. Die »Rote Fahne« schrieb bereits am 25. August, bevor ein psychiatrischer Gutachter Großmann auch nur zu Gesicht bekommen hatte, dass man es in dem Mörder mit einem »abnorm veranlagten sadistischen Scheusal zu tun hat, der die ihm zur Last gelegten Taten nur deshalb beging, um sich an der Qual seiner Opfer zu weiden«. Einen Tag später hieß es, Großmann sei »ein pathologisch anormaler Mensch«. Die »Frankfurter Zeitung« meldete, ebenfalls am 25. August: »Großmann scheint – dies mag jedoch nicht als eine Entschuldigung für seine schweren Verbrechen gesagt werden – stark widernatürlich veranlagt zu sein.« Hier schimmert bereits das Konzept des Psychopathen durch, der zwar krank, dadurch aber nicht unverantwortlich für seine Taten sei. Beide Zeitungen konnten darauf ohne weitere Erklärungen zurückgreifen. Das beweist, dass dieses Konzept allgemein bekannt und auch akzeptiert war. Allerdings schlossen sich an diese Feststellung keine Forderungen nach eugenischen Maßnahmen oder der Todesstrafe an. Der Fall wurde in diesen Bereichen längst nicht so instrumentalisiert, wie es später bei Haarmann geschah.

Um Großmanns Sadismus herauszustreichen – und um die Sensationsgier der Leser zu bedienen –, berichtete man auch im Fall Großmann in recht detaillierten Gruselbildern über die Mordtaten. Da war die Rede von »Großmanns Mordregister« (Lokal-Anzeiger), einer »blutige[n] Reibekeule, mit der der Mörder sein Opfer besinnungslos geschlagen hat« (Frankfurter Zeitung) und Großmann habe auch »Leichenteile verbrannt« (Kreuzzeitung). Die »Rote Fahne« schrieb über das Eintreffen der Polizei am Tatort: »Sie fand dort Großmann mit einer Keule in der Hand, mit der er seinem Opfer den Schädel eingeschlagen hatte.« Die »Vossische Zeitung«

INFLATION DER ZAHLEN IN DER NACHKRIEGSGESELLSCHAFT ...

teilte mit:»Nachdem er sie dann mit drei Schlägen über den Kopf betäubt hatte, stopfte er ihr ein Handtuch in den Mund und erstickte sie so.«Im Großen und Ganzen reichten die Schilderungen in ihrer blutrünstigen Detailfreude jedoch nicht an den Fall Haarmann heran. So wurde beispielsweise die Zerstückelung der Leichen zwar als Tatsache erwähnt, dieser Umstand jedoch nicht weiter ausgeschmückt.

Eine offenkundige Übereinstimmung mit der Berichterstattung in der Mordserie Haarmann zeigt sich in der Großmann zugeschriebenen Anthropophagie. Die»Frankfurter Zeitung« deutete dies zunächst nur an, als sie berichtete,»ein Kochgeschirr birgt Fleischteile, die vermutlich von einem Menschenkörper stammen.«. Am 2. September 1921 hieß es dann unverblümt, allerdings wieder als Zitat des»Lokal-Anzeigers« verpackt:»Der Massenmörder Großmann wird [...] beschuldigt, [...] die von ihm ermordeten Frauen nach der Zerstückelung zum menschlichen Genuß zubereitet zu haben. Er soll die Leichenteile von den Knochen gelöst, teils als Kalbfleisch abgegeben, teils das abgeschälte Fleisch gepökelt, teils das Fleisch als Bockwurst verarbeitet und in der Nähe des Schlesischen Bahnhofs verkauft ... haben.« Das Hugenberg-Blatt hatte diese Meldung bereits am 1. September gebracht. Diese Geschichte fand einen Nachhall bis in die 1960er Jahre. In Hubert Gundolfs Buch»Verbrecher von A bis Z« hieß es 1966 über Großmann, der eigentlich mit billigen Waren wie Lockenwicklern und Kämmen hausieren ging:»Da Großmann ein so genannter ›fliegender Wursthändler‹ war, der mit seinem Wurstkessel am Schlesischen Bahnhof stand, ist die grauenhafte Vorstellung nicht von der Hand zu weisen, daß er Teile der ermordeten Frauen nach der Zerstückelung zum menschlichen Genuß zubereitet hat.«

Ebenfalls wie bei Haarmann meldeten sich nach Großmanns Verhaftung zahlreiche Nachbarn, die Verdächtiges bemerkt haben wollten. Da war die Rede von »Lärm, Schreien und Wimmern« aus Großmanns Wohnung. Des Weiteren berichteten sowohl die »Kreuzzeitung« als auch die »Vossische Zeitung« von Zeugen, die behaupteten, Großmann habe wiederholt schwere, verschnürte Pakete aus seiner Wohnung getragen und von der Köpenicker Brücke ins Wasser geworfen. Die Pakete hätten, so wurde nach der Festnahme spekuliert, Leichenteile enthalten. Die »Vossische Zeitung« gab obendrein Aussagen von Nachbarn wieder, die besagten, dass sie »monatelang nächtlicherweile Großmann in seinem Zimmer gehört hätten, wie er schwer vernichtbare Stücke zersägte«. Doch im Gegensatz zum Fall Haarmann erhob niemand Vorwürfe gegen die Nachbarn, sie hätten von den Morden wissen müssen. Dies mag damit zusammenhängen, dass auf Anfrage der Nachbarn Großmann stets plausible Erklärungen für sein Tun vorbringen konnte. So behauptete er, nur Papier ins Wasser geworfen und Feuerholz gesägt zu haben. Und schließlich war es auch ein Nachbar, der die Polizei verständigte und so Großmanns Festnahme einleitete.

Übrigens wurden auch der Polizei keine Vorwürfe gemacht, weil sie den Serienmörder erst nach zahlreichen Leichenfunden verhaften konnte. Allerdings bot sie auch weniger Angriffspunkte, weil Großmann kein Polizeispitzel gewesen war – er hatte zwar häufiger seine »Wirtschafterinnen« wegen Diebstahls angezeigt und kam auf diesem Weg auch regelmäßig in Kontakt mit der Polizei, war aber nach einiger Zeit nicht mehr ernst genommen worden. Für die Polizei günstiger als im Fall Haarmann war wohl auch, dass in ihren Reihen kein erklärter Feind der linken Presseorgane stand, indes in Hannover Gustav Noske Oberpräsident war, der mit Hilfe von rechtsradikalen Freikorps den Spartakusaufstand niedergeschlagen hatte (und den man dafür als »Bluthund« apostrophierte) und daher für die Linke ein rotes Tuch war. Im

INFLATION DER ZAHLEN IN DER NACHKRIEGSGESELLSCHAFT ...

Gegenteil, selbst in der schon zum damaligen Zeitpunkt in Bezug auf die Ordnungsmacht sehr kritisch eingestellten »Roten Fahne« klangen keinerlei Beanstandungen der Arbeit der Polizei im Fall Großmann an, und auch auf politische Implikationen wurde verzichtet.

Von Wirtschafterinnen zu Prostituierten: Bilder der Opfer Großmanns

Um zu klären, wie viele Opfer auf das Konto Großmanns gingen, lud die Polizei zahlreiche Zeuginnen vor, die mit Großmann in Kontakt gestanden hatten. Es handelte sich dabei hauptsächlich um Frauen, die Großmann als »Wirtschafterinnen« angestellt und mit denen er Geschlechtsverkehr gehabt, die er jedoch nicht getötet hatte. Artikel, die während der Ermittlungen erschienen, gingen meist nicht weiter auf die soziale Herkunft der Frauen ein, man zitierte nur ihre Aussagen. Einzig der »Berliner Lokal-Anzeiger«, als Berliner Blatt stärker involviert als andere Zeitungen, schrieb schon zwei Tage nach Großmanns Verhaftung, die Frauen seien aus Not und Hunger mit Großmann mitgegangen. In der »Vossischen Zeitung« klang ebenfalls Mitleid an: »Alle diese Mädchen gaben an, von Großmann mißhandelt und gefesselt worden zu sein. Eines der Mädchen leidet heute noch an den Verletzungen, die es bei den Gewalttätigkeiten Großmanns erlitten hat.« Doch die »Frankfurter Zeitung« stellte knapp und eindeutig dar, um was für Frauen es sich bei Großmanns Opfern gehandelt hatte, wenn sie von der »Prostituierten Frieda Schubert« schrieb. Ein Artikel, der zum Prozessauftakt erschien, etikettierte die Opfer dann als »drei unter Sittenkontrolle stehende Frauen«. Nun standen sie alle als Prostituierte in der Zeitung, obwohl Marie Nitsche

INFLATION DER ZAHLEN IN DER NACHKRIEGSGESELLSCHAFT ...

vorher als Köchin und Johanna Sosnowski als Dienstmädchen bezeichnet worden waren.

Am Ende seines Artikels in der »Zeitschrift für Sexualwissenschaft« aus dem Jahre 1922 zeigte sich A. Kronfeld, Gutachter der Verteidigung im Großmann-Prozess, erschüttert von den Lebensumständen der Zeuginnen. Er schrieb: »Man erlebte in einer Weise, die alle Abhandlungen über die Mindewertigkeit und den angeborenen Schwachsinn der Prostituierten Lügen strafte, mit monotoner Regelmäßigkeit bei den vielen Zeuginnen den sozialen Faktor der Prostitution, die Not. [...] Die Schrecken der Reglementierung, die Schrecken der Obdachlosigkeit und des Hungers, die Schrecken der Arbeitslosigkeit und des Ausgestoßenendaseins aus allen menschlichen Beziehungen – sie waren es, die dem Großmann alle seine Opfer in den Weg führten. [...] Wer wie ich bisher den endogenen Faktor auch in der Entstehung der sozialen Lebensgestaltung für das Wesentliche hielt [...], der ist, das gestehe ich offen, mit anderer Meinung aus dieser Verhandlung hervorgegangen.«[9] Die Worte Kronfelds veranschaulichen den so genannten »Biologismus«, diejenige – von vielen Zeitgenossen geteilte – Ansicht also, nach der alle Lebensbereiche von medizinischen Konzepten wie z. B. der »Minderwertigkeit« und dem »angeborenen Schwachsinn« durchdrungen seien. Wer ein der bürgerlichen Gesellschaft dubios erscheinendes Leben führe, tue dies nicht aufgrund sozialer Probleme, sondern weil ihn – meist ererbte – Anlagen dazu bestimmten. Kronfeld verwarf diese Ansicht jedoch und strich die gesellschaftlichen Notlagen heraus, die er nach dem Prozess für sehr viel stärker berücksichtigenswert hielt. Damit verschob sich allerdings auch die Verantwortlichkeit für die Morde Großmanns: Nicht mehr der »erblich belastete« Täter trage die Alleinschuld an seinen Verbrechen, sondern die Gesellschaft wird dafür in die Pflicht genommen, dass sie solche Zustände geduldet und entstehen lassen hat, in denen Morde, wie die von Großmann begangenen, sich zutragen konnten.

Ein geborener Krimineller: Nachlese zum Fall in der Fachpresse

In der Fachpresse fand der Fall kaum Berücksichtigung, es erschien lediglich der schon erwähnte Artikel des psychiatrischen Gutachters Dr. Kronfeld. Kronfeld ging von einer verminderten Zurechnungsfähigkeit des Angeklagten aus, sah die Tötungen jedoch nicht als reine Triebhandlungen, sondern hatte den Eindruck eines überlegten und planmäßigen Vorgehens. Hier wird das Problem des Fehlens der strafrechtlichen Kategorie der verminderten Zurechnungsfähigkeit deutlich, denn auch Kronfelds Expertise hätte letztlich die Nichtanwendbarkeit des § 51 zur Folge gehabt, obgleich der Gutachter schrieb: »Die Ehre des Menschengeschlechts verbietet es, ein derartiges Subjekt als gesund zu bezeichnen.« Kronfeld forderte, »jeden möglichen Weg wissenschaftlicher Klärung zu gehen, ehe man dahin resigniert, den Verbrecher als in der Breite des Gesunden befindlichen gelten zu lassen«. Hier klang die Idee vom Verbrechen als sozialer Krankheit und dem Kriminellen als krankhaft veranlagter Persönlichkeit an.

Dabei bemerkte er, dass die Gutachter im Prozess ihre Einschätzung des Angeklagten nicht hätten vorbringen können. Es sei lediglich die Anwendbarkeit des § 81 der Strafprozessordnung angesprochen worden. Dieser besagte, dass ein Angeklagter auf Antrag der Verteidigung bis zu sechs Wochen in einer Anstalt auf seinen Geisteszustand untersucht werden könne. Das scheint im Fall Großmann jedoch nicht geschehen zu sein, obwohl sein Anwalt Erich Frey[10] am 1. November 1921 ein Gesuch zur Beobachtung Großmanns in der Irrenabteilung des Gefängnisses Lehrterstraße eingereicht hatte. Daher schrieb Kronfeld, der Fall sei »ärztlich nicht restlos geklärt worden«. Scharfe Kritik übte er an der Praxis, »derartige Ausnahmefälle rätselhafter Art einer notwendigen klinischen Begutachtung zu entziehen«, und beschuldigte Untersuchungsbehörden und Gerichtsärzte, solchen Ermittlungen ablehnend gegenüberzustehen.

Laut Kronfelds Einschätzung war »Großmann ein epileptoider Imbeziller mit stärksten moralischen Defekten und erethischer Hemmungslosigkeit und Affekterregbarkeit ..., bei dem eine sadistische und hypersexuelle Disposition durch seinen Lebensverlauf, insbesondere durch die 15-jährige Zuchthausstrafe, eine phantastische Steigerung erfahren hat«. Epilepsie galt bereits seit Ende des 19. Jahrhunderts als Kriminalität erzeugend (kriminogen). Unter Imbezillität verstand man in den 1920er Jahren eine Form leichter Schwachsinnigkeit. Einige Autoren werteten sie als Geisteszustand, der zur verminderten Zurechnungsfähigkeit führe. Nach damaligen psychiatrischen Einteilungskriterien wurden Erethiker zur Gruppe der Psychopathen gezählt und, beispielsweise in dem Buch »Gedanken zur Psychopathen-Fürsorge«, 1928 herausgeben von J. Klüber und H. Schmidt, mit folgenden Eigenschaften beschrieben: »gewisser Tätigkeitstrieb ... Sorglosigkeit ... auffallende Kritiklosigkeit ... Neigung zu Stimmungsschwankungen ... gehobenes Selbstgefühl ...« Kronfeld diagnostizierte also psychiatrische Krankheitssymptome bei Großmann, wies aber zugleich darauf hin, dass diese durch seine Lebensumstände verschlimmert worden seien. Der Täter war seiner Ansicht nach nicht nur krank und aufgrund dieser Krankheit zum Verbrecher geworden, sein Umfeld trug ebenfalls Schuld an dieser Entwicklung.

Interessant sind einige Bezeichnungen, die Sachverständige auf Großmann anwandten. Sie lauten dahingehend, dass es sich beim Angeklagten um einen »schwer belasteten Mann« handele, der »von Kindheit auf asozial und antisozial war«. Hier – und in der Beschreibung seiner Familienverhältnisse, wo von ebenfalls straffälligen Geschwistern und psychisch kranken Verwandten die Rede ist – trat deutlich das zugrunde liegende Konzept von der Vererbbarkeit solcher Krankheiten und damit auch krimineller Eigenschaften zutage. Schon zu Beginn der 1920er Jahre galten damit in Wissenschaftskreisen weltanschauliche Konstruktionen als bewiesen, die in der Zeit des Nationalsozialismus entsetzliche Folgen haben sollten.

Die Gutachten der Anklage, erstellt von Prof. Strauch und Medizinalrat Stömer, sahen keine Anhaltspunkte für das Vorliegen von Zuständen, wie sie § 51 zur Feststellung der Unzurechnungsfähigkeit forderte. Strauch nannte Großmann zwar »sadistisch-pervers«, »unerzogen« und »roh veranlagt«, aber er sei »als geistig gesund zu erachten«. Der Angeklagte war für ihn eine »alte Verbrechernatur«, ein professioneller Krimineller, der »schwere Defekte [...] in sittlich-gemütlicher Beziehung« aufweise. Großmann sei immer nur auf seinen Vorteil und die Befriedigung seiner Bedürfnisse aus gewesen und habe dabei keinerlei Rücksichten – weder auf Gesetze, soziale Verhaltensregeln noch anderer Leute Leben – genommen. Auch für Stömer war Großmann geistig gesund. Er sei zwar ein »erblich besonders schwer belasteter und degenerierter Mensch«, aber die Anwendbarkeit von § 51 wurde auch in diesem Gutachten verneint.

Ein formaler Aspekt ist an Kronfelds Artikel auffällig, dort nämlich, wo die sadistischen Sexualpraktiken Großmanns genau beschrieben wurden, wechselte der Autor ins Lateinische. Hinter dieser in der Zeit gebräuchlichen Vorgehensweise stand die Absicht, derartige als heikel und anstößig empfundene Passagen nur einer begrenzten Zahl von Lesern, die

der Wissenschaftssprache Latein mächtig und damit »Einge-
weihte« waren, zugänglich zu machen. Solchen Personen wurde ein verantwortungsbewusster Umgang mit diesem Wissen
zugetraut, anderen – Laien – jedoch nicht.

Lust- oder Berufsmörder?
Die Einordnung des Falles durch die Wissenschaft

Das zeitgenössische wissenschaftliche Schrifttum vernachläs-
sigte die Mordserie Großmanns fast vollständig, im Gegensatz
zu denen eines Haarmann oder Denke. Nur in Magnus Hirschfelds »Sexualität und Kriminalität« von 1924 aus der Perspek-
tive des Sexualwissenschaftlers und in Robert Heindls krimi-
nologischer Studie »Der Berufsverbrecher« von 1926 taucht
der Fall auf, dafür aber bei Heindl mit Fotos des Täters, eines
der Opfer und des Tatorts.[11] Heindl zählte Großmann, wie
Denke und Haarmann, zu den »professionellen Mördern«
oder »Berufsmördern« und unterstellte damit auch Großmann, nicht aus Lust oder aufgrund von Krankheit, sondern
aus Habgier, gewissermaßen zum Lebensunterhalt, gemordet
zu haben. Heindl schrieb dazu: »Seinen Unterhalt bestritt er
durch Diebstahl, Erpressung, gelegentliches Hausieren, durch
Verkauf der Kleider seiner Opfer.« Um diese Charakterisierung zu untermauern, führte Heindl Großmanns zahlreiche
Vorstrafen an.

Hirschfeld griff bei seiner Beschreibung Großmanns größtenteils auf den Kronfeldschen Artikel zurück und ordnete
Großmanns Morde unter der Rubrik Lustmord ein. Besonders
strich er die Wirkung des Alkohols heraus, der bei Großmann
einen Kontrollverlust ausgelöst habe. Dann wandte sich
Hirschfeld gegen die Praxis der Gerichte, selbst offensichtlich
kranke Täter für zurechnungsfähig zu erklären, um sie so der

Todesstrafe zuführen zu können. Er sah dies in der Skepsis begründet, mit der Geschworene und Staatsanwälte auf die Anwendung des § 51 schauten, da sie oft annähmen, der Täter wolle sich nur der Strafe entziehen. Ferner seien es aber besonders die geplante Tatausführung und das Verwischen der Spuren, die dazu führten, dass die Täter als überlegt Handelnde eingeschätzt würden. Hirschfeld stellte dem entgegen, dass all diese Maßnahmen schon zur Tat selbst, also zur Sexualhandlung, zählten oder oftmals einem rudimentären Selbsterhaltungstrieb entsprängen. Damit seien sie aber noch kein Argument für eine volle Schuldfähigkeit.

Auch Hirschfeld verwies übrigens auf Großmanns Lebensgeschichte und seine Familie. Dazu sagte er:»Ich bin auf dieses Beispiel näher eingegangen, weil es so recht anschaulich lehrt, wie doch die Schuld der Väter an den Nachkommen heimgesucht wird, [...] wie sehr sich die Defekte der Vorfahren an den Nachkommen rächen und wie sehr die Eugenik bestrebt sein sollte, die Entstehung und Entwicklung dieser wahren Verbrecher bereits vor ihrer Geburt [...] zu studieren, um ihre Verhütung kennen und bewirken zu können.«[12] Hier redete also selbst der liberale Sexualreformer Hirschfeld der biologistischen Gesellschaftssicht das Wort. Großmann wurde zum erblich belasteten Mörder erklärt, der schon an seiner Familiengeschichte als ein solcher erkennbar sei. Unter Eugenik verstand man damals die präventive Kastration bzw. Sterilisation von kriminogenen Menschen. Im Nationalsozialismus konnten dann derartige, schon in der Weimarer Republik im ganzen politischen und weltanschaulichen Spektrum weit verbreiteten Ideen ihre reale Wirkungsmacht entfalten.

»Papa« Karl Denke

Die Mordserie des Karl Denke, höchstwahrscheinlich die blu-
tigste der deutschen Geschichte, erlangte enorme öffentliche
Aufmerksamkeit, sicher auch deshalb, weil sie unmittelbar
nach Ende des Haarmann-Prozesses aufgedeckt wurde. Sie
trug sich zu in Münsterberg, einer oberschlesischen Kleinstadt
mit cirka 8.000 Einwohnern. Kurz vor Weihnachten des Jahres
1924, am Sonntag, dem 21. Dezember, fanden dort zwei Nachbarn Karl Denkes den verletzten und völlig verwirrten arbeitslosen Steinhauer Vincenz Olivier, der ihnen eine abenteuerli-
che Geschichte erzählte: Er habe bei Denke geklopft, um Geld
und Essen zu erbitten, und sei freundlich ins Haus geladen
worden. Denke habe nach dem Essen gefragt, ob Olivier nicht
einen Brief für ihn schreiben würde, er könne dies nicht, da er
an Rheuma leide. Um sich erkenntlich zu zeigen, willigte
Olivier ein, doch als er Denke den Rücken zudrehte, habe ihm
dieser eine Spitzhacke über den Kopf gehauen.

Die Nachbarn glaubten zunächst kein Wort, denn »Papa«
Denke galt zwar als Einsiedler, aber auch als harmlos und hilfs-
bereit. Der herbeigeholte Denke beschuldigte im Gegenzug
Olivier, ihn überfallen zu haben. Daraufhin brachten die
Nachbarn Olivier zur Polizei. Auch dort erntete er zunächst
nur Unglauben, konnte die Polizisten aber wegen seiner Kopf-
wunde davon überzeugen, Denke zu verhaften. Wenige Stunden später erhängte sich Denke in seiner Zelle. Da war die
Polizei schon mit der Durchsuchung seiner Wohnung beschäftigt und fand Grausiges: gebündelte Kleidungsstücke mehrerer Männer, zusammengehalten durch Streifen von Menschenhaut, Fässer mit gepökeltem Menschenfleisch, Hosenträger
aus Menschenhaut. In den nächsten Tagen wurden darüber
hinaus Ausweispapiere von durchreisenden Wanderarbeitern

sowie ein Notizbuch aufgespürt, in dem Denke seine 31 Opfer mit Namen, Beruf und Gewicht notiert hatte.

Zum Zeitpunkt der Aufdeckung der Morde war Karl Denke 58 Jahre alt. Seine Eltern waren Bauern gewesen, und da er in der Schule nur schlecht mitkam, lernte er keinen Beruf, son-

Einzig überliefertes Foto von
Karl Denke nach seinem Selbstmord.

dern arbeitete auf dem elterlichen Hof. Er heiratete nie und verlor durch die Inflation sein bescheidenes Vermögen. Er habe stets mürrisch gewirkt und sehr zurückgezogen gelebt. Einmal sei ein Entmündigungsverfahren gegen ihn eingeleitet worden. Außerdem sei er regelmäßiger Kirchgänger gewesen und galt als fromm. Die Bewohner Münsterbergs empfahlen Durchreisenden oft, sich an Denke zu wenden, wenn sie einen Schlafplatz oder etwas zu essen suchten. Das »Hamburger Echo« charakterisierte Denke zusammenfassend: »So galt Denke als durchaus bescheiden, geistig etwas beschränkt und

INFLATION DER ZAHLEN IN DER NACHKRIEGSGESELLSCHAFT ...

äußerst wortkarg. Er ging regelmäßig zur Kirche und kleidete sich ärmlich, fiel auch niemandem auf.«

Die Morde begannen laut Denkes Notizbuch im Jahre 1903. Unter den 31 Opfern befanden sich nur vier Frauen, und die meisten der getöteten Männer waren über 40 Jahre alt gewesen. Aufgrund dieser Tatsachen tauchte der Fall Denke in der Presse und einschlägigen Literatur häufig nicht als »Lustmord« auf. Der Ermordung älterer Männer konnte vordergründig kein sexuelles Moment abgerungen werden.

Ein tragischer Begleitumstand der Mordserie Denkes war übrigens ein Justizirrtum, der erst mit der Entdeckung der Taten Denkes aufgedeckt werden konnte. Die »Deutsche Juristen-Zeitung« meldete im März 1925, dass »sich unter den Opfern Denkes auch eine Person befunden hat, deren Ermordung man im Jahre 1910 dem Schlachter Trautmann zur Last legte. Trautmann wurde damals […] zu 15 Jahren Zuchthaus verurteilt.« Er habe allerdings nur einen Teil seiner Strafe abgesessen und solle nun eine Entschädigung erhalten.

Wieder ein »Massenmörder«? – Ein »zweiter Haarmann«?

Die Berichterstattung über den Fall Denke begann am 25. Dezember 1924. So lange scheint es gedauert zu haben, bis die Nachricht aus Schlesien bei den Zeitungen in Berlin und im übrigen Deutschen Reich ankam. Dann jedoch stürzte sich die Presse ohne Rücksicht auf den Weihnachtsfrieden bis Silvester auf den Fall. Es erschienen mehrere großformatige Artikel und zahlreiche kleinere Meldungen, die oft einen ähnlichen Wortlaut hatten. Ein Lieferant dieser Informationen war das »Wolff'sche Telegraphische Bureau« (WTB), andere Zeitungen zitierten die »Breslauer Neuesten Nachrichten« oder die Hugenberg-Nachrichtenagentur »Telegraphen-Union«.

79

Ab Beginn des Jahres 1925 finden sich jedoch keine Meldungen mehr. Der Täter war tot, der erste Schock überwunden, und die langwierige Identifizierung der Opfer bot wohl keinen grausigen Nachrichtenwert mehr.

Die ersten Artikel schilderten die Verhaftung Denkes. Interessant ist dabei, dass zwar die meisten Zeitungen die oben wiedergegebenen Tatsachen berichteten, die kommunistische »Rote Fahne« und das sozialdemokratische »Hamburger Echo« aber darüber hinaus meldeten, dass die Polizei erst nach Denkes Selbstmord in Polizeigewahrsam mit den Ermittlungen begonnen habe. Die »Rote Fahne« schrieb: »Ja, erst nach seinem Tode nahm die Polizei eine Besichtigung der Wohnung vor und nur zwecks Ordnung des Nachlasses.« Im »Hamburger Echo« hieß es: »Nunmehr ließ die Polizei seine Verwandten kommen, um die Beerdigungskosten zu regeln. Die Untersuchung seiner Behausung führte dann zu den furchtbaren Entdeckungen.« Laut dem linken Pressespektrum hätte die Polizei demnach ohne Denkes Selbstmord vielleicht nie die Mordserie aufgedeckt.

Die Berichterstattung weist weitere Ungereimtheiten auf, bisweilen sogar in ein und derselben Darstellung. In einem Artikel der »Frankfurter Zeitung« vom 28. Dezember 1924 heißt es zuerst: »Der Stellenbesitzer [...] lebte völlig einsam in seinem Anwesen ...« Zwei Absätze später war dann von den »Hausbewohner[n], die unter Denke wohnten ...« die Rede. Eben dies, und dass die Nachbarn nichts bemerkt haben wollten, überraschte das »Hamburger Echo«: »Das Auffallendste an der Mordangelegenheit ist, daß das grausige Verbrechen nicht in der Einsamkeit, sondern in einem von mehreren Personen bewohnten Haus sich abgespielt hat.«

Ferner spekulierte man über die immer größer werdende Zahl der Opfer. Zuerst war von fünf bzw. acht die Rede (28. Dezember), dann von »mindestens 15« (30. Dezember), wobei immer wieder darauf verwiesen wurde, dass die Zahl der Opfer

INFLATION DER ZAHLEN IN DER NACHKRIEGSGESELLSCHAFT ...

noch höher sei. Damit blieb es dem Leser überlassen, sich den Umfang der Mordtaten selbst auszumalen. Das »Hamburger Echo« fasste die so geschürten Befürchtungen zusammen: »Dutzende von Handwerksburschen sollen von seiner Spitzhacke getroffen, zerstückelt und eingepökelt worden sein.« Auch der Beginn der Mordserie wurde immer weiter in die Vergangenheit verschoben. Ursprünglich hatte der untersuchende Staatsanwalt gesagt, Denke habe mit den Morden »erst in der Inflationszeit begonnen« (30. Dezember). Schon einen Tag später schrieben die Zeitungen aber, dass Denke bereits seit 1913 wandernde Handwerksburschen getötet habe.

Ein neuer Haarmann-Fall.

Nachrichtendienst der "Vossischen Zeitung".

* Breslau, 24. Dezember.

Eine überaus mysteriöse Angelegenheit beschäftigt seit einigen Tagen die Einwohnerschaft der schlesischen Stadt Münsterberg. Am Sonntag nachmittag sprach in Münsterberg ein Handwerksbursche bei dem unverheirateten Stellenbesitzer Karl Denke vor und bat diesen um eine Gabe. Denke ersuchte den Handwerksburschen, in sein Haus zu kommen und ihm einen Brief zu schreiben. Der Handwerksbursche setzte sich, in der Erwartung, für diese Arbeit belohnt zu werden, ahnungslos an einen Tisch, um den gewünschten Brief zu schreiben. In diesem Augenblick schlug Denke mit einer Spitzhacke auf den Handwerksburschen ein und verletzte ihn schwer am Kopfe. Nach heftiger Gegenwehr gelang es schließlich dem Handwerksburschen, zu entfliehen.

Er meldete den Vorfall der Polizei, die zuerst seine Angaben mit großem Zweifel entgegennahm, da der Stellenbesitzer in der Stadt als ein ruhiger Mensch galt, der etwas menschenscheu geworden war, seitdem er in der Inflationszeit sein Haus und sein Vermögen verloren hatte. Trotzdem nahm die Polizei den Stellenbesitzer in Schutzhaft und lieferte ihn in das Untersuchungsgefängnis ein. Dort hat er sich mit seinem Taschentuch jetzt erhängt. Erst durch den Selbstmord des Denke bekam die Angelegenheit eine überraschende Wendung.

Bei der Haussuchung im Hause des Karl Denke wurden zahlreiche Papiere von Handwerksburschen aufgefunden. Es wird daher angenommen, daß Denke bereits früher in zahlreichen Fällen Handwerksburschen in sein Haus gelockt hat, um sie zu ermorden. Das Treiben des Denke konnte bis jetzt verborgen bleiben, da er sich anscheinend nur Handwerksburschen als Opfer gesucht hatte, deren Verschwinden nicht gleich bemerkt werden konnte, da es sich um landfremde Personen handelt. Die Staatsanwaltschaft hat sich sofort der Angelegenheit angenommen und alle Schritte zur Aufklärung eingeleitet.

»Vossische Zeitung«
v. 25.12.1924:
Eine Häufung von Serienmorden? Haarmann und Denke werden in einem Atemzug genannt.

Denke wurde in der Berichterstattung gern als »schlesischer Haarmann« und »zweiter Haarmann« bezeichnet. Man verglich den Fall in seinen Einzelheiten mit den Geschehnissen in Hannover. So schrieb die »Frankfurter Zeitung« am 28. Dezember 1924: »Wie im Fall des hannoverschen Massenmörders munkelte man in dem kleinen Städtchen schon seit langer Zeit, daß es bei Denke, einem Sonderling, nicht mit rechten Dingen zugehe.« Nachbarn hätten wiederholt Röcheln und Sägegeräusche vernommen und Denke beobachtet, wie er schwere Säcke in den Wald trug. Außerdem gingen nun, ähnlich wie nach der Entdeckung der Haarmann-Morde, zahlreiche Vermisstenanzeigen bei der Polizei in Münsterberg ein. Ferner habe auch Denke Handel mit der Kleidung seiner Opfer getrieben und Fleisch verschenkt und verkauft, bei dem nun angenommen wurde, dass es sich um Menschenfleisch gehandelt habe, das Denke jedoch als Ziegenfleisch ausgab.

»Fleisch habe ich immer«: Die Menschenfleisch-Psychose

Ein Schwerpunkt der Berichterstattung lag auf der Denke zugeschriebenen Anthropophagie. Schon die ersten Artikel schrieben über »eingesalzenes Menschenfleisch«, »ausgelassenes Menschenfett«, Kisten voller Menschenknochen sowie von Funden »gerösteten Menschenfleisches«. Nun änderten sich auch die Überschriften. Hatte es zunächst beispielsweise in der »Kreuzeitung« geheißen: »Ein neuer Fall Haarmann?« (25. Dezember 1924), titelte das selbe Blatt am 29. Dezember: »Der Kannibale von Münsterberg«.

Während es bei Haarmann und Großmann zumindest fraglich blieb, ob sie tatsächlich Menschenfleisch gegessen hatten, wurde es bei Denke von Anfang an als Tatsache hingestellt. So hieß es in einer Meldung des »WTB« vom 27. Dezember 1924,

INFLATION DER ZAHLEN IN DER NACHKRIEGSGESELLSCHAFT ...

die einen Tag später in der »Roten Fahne« abgedruckt wurde:
»Eine Sezierung der Leiche soll nicht vorgenommen werden,
da einwandfrei feststeht, daß Denke das Fleisch tatsächlich
gegessen hat.« Die »Frankfurter Zeitung« schrieb allerdings
am 30. Dezember, dass sowohl Denkes Gehirn als auch Teile
des Mageninhalts in der Universitätsklinik in Breslau untersucht würden. Über das Ergebnis dieser Obduktion finden
sich jedoch keine Meldungen.

Auch in Münsterberg scheint nach Bekanntwerden der
Morde eine Menschenfleisch-Psychose grassiert zu haben. Die
»Rote Fahne« schrieb am 3. Januar 1925 in einem der letzten
Artikel zum Fall: »Für eine Hochzeit hat er im letzten Jahr
beispielsweise das ganze Fleisch geliefert, so daß die ganze
Hochzeitsgesellschaft Menschenfleisch gegessen hat.« Denkes
»Menschenschlächterei« machte ihn in den Augen seiner Um-
welt zum Unmenschen. Deshalb fand seine Beerdigung, wie
das »Hamburger Echo« am 31. Dezember 1924 meldete, im
Dunkeln und unter starkem Polizeiaufgebot statt. So wurde er
endgültig aus der kleinstädtischen Gemeinschaft ausgestoßen.

Denke sollte als Außenseiter der Gesellschaft dastehen,
indem man ihn bezichtigte, eines der größten Tabus überhaupt gebrochen zu haben. In diesem Sinne schrieb die »Rote
Fahne« am 25. Dezember 1924 unter der Überschrift »Ein
Menschenfresser in Schlesien«: »Wieder wird ein schauderhaf-
ter Fall menschlicher Vertiertheit [...] gemeldet.« Denke galt
nicht mehr als Mensch, sondern als Bestie, als Tier.

Bemerkenswert ist die Verknüpfung von Denkes Taten und
der jüngsten Vergangenheit, mit der die Morde erklärt werden
sollten. Die Annahme des Staatsanwalts, Denkes Mordtaten
hätten in der Inflationszeit begonnen, »da er bis dahin über
genügend Geldmittel verfügte«, gab die Richtung an. Die
»Frankfurter Zeitung« schrieb am 28. Dezember 1924, Denke
habe »aus irgendeiner krankhaften Veranlagung heraus das

INFLATION DER ZAHLEN IN DER NACHKRIEGSGESELLSCHAFT ...

Fleisch seiner Opfer verzehrt oder zu späterem Genuß konserviert. Diese Annahme wird auch gestützt durch die schlechte wirtschaftliche Situation«, in der sich Denke befunden habe. Die »Rote Fahne« schrieb dazu, dass Denke eigentlich ein »schlesischer Landwirt« gewesen sei, »der in der Inflationszeit sein Gut und sein Vermögen verloren hat ...«. Fleisch war zu Beginn der 1920er Jahre teuer und für viele unerschwinglich. So sank der jährliche Fleischverbrauch pro Kopf aufgrund der Teuerung und den nicht damit Schritt haltenden Lohnerhöhungen von 43 kg (1913) auf 23,2 kg (1923). Daher fiel Denkes Fleischreichtum auf. Darauf angesprochen erklärte er jedoch nur: »Fleisch habe ich immer.« Verweise auf die Inflation als Auslöser der Mordtaten und der Anthropophagie finden sich in allen Zeitungen, wobei teilweise zugestanden wurde, dass die Ermordung von Menschen zum Zwecke ihres Verzehrs zwar krankhaft anmute; auf der anderen Seite aber hielt die Berichterstattung dieses Verhalten nicht für sonderlich überraschend. Anscheinend galt die Inflationszeit als eine Periode, in der alles möglich gewesen war.

Da erst zum Ende der Berichterstattung bekannt wurde, dass Denke bereits vor dem Ersten Weltkrieg getötet hatte, musste diese Verknüpfung auch nicht mehr aufgelöst werden. Im öffentlichen Bewusstsein hatte sich festgesetzt, was der Psychologe Erich Wulffen in Magnus Hirschfelds »Sittengeschichte der Nachkriegszeit« 1930 schrieb, und was noch in der zweiten Auflage von 1966 zu lesen ist: »Nicht ausgeschlossen ist, daß auch die damalige Nahrungs- und Fleischnot beteiligt waren. Denke war an Fleischnahrung gewohnt, durch die Inflation verlor er sein Vermögen, so daß ihm jene unerschwinglich wurde.«[13] Also tötete er Männer, um sie zu essen. Diese Schlussfolgerung scheint weitgehend akzeptiert worden zu sein, weil sie eine vergleichsweise eingängige Erklärung lieferte und weiteres Rätseln über Denkes Motive – der darüber ja keine Auskunft mehr geben konnte – unnötig erscheinen ließ. Es ist bezeichnend für die Mentalität der Zeit und die schlimmen Inflationserfahrungen, dass eine solche Erklärung fast widerspruchslos angenommen wurde.

Aufschlussreich ist in diesem Zusammenhang eine frühere Interpretation Wulffens aus dem Jahr 1926, der die Taten Denkes zu diesem Zeitpunkt noch als »entsittlichende Nachwehen des Kriegs« verstand, auch wenn die Mordserie bereits lange vor dem Ersten Weltkrieg begonnen hatte. Die Häufung von Serienmorden in der Nachkriegszeit – Wulffen nennt die Fälle Großmann, Haarmann und Denke – sah er als symptomatisch für die frühe Weimarer Republik an, besonders vor dem Hintergrund der »wirtschaftlichen Not«.[14]

Wer ist schuld? Vorwürfe gegen die Polizei

Auch im Fall Denke waren Anschuldigungen gegen die Polizei schnell bei der Hand. Die »Rote Fahne« war hier wortführend, aber nicht allein. Schon in ihrem ersten Bericht über den Fall aus Münsterberg stand zu lesen: »Und die Polizei dieser Republik hat so viel im Kampf gegen die Kommunisten zu tun, daß der Menschenfresser wieder wie im Fall Haarmann zahlreiche Opfer morden konnte.« Fast gleich lautende Vorwürfe waren im Zusammenhang mit dem Fall Haarmann von kommunistischer Seite gegen die Polizei erhoben worden: Die Mordserien seien von den Ordnungshütern zu verantworten, da sie alle Mittel auf die Ermittlungen gegen die KPD und ihre Anhänger konzentrierten. Im Fall Denke wurden der Polizei konkrete politische Gründe für ihre Zurückhaltung unterstellt: »Es fielen ihm ja nur die vom Kapital zum Tode verurteilten Arbeitslosen zum Opfer, die zu schützen, um die sich zu kümmern diese kapitalistische Gesellschaft keinen Anlaß hat.«

INFLATION DER ZAHLEN IN DER NACHKRIEGSGESELLSCHAFT ...

Die Polizei habe sich nicht um die verschwundenen Arbeitslosen gekümmert, da diese ohnehin nur überflüssiger Ballast
seien. In jedem weiteren Artikel der »Roten Fahne« über
Denke wurden ähnliche Beschwerden über »das katastrophale
Versagen der Polizei« erhoben.

Neben der Polizei griffen die Kommunisten auch deren
oberste Dienstherrin, die Reichsregierung, und besonders die
staatstragende SPD an. Das las sich dann so: Auf dem Eini-
gungsparteitag von USPD und SPD im September 1922 hatte
der Reichstagsabgeordnete Otto Wels, anspielend auf die
Hungerkatastrophe in der Sowjetunion, von Kannibalismus
gesprochen. Über zwei Jahre später wärmte die »Rote Fahne«
diesen Vorfall nun wieder auf und schrieb:»Aber nicht in Ruß-
land tritt der Kannibalismus auf, sondern im Deutschland der
Ebert, Noske und Severing. Das grauenhafte Elend in Dawes-
Deutschland erzeugt wie nach dem Dreißigjährigen Krieg die
entsetzlichsten Verbrechen und grauenvollsten menschlichen
Entartungen. Diese Zustände müssen vom deutschen revolu-
tionären Proletariat geändert werden.« Den SPD-Oberen wie
Reichspräsident Friedrich Ebert, dem Hannoveraner Ober-
präsidenten Gustav Noske und Innenminister Karl Severing
wurde die Schuld an der schwierigen wirtschaftlichen Lage
gegeben – und damit auch an den Morden Denkes. Nur eine
Revolution nach russischem Vorbild könne solche Vorkomm-
nisse zukünftig verhindern.

Die Kommunisten forderten aber auch konkrete Konsequenzen aus dem Fall Denke. So sollten »die Verantwortlichen
zur Rechenschaft gezogen werden. Nicht die unteren Beamten sind schuld, sondern die hohen Vorgesetzten. […] Und
jetzt sofort auf die Anklagebank mit den im Fall Denke verantwortlichen Polizeistellen!«

Aber nicht nur die kommunistische Presse, auch die liberale »Frankfurter Zeitung« sprach davon, dass »in Münster-

berg genau wie in Hannover die Polizei versagt hat«. Wieder wurden hier deutliche Parallelen zum Verhalten der Polizei im Fall Haarmann gezogen. Hinweise wie verschwundene Personen und Knochenfunde in der Umgebung von Denkes Haus seien nicht weiter untersucht worden, und zwar deshalb, weil Denke als harmlos gegolten habe. Zwar wurden der Polizei Versäumnisse unterstellt, daran jedoch keine Kritik an der bestehenden Ordnung aufgehängt.

Die »Vossische Zeitung« schob den schwarzen Peter stattdessen – wenn auch recht vorsichtig – Denkes Nachbarn zu. Diese hätten zwar wiederholt verdächtige Beobachtungen gemacht, »die allerdings merkwürdigerweise nie zu einer Anzeige führten«. Dass Denke so lange unentdeckt habe morden können, sei nicht Versäumnissen der Polizei anzulasten, sondern liege daran, dass es sich bei Denkes Opfern um »landfremde Personen« gehandelt habe, »deren Verschwinden nicht gleich bemerkt werden konnte«.

Das SPD-nahe »Hamburger Echo« versuchte, sich neutral zu verhalten, da seine Redaktion schlecht Parteigenossen angreifen konnte. Direkte Kritik an der Polizei äußerte es kaum. Die Zeitung zitierte lediglich den leitenden Oberstaatsanwalt Blümel aus Breslau, der die Untersuchungen in Münsterberg überwachte und zu den Vorwürfen gegen die Polizei verlauten ließ: »Die Öffentlichkeit steht den Polizeiorganen mit einem gewissen Vorurteil gegenüber. Sie wird nicht verstehen können, daß in einem so kleinen Städtchen wie Münsterberg unerhörte Verbrechen jahrelang unentdeckt bleiben konnten. Soweit sich der Tatbestand überblicken läßt, trifft aber die Münsterberger Polizei keinerlei Schuld.« Die Repräsentanten der Staatsmacht hielten, wie im Fall Haarmann, zusammen.

INFLATION DER ZAHLEN IN DER NACHKRIEGSGESELLSCHAFT ...

»Der Kreuzträger von Münsterberg«: Ein gut katholischer Serienmörder

Die kommunistische Presse kaprizierte sich jedoch nicht nur auf das Versagen der Polizei, sie griff im Fall Denke auch eine weitere konservative Institution an, die katholische Kirche. Dass Denke als fromm galt und »bei Beerdigungen als Kreuzträger fungierte«, erwähnten alle Zeitungsberichte, weil dies einen klaren Kontrast zu seinen Mordtaten darstellte. Die »Rote Fahne« konstruierte aber beinahe eine Verschwörung zwischen Klerus und Serienmörder: »Wie Haarmann der Polizei, so diente Denke der Kirche.«

Denke fand seine Opfer oft in einer so genannten »Herberge zur Heimat«. Dabei handelte es sich um ein von der Kirche geführtes Heim für Erwerbslose ohne Obdach, die dort in Arbeit vermittelt werden sollten. Die »Rote Fahne« nannte diese Einrichtung jedoch eine »jener berüchtigten christlichen Menschenverkaufsstellen«. Die konkrete Anschuldigung lautete: »Die christliche Leitung dieser Herberge bekümmerte sich aber den Teufel darum, warum [...] die Mitgeschleppten nie zurückkehrten«. Die Kirche habe die ihr anvertrauten Proletarier verraten.

Des Weiteren warf die »Rote Fahne« der katholischen Geistlichkeit vor, die Verfolgung gerade von Kommunisten in Schlesien zu fördern. Zur Diskreditierung der katholischen Kirche betonte sie außerdem, dass »gerade die vertiertesten Kriminalverbrecher sich sehr kirchenfromm geben« und nannte Denke einen »protegierte[n] Schützling des katholischen Klerus«. So nutzte die KPD den Fall Denke, um ihre Kirchenfeindlichkeit zu verdeutlichen und zu untermauern.

Lustmörder oder Menschenschlachter
aus wirtschaftlicher Not?

Wie schon dargelegt, sah man die Taten Denkes nicht als Sexualmorde, sondern begründete sie mit der Notzeit der Inflation und Fleischmangel. Dies wurde immer wieder betont, so in der »Roten Fahne« vom 28. Dezember 1924: »Nichts deutet darauf hin, daß sexuelle Motive bei den Morden Denkes eine Rolle spielten, er scheint seine Opfer lediglich geschlachtet zu haben, um sich von ihrem Fleisch zu ernähren.« Auch das »Hamburger Echo« strich heraus: »Sexuelle Momente sollen bei dem Verbrechen Denkes keine Rolle gespielt haben.« Dadurch sollte der Fall Denke gegenüber Haarmanns Taten abgegrenzt werden. Die Denke unterstellten Mordmotive wirkten rationaler und waren für einen Großteil der Bevölkerung leichter nachvollziehbar als die Hannoveraner Morde, bei denen ein Homosexueller männliche Jugendliche zur sexuellen Erregung getötet hatte. Es scheint, als hätte ein neuer Sexualmörder so kurz nach der Mordserie Haarmanns die Öffentlichkeit zu sehr erschüttert, weshalb die Presseorgane zu einem derartigen Palliativ für ihre Leser griffen. Damit sollte die grausige Menschenfresserei irgendwie doch noch in das Koordinatensystem bürgerlicher Werte eingepasst werden, auch wenn dies – aufgrund der Dimension des Falles – im Grunde nicht gelingen konnte.

Ein Argument, warum es sich bei Denkes Taten nicht um »Lustmorde« gehandelt haben könne, war das Alter der Opfer. Sie waren größtenteils über 40 gewesen, weshalb sie anscheinend als nicht besonders attraktiv galten. Die Journalisten setzten folglich ihr subjektives Empfinden, was sexuell anziehend sei, für absolut. Zudem wurde fast bis zum Ende der Berichterstattung davon ausgegangen, dass Denke erst in der Inflation mit dem Morden begonnen habe. So konnte das

INFLATION DER ZAHLEN IN DER NACHKRIEGSGESELLSCHAFT ...

Konstrukt vom Hunger als Motiv aufrechterhalten werden. Den Beginn der Mordserie im Jahre 1903 ignorierte diese Argumentation. Wulffen fasste 1926 in seinem Buch »Kriminalpsychologie. Psychologie des Täters« das Problem im Fall Denke zusammen: »Da der Mund des Mörders verstummt ist, wird die volle Wahrheit kaum ergründet werden.« Es durfte also spekuliert werden. Denke ist nie psychiatrisch begutachtet worden. Daher sei zwar nicht abschließend zu klären, ob auch er bei seinen Taten in sexuelle Erregung geriet, doch Wulffen schrieb: »Ausgeschlossen erscheint dies nicht. Daß es ihm bei den Tötungen weder auf das Alter noch auf sonstige physische Eigenschaften ankam, spielt dabei keine Rolle.« Es erschien Wulffen wohl doch als etwas absonderlich, dass Denke 20 Jahre nur zu Nahrungszwecken Menschen getötet habe. Deutlicher wurde Wulffen in seinem Artikel »Die berühmtesten Sexualprozesse der Nachkriegszeit« in Magnus Hirschfelds »Sittengeschichte der Nachkriegszeit«. Hier schrieb er: »Ich halte es für ausgeschlossen, daß Denkes Sexualität nicht im Spiele gewesen wäre. Der 58jährige war Junggeselle und zu Frauen unwirsch. Man kann sich nur vorstellen, daß er in Betätigung des Sexuellen Hemmungen hatte; die aber in die Sexualität investierten Triebkräfte ergossen sich in schaurige Verbrechen. Das Zerstückeln so vieler Leichen, freilich nicht jüngerer, sondern meist in gesetzten, ja in alten Jahren stehender Männer (nach seinen Tabellen hat er nur viermal Mädchen geschlachtet) war ihm nur möglich, wenn er daran geradezu wollüstiges Gefallen fand. Er lebte Jahrzehnte mit Wollust neben frischgeschlachtetem Menschenfleisch und in einer Leichenkammer.« Fast gleichlautend äußerte sich auch der Schweizer Psychologe Richard Herbertz über Denke: »In seinem Unterbewußtsein spielte das Sexuelle [...] höchstwahrscheinlich doch insofern eine Rolle, als die in der Sexualität

90

investierten ungeheuren unbewußten Triebkräfte, die verdrängt [...] waren, irgendwo anders ihren Auspuff suchten.«[15] Allerdings regte sich Widerspruch gegen diese Sichtweise. In der »Deutschen Medizinischen Wochenschrift« führte der Breslauer Professor für gerichtliche Medizin, Geheimrat Puppe, Denkes Morde schlicht auf Geisteskrankheit – wahrscheinlich Schizophrenie – zurück. Aber auch diese Deutung war selbstredend rein spekulativ, denn anders als im nun zu berichtenden Fall waren ja keine Äußerungen Denkes über sein Tun tradiert, noch hatte ihn je ein Sachverständiger in Augenschein nehmen können.

Serienmorde als Symptom der allumfassenden Krise der Weimarer Republik

Düsseldorf war 1929 der Schauplatz für die spektakulärste Mordserie der deutschen Geschichte: Innerhalb weniger Monate tötete Peter Kürten, der als »Vampir von Düsseldorf« in die Annalen einging, acht Menschen mit Schere, Stilett und Hammer und verübte vier weitere Mordanschläge. Allein im August mordete Kürten drei Menschen und verwundete vier schwer. Diese Mordserie und die reißerische Berichterstattung der lokalen wie überregionalen Medien versetzten eine ganze Stadt in hysterische Furcht. Über 12.000 Hinweise gingen bei Polizei und Presse ein, mehr als 300 Hellseher – unter ihnen auch der berühmte Hanussen – und 200 Graphologen erboten sich, Hilfe bei der Mördersuche zu leisten. Nach drei von Kürten selbst verschickten »Mörderbriefen« erhielten Zeitungen ungefähr 150 gefälschte Briefe, 200 Personen stellten sich im Laufe der Zeit selber und behaupteten, der »Vampir« zu sein. Erst die Verhaftung des Täters im Mai 1930 erlöste die Bevölkerung Düsseldorfs aus der Klammer dieser Furcht.

Die Mordserie Kürtens und der Prozess im April 1931 spielten sich ab vor einer Kulisse, die das Ende der Stabilisierungsphase der Weimarer Republik und das Heraufdämmern der Weltwirtschaftskrise zeigte. Die Krise traf Deutschland mit aller Wucht. Ihre Konsequenzen – wirtschaftlicher Zusammenbruch, nie gesehene Massenarbeitslosigkeit und Massenarmut, politische Radikalisierung – waren enorm; am Ende wurde das Gemeinwesen zerrieben, und die schon ausgehöhlte Demokratie machte der mörderischen Diktatur der Nationalsozialisten Platz.

Das Ende der »goldenen Jahre« Weimars und das Heraufdämmern der finalen Krise

Nur wenige Jahre der Stabilität waren der Weimarer Republik vergönnt. So sehr hoben sie sich von der krisenhaften Inflationsperiode ab, dass man sie sogar als »Goldene Zwanziger« bezeichnete. Doch war die Ruhe trügerisch – und auch die Zeitgenossen nahmen durch die Risse im Firnis des Aufschwungs und der demokratischen Normalität wahr, dass darunter die Probleme einer unbewältigten Gegenwart brodelten. Von einer »Panik im Mittelstand« schrieb der Soziologe Theodor Schreiber 1930 und meinte damit das Befinden der bürgerlichen Schichten. Sie sahen sich als Verlierer von Inflation und Modernisierung. Das war ein emotionaler Humus, auf dem nervöse Erregtheit gegenüber Entwicklungen der Zeit ebenso gedieh, wie neidzerfressene Ressentiments, von denen wiederum populistische Agitatoren profitieren konnten.

Vielfältig waren die dräuenden Schwierigkeiten von gesellschaftlicher, wirtschaftlicher und politischer Art. Praktisch die ganze Zeit über verharrte die Arbeitslosigkeit auf einem in der Vorkriegsperiode nicht gekannten Niveau. Um die wirtschaftliche Blüte und gleichzeitig die Reparationen finanzieren zu können, verschuldeten sich deutsche Unternehmen, Banken und staatliche Institutionen im Ausland. Das namentlich amerikanische Kapital floss reichlich, aber es war kurzfristig ausgeliehen und wurde für langfristige Investitionen verwendet. Die Konjunktur baute auf einer prekären Grundlage auf. Auch in der Politik war die Situation heikel: Nach 1920 konnten die republiktragenden Parteien der Weimarer Koalition, SPD, Zentrum und DDP, auf Reichsebene nie mehr eine eigene Mehrheit erringen. Die Republik blieb auf die Mitarbeit der ihr kritisch bis reserviert gegenüberstehenden DNVP, besonders aber der rechtsliberalen DVP angewiesen. Die Loyalität der DVP freilich hing allein an deren Vorsitzendem, Gustav Stresemann, kurzzeitig Kanzler, vor allem aber in wechselnden Regierungsbündnissen der stete Pol als Außenminister. Überhaupt trug Stresemann, der Vernunftrepublikaner, durch seine Aussöhnungspolitik gegenüber Frankreich, die ihm zusammen mit dessen Außenminister Briand den Friedensnobelpreis eintrug, einen Gutteil dazu bei, dass die Demokratie sich zu stabilisieren schien und Deutschland wieder zu einem Partner auf der Weltbühne werden konnte. Stresemann aber starb 1929; sein Tod war ein böses Omen für das Ende der Ruhephase und die Krise, die jetzt hereinbrechen sollte.

Das Hereinbrechen der Weltwirtschaftskrise und die Folgen

Die Weltwirtschaftskrise traf Deutschland in einem Moment, da seine Wirtschaft schon auf einer nur wenig stabilen Grundlage stand. Von einer Krise vor der Krise spricht gar der Münchner Wirtschaftshistoriker Knut Borchardt. Auslösendes Moment jenes weltweiten wirtschaftlichen Zusammenbruchs war der »Schwarze Freitag« vom 25. Oktober 1929, der jähe Absturz der New Yorker Börsenkurse. Die Schockwellen des Endes der US-amerikanischen Konjunktur pflanzten sich um den ganzen Globus fort, allein die gegenüber dem kapitalistischen Weltmarkt weitgehend abgeschottete UdSSR blieb verschont. Besonders verheerend waren die Krisenfolgen (außer in den USA) in Deutschland. Rasch stieg die Arbeitslosigkeit an. Die erst 1927 ins Leben gerufene Arbeitslosenversicherung war dem Ansturm nicht gewachsen. Über den Versuch ihrer Sanierung stürzte die letzte parlamentarisch legitimierte Regierung der Weimarer Republik, das Kabinett der Großen Koalition unter dem SPD-Kanzler Hermann Müller. Von jetzt an stützten sich die Kanzler auf die Autorität des Reichspräsidenten Paul von Hindenburg, der nach dem verhängnisvollen Artikel 48 der Reichsverfassung so genannte Notverordnungen mit Gesetzeskraft erlassen konnte. Auf Müller folgte der Zentrumsmann Heinrich Brüning, der mit dem festen Willen, die wirtschaftliche Krise zum Abbau der Reparationsverpflichtungen zu nutzen, eine Spar- und Deflationspolitik mit harter Hand betrieb, die den wirtschaftlichen Niedergang noch verschärfte. Als Brüning im Mai 1932 zurückzutreten gezwungen wurde, war die Republik schon am Ende. Ihm folgten die kurzlebigen Kabinette des ebenso eitlen wie unfähigen Intriganten von Papen und des Reichswehrgenerals von Schleicher, der schließlich am 30. Januar 1933 Adolf Hitler weichen musste.

Am schwersten wog von den Wirkungen der Krise zweifellos die Massenarbeitslosigkeit. Schon im Winter 1928/29 mussten mehr als zwei Millionen Menschen stempeln gehen. Als die Konsequenzen des »Schwarzen Freitags« Deutschland erreichten, stieg die Zahl rasant: Auf 3,3 Millionen im Februar 1930, mit nur einem langsamen Rückgang in den beschäftigungsreicheren Monaten, auf 4,9 Millionen Anfang 1931. Der Tiefpunkt wurde schließlich 1932 erreicht: 6,1 Millionen Menschen waren erwerbslos gemeldet – bei einer hohen Dunkelziffer und einer geringen Unterstützungsleistung von Versicherung und öffentlicher Hand; arbeitslos zu sein bedeutete, bitter arm zu sein. Doch auch diejenigen, die Arbeit hatten, waren gezwungen, mit wenig auszukommen. Im Frühjahr 1931 etwa, als der Prozess gegen Peter Kürten die Aufmerksamkeit der Presse im ganzen Land fesselte, arbeitete Einer von Fünfen

95

kurz, und die Gehälter der Beamten waren im Zuge der Sparpolitik empfindlich zurückgefahren worden. Auch die Mittelschichten waren also betroffen. 1931 brachte den Höhepunkt der Konkursziffern, und trotz der agrarpolitischen Unterstützungsmaßnahmen darbte auch die Landwirtschaft schwer. Tief verunsichert war die Bevölkerung, wenige Jahre der Weimarer Republik hatten auch die letzten noch bestehenden Fundamente ihrer Mentalität ins Wanken gebracht. Der Krieg war schmachvoll verloren, die Monarchen hatten abgedankt, die Inflation hatte die Geldvermögen vernichtet, große Teile der Mittelschichten waren verarmt, jeder dritte Landsmann stand ohne Erwerb auf der Straße, die ganze Zukunft schien verdüstert.

Gewinner dieser bedrückenden Situation waren radikale politische Aufwiegler von links und rechts. Die Kommunisten konnten auf die Sowjetunion verweisen, die unberührt geblieben war von der weltumspannenden Wirtschaftskrise. Im Inneren schmähten sie »reaktionäre Kräfte« gleichermaßen wie die SPD, deren Anhänger als »rotlackierte Sozialfaschisten« mit Hohn und Spott übergossen wurden. In ihrer beißenden Ablehnung der Republik standen die Nationalsozialisten den Kommunisten in nichts nach, und seit den Reichstagswahlen vom September 1930 waren sie zu einer ernst zu nehmenden Gefahr geworden. 107 statt vorher zwölf Mandate besetzten sie jetzt und stellten die zweitstärkste Fraktion (auch die KPD hatte deutlich auf 77 Abgeordnete zugelegt). Der innenpolitische Kampf radikalisierte sich zunehmend. »Revolution und damit Vernichtung des Kapitalismus und Unschädlichmachung aller derjenigen, die dieses System stützen«, propagierte der kommunistische Abgeordnete Wilhelm Pieck im Reichstag. Und Hitler wurde nicht müde, die Untaten der »Novemberverbrecher« – das waren in seiner Diktion alle, die für das »System« von Weimar standen – geifernd anzuprangern. Begleitet wur-

SERIENMORDE ALS SYMPTOM ...

de die Eskalation der gewalttätigen Worte von Straßenterror, der in jedem der zahlreichen Wahlkämpfe im Reich und in den Ländern aufflammte.

Tanz auf dem Vulkan:
Kulturelle Blüte und ihr Star, der Lustmörder

Mit der traurigen Geschichte vom Niedergang der ersten deutschen Demokratie korrespondierte auf der anderen Seite eine erstaunliche kulturelle Hochblüte. Während auf den gewöhnlichen Menschen die Umwälzungen seiner Zeit einen beunruhigenden, ja verängstigenden und damit lähmenden Eindruck machten, schienen die Künstler den »Tanz auf dem Vulkan« als Stimulanz wahrzunehmen. Die neue Zeit erforderte auch neue Mittel der Darstellung. Selten brachte eine so kurze Zeitspanne so viele bedeutende und innovative Kunstwerke hervor. Und eine Ikone dieser Blüte – wenn man so will: ihr Star – war der Lustmörder.

Grund für das Auftauchen dieser Figur in der Kunst war in erster Linie die Apokalypse des Ersten Weltkriegs. Viele Künstler bemühten sich, das Grauen der Kriegserlebnisse mit ihren Bildern zu verarbeiten. Irrationale Gewaltmenschen, so schreibt die Literaturwissenschaftlerin Angelica Schwab, bevölkerten zuhauf die Bilder und Texte der Dadaisten, Kubisten, Surrealisten und Expressionisten, die den Schrecken des kriegerischen Massenmordens auf eine ganz eigenwillige Art umzusetzen gewusst hätten. Das Ziel sei gewesen, ihren Zweifel an eindeutigen, reibungslosen und exakt normierten Darstellungsformen kundzutun und sich damit von herkömmlichen Mitteln der Kunst abzusetzen. »Vor diesem Hintergrund erscheint die Figur des triebhaften Mörders geradezu prädestiniert, Gedanken über das gewalttätige Potential der Kunst zu transportieren.«[16] Beispiele finden sich in der bildenden Kunst etwa bei den Gemälden »John der Frauenmörder« und »Der kleine Frauenmörder« von George Grosz (beide von 1928). Grosz selbst posierte sogar einmal als Lustmörder auf einem Foto vor einer Staffelei mit einem Messer, das er auf sein Modell richtete.

Der »Lustmörder« als Thema der Kunst: Holzschnitt von K. Wangen.

Auch im Film trat der Serienmörder in Erscheinung, z. B. in den expressionistischen Meisterwerken des Stummfilms »Das Cabinet des Dr. Caligari« von Robert Wiene (1919), in Paul Lenis »Das Wachsfigurenkabinett« (1924) oder in »Orlacs

Hände« und »Die Büchse der Pandora« (beide 1927) von G. W. Pabst. Auch heute noch berühmt und einer der herausragenden deutschen Filme überhaupt ist Fritz Langs »M – Eine Stadt sucht einen Mörder« (1931). Dieser Film verarbeitete Motive der beiden populärsten Serienmordfälle der Weimarer Republik, der Tötungsserien von Fritz Haarmann und insbesondere von Peter Kürten.

Prominente Beispiele für Werke der Literatur, in denen der Serienkiller eine Rolle spielt, sind »Der Meister des jüngsten Tages« (1923) von Leo Perutz, Robert Musils »Der Mann ohne Eigenschaften« (erster Band 1930), Alfred Döblins bahnbrechender Großstadtroman »Berlin Alexanderplatz« (1929), der deutliche Parallelen zum Fall Haarmann aufweist, und »Die Beichte eines Mörders« (1936) des Österreichers Joseph Roth.

Diese in höchstem Maße beunruhigte und gereizte Zeit also formte die Kulisse, vor der sich der Vorhang für die Mordserie des Peter Kürten 1929 auftat.

Peter Kürten, der »Vampir von Düsseldorf«

Peter Kürten wurde am 26. März 1883 als ältestes von insgesamt zehn Kindern in Köln-Mühlheim geboren. Einmal mehr zeigen sich bei ihm die immer wiederkehrenden, traurigen Muster einer Erziehung, die einen labilen und gefährdeten Jungen in die Gewaltsamkeit förmlich hineintrieb; wenn es eine Konstante gibt bei Serienmördern, so ist es diese. Der Vater war ein Trinker, und im Suff prügelte er seine Frau und die Kinder erbarmungslos. Wiederholt soll er sogar mit dem Messer auf die Familie losgegangen sein. Eine seiner Töchter vergewaltigte er, wegen dieser damals so genannten »Blutschande« wurde er verurteilt, nicht seine einzige Haftstrafe im übrigen. Die Inhaftierungen des Vaters scheinen der Familie so etwas wie Atempausen verschafft zu haben, auch wenn sich in diesen Phasen die ohnehin bittere Armut noch verschlimmerte. Mit acht Jahren rannte Peter Kürten von Zuhause weg. Erst nach Wochen brachte die Polizei ihn zurück. Doch es gab anscheinend noch anders geartete Ausbruchsversuche aus der auf ihn eindringenden Brutalität: Im Prozess sagte Kürten aus, dass er auch als Kind schon zwei Morde an Spielkameraden verübt habe. Er habe sie in den Rhein gestoßen und ertrinken lassen.

Im Alter von 16 Jahren wurde Kürten zum ersten Mal verurteilt. Wegen Unterschlagung musste er für zwei Monate ins Gefängnis. 1901 wurde er zu zwei Jahren, 1913 wegen Diebstahls zu sieben Jahren Zuchthaus verurteilt. Er verübte darüber hinaus weitere Straftaten: Erpressung, Körperverletzung, Unzucht, Brandstiftung und Fahnenflucht. Als sein Prozess begann, hatte Peter Kürten bereits fast 23 seiner 48 Lebensjahre in Haft verbracht.

Als Erwachsener mordete Kürten zum ersten Mal 1913. Noch ohne Tötungsabsichten ging er auf Einbruchstour. Dabei fiel ihm ein schlafendes Mädchen auf. In einer ersten sadistischen Aufwallung schändete und würgte er die Elfjährige und stach noch nach ihrem Tod auf sie ein.

1923 heiratete Kürten eine drei Jahre ältere Frau. Die Ehe war von Anfang an durch Affären belastet. Im Prozess sagte seine Frau aus, dass sie Kürten zunächst mit Antipathie gegenüber gestanden, seinem Werben aber schließlich doch nachgegeben habe. 1925 zog das Ehepaar von Altenburg in Thüringen nach Düsseldorf. Dort erwachte erneut Kürtens Pyromanie: Bis 1929 setzte er insgesamt vierundzwanzig Häuser, Scheunen, Ställe und Wälder in Brand. Dann begann er wieder zu morden.

Kürtens Gewalttätigkeit eskalierte und versetzte Düsseldorf in Angst. Am 9. Februar 1929 erstach er ein kleines Mädchen mit einer Schere. Diese Waffe verwendete er auch für weitere Mordtaten, so bereits am 12. Februar gegen sein einziges männliches Opfer. Im August erreichte die Mordserie ihren Höhepunkt: Am 8. musste ein Dienstmädchen sterben, das der Täter auf einem Acker vergrub. Im Anschluss schrieb er den ersten von drei später so genannten »Mörderbriefen«, in denen er der Presse und der Polizei mitteilte, wo er sein Opfer verscharrt hatte. Am Abend des 21. August unternahm Kürten Mordversuche an zwei Frauen und einen Mann, auf die er einstach und teilweise erheblich verletzte. Nur drei Tage später starben in Flehe zwei junge Mädchen von seiner Hand, am 25. stach er auf Gertrud Schulte ein, die aber schwer verwundet überlebte. Den sechsten Mord diesen Jahres beging Kürten am 30. September zum ersten Mal mit einem Hammer. Mit dem Einsatz dieses Instruments wollte er Polizei und Öffentlichkeit glauben machen, es gäbe einen zweiten Täter, und so zusätzlich Verwirrung stiften, an der er sich ergötzen konnte. Zwei weitere Morde folgten im Oktober und November, wobei der Grad der eingesetzten Gewalt mit jeder Tat stieg. So wies der Körper des ersten Opfers von 1929 10, der des letzten 34 Stichverletzungen auf.

Trotz der vielen Hinweise, die Kürten hinterließ oder die aus der Bevölkerung kamen – bei einer ausgesetzten Belohnung von 15.000 Reichsmark war es kein Wunder, dass jeden Tag 250 bis 300 Verdächtigungen gemeldet wurden –, tat sich die Polizei schwer bei der Suche nach dem Mörder. Zweimal wurden Unschuldige verhaftet, 1913 der Vater des Opfers, der zu seinem Glück aus Mangel an Beweisen freigesprochen werden musste, im April 1929 der geistig behinderte Johann Stausberg, der sich selbst bezichtigte. Zu der schwergängigen Ermittlung trug auch bei, dass die überlebenden Opfer Kürten auf Fotos nicht identifizieren konnten bzw. die Taten nicht einmal anzeigten. Auch das letzte Opfer erstattete keine Anzeige, sondern schrieb nur einer Freundin von dem Angriff. Dieser Brief gelangte zufällig in die Hände der Polizei, erst damit ergab sich eine heiße Spur, die auf Kürten hinwies. Am 24. Mai 1930 konnte Kürten endlich verhaftet werden. Der Schwurgerichtsprozess im April 1931 in einer eigens umgebauten Turnhalle der Düsseldorfer Schutzpolizei-Kaserne dauerte zehn Tage. Kürten wurde des Mordes in neun und des Mordversuchs in sieben Fällen für schuldig befunden und zum Tode, zu 15 Jahren Zuchthaus und der lebenslangen Aberkennung der bürgerlichen Ehrenrechte verurteilt. Entgegen der in Preußen üblichen Praxis – im Vorgriff auf die erwartete Strafrechtsreform – lehnte die Staatsregierung sein Gnadengesuch ab. Am 2. Juli 1931 wurde Peter Kürten in Köln durch das Fallbeil hingerichtet.

»Ein Mörder geht um! Schreckenstage in Düsseldorf«: Die Presse schürt die Angst

Schon die Morde und Überfälle im Februar 1929 hatten die Düsseldorfer Bevölkerung in Aufregung versetzt. Diese Taten schienen jedoch nach Stausbergs Geständnis aufgeklärt, eine gewisse Beruhigung trat ein. Als aber im Sommer 1929 wieder brutale Gewalttaten verübt wurden, ängstigten sich die Menschen erneut. Besonders die Häufung der Attacken Ende August ließ eine regelrechte Panik ausbrechen. Daran waren nicht zuletzt die Medien beteiligt.

Zunächst ging am 22. August ein Aufschrei durch die Presse, als die Messerangriffe vom Vorabend auf zwei Frauen und einen Mann im Stadtteil Eller bekannt wurden. Unter der Überschrift »Messerheld oder Amokläufer« beschrieb das

»Düsseldorfer Tageblatt« die Taten. In den nächsten Tagen folgten Berichte über die vergeblichen Bemühungen der Polizei, den »Messerstecher« zu ermitteln. Am 26. August fand sich dann die Meldung über den Doppelmord an zwei Kindern in Flehe schon auf der Titelseite. Diese Tat an den »unschuldigen Kinder[n] [...], ermordet von einer Bestie«, schien die Bevölkerung besonders zu erschüttern: »Auf den Feldwegen, am Rande der Straße, überall erregte Menschen.« Einen Zusammenhang mit dem »Messerstecher« stellte der Artikel jedoch nicht her. Dies geschah erst einen Tag später indirekt, als ein Kommentar auf der Titelseite des »Düsseldorfer Tageblatts« von einer »Überfallepidemie« schrieb. In der gleichen Ausgabe konnte man übrigens einige Seiten weiter vom Angriff auf Gertrud Schulte lesen, die am Tag zuvor von einem unbekannten Mann bei einem Spaziergang in Niederkassel mit sieben Messerstichen lebensgefährlich verletzt worden war.

Diese Taten hatte alle Kürten begangen, doch über eine Verknüpfung wurde bis dahin nur spekuliert. Ein Kommentar im »Düsseldorfer Tageblatt« vom 1. September forderte: »Es muß den zuständigen Stellen überlassen bleiben [...] möglichst bald festzustellen, ob zwischen den einzelnen Taten [...] ein Zusammenhang besteht.« Einstweilen bemühte sich der Kommentator, seine Leser zu beschwichtigen und charakterisierte Stimmung und Situation folgendermaßen: »Es wäre natürlich übertrieben, ja, geradezu unwahr, wollte einer behaupten, die öffentliche Sicherheit Düsseldorfs sei erschüttert. Aber es steht ungeheuer viel auf dem Spiel!« Scheinbar beruhigende Worte, die tatsächlich genau das Gegenteil vermittelten. Wie ein Kind, wenn es sich die Augen zuhält und selbst vorsagt, unter dem Bett sei nichts, das Monster in seiner Fantasie immer fürchterlicher werden lässt, so bedeutete die unerschütterte öffentliche Sicherheit ausdrücklich zu erwähnen, ihre Erschütterung geradezu heraufzubeschwören.

All dies wühlte die Düsseldorfer auf. Die »Düsseldorfer Nachrichten« brachten die Gefühle am 26. August auf den Punkt:»… aber es erscheint uns, als wenn im System des Schutzes unserer Großstadt irgendein Fehler vorhanden ist, der immer wieder [...] lichtscheuem Gesindel die Möglichkeit zu solchen Taten gibt«. Aufgrund der gehäuften Gewaltkriminalität der letzten Zeit sei es verständlich, wenn »im Stadtgebiet von Düsseldorf eine begreifliche Erregung« sich verbreite; das zielte auch auf die Arbeit der Polizei. In der Abendausgabe vom selben Tag erfuhren die Einwohner:»11 Beamte schützen 23.000 Menschen«. Dieses Verhältnis schien unbefriedigend. Schließlich sah sich Polizeipräsident Langels am 29. August genötigt, sowohl im »Düsseldorfer Tageblatt« als auch in den »Düsseldorfer Nachrichten« einen langen Artikel unter der Überschrift »Der polizeiliche Schutz von Düsseldorf« zu publizieren:»Die Überfälle des Messerstechers in Eller, die Morde in Flehe und der Mordversuch in Niederkassel haben erneut die Frage nach dem polizeilichen Schutz der Düsseldorfer aufgeworfen.« Der Polizeipräsident versuchte, die Einwohner zu beruhigen:»Es ist daher wohl angebracht, an Hand der Tatsachen der Düsseldorfer Bevölkerung zu zeigen, in welcher Stärke und mit welchen Mitteln die Polizei bemüht ist, nach Kräften Leben und Eigentum der ihr anvertrauten Bevölkerung zu schützen.« Genau informierte er über die polizeiliche Organisation sowie über Ermittlungs- und Handlungsmöglichkeiten. Allerdings wies Langels am Schluss darauf hin, dass die Ordnungskräfte keinen kompletten Schutz garantieren könnten, auch die Bürger müssten auf ihre eigene Sicherheit achten: Er riet,»… daß die Eltern Bedacht nehmen müßten, ihre Kinder nach Einbruch der Dunkelheit nicht allein durch die Felder laufen zu lassen, daß Mädchen und Frauen insbesondere sich nicht leichtsinnig einem ihnen völlig unbekannten Mann anvertrauen sollten«. Damit schürte er zweifellos eher Furcht unter den Menschen – vor allem unter den als besonders gefährdet angesehenen Gruppen potentieller Opfer –, als dass er tröstlich wirkte. Die letzten Worte des Artikels verbreiteten auch nicht gerade Zuversicht:»Der letzte Beamte wird bis zur Erschöpfung eingesetzt! Möge uns Erfolg beschieden sein.« Übrigens erging sich der Polizeipräsident schon zu diesem Zeitpunkt in Presseschelte:»Außerordentlich gefährlich ist nach meinem Dafürhalten die ausführliche Schilderung der Untaten durch einen Teil der Presse.«

Die Medien ließen sich jedoch nicht einschüchtern. Besonders über den Kindermord wurde in den folgenden Tagen intensiv berichtet, das Begräbnis in allen Einzelheiten geschildert. Da war die Rede von»weißen Särgen«, in denen die Opfer, die stets auf dem»Weg der Tugend« gewandelt waren, nun ihre letzte Ruhe finden sollten. Diese offensichtliche Betonung von Unschuld stand in krassem Gegensatz zum Schicksal der Kinder und half, Abscheu und Hass auf den Täter zu erzeugen. Die hohen Wogen, die die Morde geschlagen hatten, verdeutlicht eine Beschreibung der Vorgänge auf der Beerdigung:»Im weiten Bezirk standen die Neugierigen … Daß gerade Mütter und Frauen Gräber zertrampelten, ihre minderjährigen Kinder hochhielten, lediglich um besser zu sehen, oder sich vorzudrängen, war kein erfreulicher Anblick.« So kritisierte die Presse das Aufgehen der Saat, die sie selbst mit ihrer Berichterstattung gesät hatte.

Ein weiterer Auswuchs der um sich greifenden Angst war die Bereitschaft der Menschen, in jedem den gesuchten Mörder zu vermuten. Am 1. September berichteten die»Düsseldorfer Nachrichten« beispielsweise von zwei Ereignissen: In Hagen habe ein Passant den Mörder an seinem braunen Anzug erkannt. Der Verhaftete erwies sich jedoch als unschuldig. In Wetter seien zwei Unbekannte ins Gespräch über die Morde gekommen. Der eine habe plötzlich Verdacht ge-

schöpft und den anderen beschuldigt:»Du bist der Mörder.«
Der Angesprochene, ein Landstreicher, habe sich daraufhin
eiligst davongemacht. Die Polizei fahnde nach ihm. Die Zeitung resümierte:»Immerhin zeigen diese Fälle, wie sehr die
Bevölkerung unter dem Bann der schrecklichen Bluttaten
steht, und welch reges Interesse sie an der Auffindung des
Täters nimmt.«

Nach dem Ende der »Schreckenstage« (diagnostiziert von
der »Berliner Illustrirten« am 30. November 1929) verwundert
die Erleichterung nicht, als die Polizei endlich Kürtens hab-
haft werden konnte. Noch dazu machten seine Geständnisse
deutlich, dass er auch der allein verantwortliche Täter gewesen
war. Den Verfassern der Überschriften in der rheinischen Presse entrang sich ein erlöstes Aufatmen: Der Fluch sei von
Düsseldorf gewichen (»Kölnische Zeitung«, 26. Mai 1930).
Gleich aber bangte das Blatt aus der Nachbarstadt wegen des
Imageverlusts durch Kürten: Die Namen »Schlächter oder
Würger von Düsseldorf« seien von der Sensationspresse um
die Welt getragen worden, ohne dass die »schöne Düsselstadt«
etwas dafür könne – nur zwei Tage später freilich setzte die
besorgte Zeitung selbst den Namen »Vampyr« in Umlauf, der
Kürten noch heute anhaftet.

Des Spektakels zweiter Teil:
»Der größte Mordprozess aller Zeiten«

Im Vorfeld des Prozesses wurde die Berichterstattung der
Presse scharf kritisiert. Der Berliner Regierungsdirektor Hage-
mann machte 1929 in einem Artikel der »Deutschen Juristen-
Zeitung« die leichtfertigen Veröffentlichungen der Sensationspresse dafür verantwortlich, dass die Allgemeinheit in Deutschland von einer »tiefgreifenden Erregung« heimgesucht werde,

die in eine Psychose auszuarten drohe. Ebenso kritisierte der prominente Berliner Polizeirat Ernst Gennat, der die Düsseldorfer Polizei bei ihrer Fahndung nach Kürten unterstützte, die Presse und ihr Vorgehen in der Zeit der Aufregung um die »Mörderbriefe« (in den »Kriminalistischen Monatsheften« vom März 1930): »Die betreffenden Blätter empfanden offenbar eine gewisse Genugtuung in der Überzeugung, der Konkurrenz – soweit ›Beziehungen zum Mörder‹ in Frage kamen – ›über‹ zu sein. Naturgemäß wollten auch andere Blätter ›Mörderbriefe‹ veröffentlichen – also sozusagen den Mörder als korrespondierenden Mitarbeiter gewinnen.« Vor allem die ausländische Presse lasse es am notwendigen Taktgefühl fehlen und bringe »Tartarennachrichten schlimmster Art«. Doch nicht nur die Aufstachelung der Massenangst vor dem Mörder im Sommer 1929 beanstandeten Kritiker. Die Aussagen Kürtens ließen sogar den Verdacht aufkeimen, die sensationalisierende Presseberichterstattung sei ein wesentliches Motiv für seine Morde gewesen: »Kürten hat selbst mehrfach betont, daß er eine außerordentliche Befriedigung darin gefunden habe, daß durch die sensationelle Darstellung seiner Taten in der Presse die Öffentlichkeit in hohem Maße aufgepeitscht wurde.« Generell wecke die Schilderung außergewöhnlicher Taten bei Lesern, die ein besonders stark ausgeprägtes Geltungsbedürfnis zeigten und deren Veranlagung zur Ausführung ähnlicher Taten neige, mit suggestiver Kraft den Trieb zur Nachahmung (Brinkmann: Gefahren der Presseberichterstattung in Strafsachen, In: Deutsche Richterzeitung, 22. Jg., Heft 7, 1930, S. 247 f.).

Um also zu verhüten, dass der »Monstreprozeß« gegen Kürten wieder zu so »peinlichen Begleiterscheinungen« führe, wie so mancher andere Sensationsprozess der letzten Zeit, informierte das »Hamburger Echo« seine Leser, ermahnte das Gericht die Journalisten fest zu größtmöglicher »Reserve« und

Beachtung ihrer Richtlinien. Fotografieren im Gerichtssaal war streng verboten, zuwider handelnde Fotografen wurden vom Prozess ausgeschlossen. Die kommunistische »Rote Fahne«, die im übrigen mit einem Foto aus dem Gerichtsaal gegen diese Regeln verstieß, vermutete allerdings einen anderen Beweggrund für die Beschränkungen: Sie gingen auf Weisungen des preußischen Justizministeriums zurück, das dadurch »die Enthüllung der Polizeiblamage in der Voruntersuchung der Mordfälle« zu vertuschen suche.

Trotz der restringierten Berichterstattung war das Medieninteresse enorm, und die Zeitungen schrieben auf der ganzen Welt über die spektakuläre Verhandlung. 66 Pressevertreter waren zugelassen, denen ein eigenes Pressezentrum zur Verfügung stand. [20] Telefonleitungen richtete man ein, davon zwölf direkt nach Berlin; deshalb berichteten die Berliner Blätter häufig noch vor den rheinischen. Um dem Medienansturm zu genügen und potentielle Zuschauer möglichst abzuschrecken, wurde die große Turnhalle einer Kaserne der Schutzpolizei, außerhalb der Stadt im Norden gelegen, zum Gerichtssaal umgebaut. Obwohl der Prozessort »am äußersten Ende der Stadt« liege (und obschon es nur 20 Zuseherplätze für das allgemeine Publikum gab), stellte beispielsweise das »Hamburger Fremdenblatt« einen massiven Publikumsandrang fest. Schon in den frühen Morgenstunden seien die Zugangsstraßen von zahlreichen Neugierigen belebt und die Fenster der umliegenden Häuser schwarz vor Menschen gewesen. Wesentlich mehr Plätze waren für professionelle Teilnehmer reserviert: Nicht nur mit dem »größten Mordprozeß aller Zeiten« habe man es zu tun, bemerkte das »Hamburger Echo«, sondern dies sei gleichzeitig ein »Kriminalisten-, Pädagogen- und Aerztekongreß größten Stils«.

Mit wenigen Ausnahmen – vor allem der kommunistischen Blätter – hielten sich die Zeitungen in bemerkenswerter Weise an den Berichtskodex. Dies wurde auch vom Gericht anerkannt und belohnt: Anfangs war noch die Zahl der Pressevertreter in den nichtöffentlichen Sitzungen auf eine Pressekommission von 35 Mitgliedern beschränkt worden, aufgrund der guten Zusammenarbeit gewährte die Justiz im Laufe des Prozesses dann aber allen akkreditierten Journalisten die Teilnahme. Oberstaatsanwalt Eich lobte das Verhalten der Medien in seinem Schlussplädoyer ausdrücklich. Sie habe taktvoll berichtet und Verantwortungsbewusstsein gezeigt.

Ungeachtet der insgesamt zurückhaltenden Art war die Berichterstattung von der Verhandlung jedoch mitnichten uniform. Dazu war das Prozessgeschehen viel zu mitreißend. Je nachdem, welche Leserschaft angesprochen werden sollte und danach, wie die Redaktion zur drohenden Todesstrafe für Kürten stand, unterschied sich auch der Charakter der Meldungen. Einige Journalisten verfassten demzufolge akkurate, jede Einzelheit erfassende Reportagen, die nichtsdestoweniger distanziert und eher kühl waren. Andere, so der »Berliner Lokal-Anzeiger«, dramatisierten das Geschehen. Dort fand sich z. B. folgende Schilderung des Auftritts einer Zeugin (16. April): »Jetzt ist sie kurz vor dem Richtertisch ... – jetzt sieht sie den Entsetzlichen. Mit dumpfem Fall schlägt sie lang hin. Wachtmeister springen zu, heben die Bewußtlose auf, tragen sie hinaus. Man hat selten etwas erlebt, das so das Herz preßte wie die Grauenhaftigkeit dieser schreckenserfüllten – ganz stummen – Szene.« Allen Zeitungen gemeinsam war aber, dass sie Tag für Tag ihren Lesern das Neueste aus dem Gerichtssaal kundtaten. Hatte ein Blatt einen eigenen Korrespondenten nach Düsseldorf entsandt, wie es bei den einflussreichen Berliner und sonstigen überregionalen Blättern der Fall war, fielen die Artikel umso großflächiger aus – schließlich musste sich der zusätzliche Aufwand amortisieren. Das war auch der Grund, weswegen der »Völkische Beobachter« nur

SERIENMORDE ALS SYMPTOM ...

recht geringfügig berichtete und sich – anders als die Organe der radikalen Linken – damit die Chance entgehen ließ, im Fall Kürten ein Sinnbild für die vermeintliche Fäulnis des »Systems« sehen zu können und dadurch die Weimarer Republik zu schmähen: Parallel zum Kürten-Prozess fanden nämlich zwei Verfahren gegen den Gauleiter von Berlin und Reichspropagandaleiter der NSDAP, Joseph Goebbels, statt, die natürlich entsprechend ausführlich behandelt werden mussten, so dass offensichtlich die Ressourcen für eine weitere Prozessberichterstattung fehlten.

Das Ungeheuer hinter der Biedermannmaske: Beschreibung des Mörders

Immer wenn den Vertretern der Presse ein Mensch auf der Anklagebank gegenübersitzt, dessen Physiognomie Harmlosigkeit ausstrahlt, ergibt sich für die Berichterstatter offensichtlich ein Problem. Das Wissen um die Grauenhaftigkeit der Taten und die Wahrnehmung des Täters sind gedanklich nicht miteinander zu verbinden, es baut sich eine so genannte kognitive Dissonanz auf. Um diese Dissonanz zu reduzieren, bemühen die Journalisten im Gerichtssaal die Formel von der Maske der Gutartigkeit, die das wahre – böse – Gesicht des Angeklagten verberge. So geschah es auch im Fall Kürten. Dass Kürten wirklich nicht zum Fürchten aussah, davon künden nicht nur seine Fotos, auch dass ihn kein Opfer anhand von Fotografien als seinen Peiniger identifizieren konnte und seine Frau sich bis zu seinem Geständnis nicht im entferntesten vorstellen konnte, dass ihr Mann der Serienmörder war, nach dem die ganze Stadt suchte, deutet in diese Richtung.

Folglich waren es mitunter wortgleiche Täterbeschreibungen, die die Berichterstatter im Kürten-Prozess ihren Lesern

Der »Vampir
von Düsseldorf«
Peter Kürten.

vorführten. Fast scheint es, als hätten die Sonderkorrespondenten bisweilen voneinander abgeschrieben. So hatte der Angeklagte im »Berliner Tageblatt« vom 13. April 1931 das Aussehen eines »kleinen, biederen Handwerkers [...]. Auffallend ist das breite, vorgeschobene, brutal wirkende Kinn und die dünnen festgeschlossenen Lippen. Unter einer merkwürdig hohen Stirn liegen flackernde, tiefliegende Augen.« Am gleichen Tag hieß es im »Hamburger Fremdenblatt«, einer seriösen, rechtsbürgerlichen Zeitung von hohem Verbreitungsgrad in Nordwestdeutschland, Kürten sehe »wie ein biederer Handwerker aus, und das breitvorgeschobene Kinn und die dünnen festgeschlossenen Lippen wirken brutal. Unter einer merkwürdig hohen Stirn liegen flackernde, tief liegende Augen.«

Das Bild des »Biedermannes hinter der Maske« malte mit besonders kräftigen Strichen der »Berliner Lokal-Anzeiger«: »Die Maske eines stillen, ruhigen, jovialen Menschen sitzt da in der Anklagebank«, schrieb die Zeitung am Tag der Prozesseröffnung. »Ein ›ruhiger Bürger‹ erzählt etwas. Eine Geschichte, wie zufällig von sich selbst. Nicht einmal das Zuchthaus, diese vielen Jahre Gefängnisleben, die Kürten hinter sich hat, haben dieser Physiognomie das aufgeprägt, was man als Mörderphysiognomie bezeichnen könnte.« Und in der Wiedergabe des Kürtenschen Geständnisses über den ersten Mord von 1929 bemühte der Reporter seine Fantasie, um den Lesern eindringlich vor Augen zu führen, wie der Mord geschah. Allzu klar sehe man das Bild von damals:»Diese Biedermannsmaske beugte sich lächelnd zu dem spielenden Kinde. Nein, so sah der Mörder nicht aus, da konnte das Kind keinen Argwohn haben.« Doch hinter der Maske, da dürfe sich niemand täuschen, lauere das reine Böse, das »Entsetzliche, wirklich noch nie Dagewesene, die Abscheulichkeit einer seelischen, sadistischen Mißgeburt«. Obwohl man nur andeuten könne, was alles gesagt worden sei, wie der Journalist getreu den Vorgaben der Kammer beteuerte, ließ er es nicht an Deutlichkeit fehlen: Eine »Schreckenskammer des Gräßlichen« sei die Seele Kürtens.»Ein Faß des Unrats, angefüllt mit Grauen, das platzt«, bekomme man vorgeführt.»Dieser Kürten ist das Furchtbarste, was man je vor Gericht erlebt hat. Dieser Kürten ist eine der entsetzlichsten Erscheinungen, die jemals die Menschheit, der Abgrund der Menschheit wie eine Sumpfblase ausgestoßen hat.«

Daneben verwendeten die Zeitungen vom linken bis ins rechte politische Lager, von der seriösen bis zur Kampfpresse, auch hier die Stereotypen der Täterbeschreibung, die seit Jack the Ripper immer wieder gern genommen wurden:»Die Bestie im Menschen« sah das »Berliner Tageblatt«, den »Unmenschen« und »unausdenkbar Entsetzlichen« der »Berliner Lokal-Anzeiger«, das sozialdemokratische »Hamburger Echo« das »Mordungeheuer«, den »Vampir« und zugleich – in der Mythologie anscheinend nur wenig bewandert – die »Werwolfnatur« des Mörders. Die wenigste Zurückhaltung erlegten sich die Blätter der Kommunisten und der Nationalsozialisten auf.

SERIENMORDE ALS SYMPTOM ...

Der »Völkische Beobachter«, das »Kampfblatt der nationalsozialistischen Bewegung Großdeutschlands«, fand neben der
republik- und judenfeindlichen Hetze noch Platz, um vom
Kürten-Prozess zu berichten, dort stehe »ein Scheusal in
Menschengestalt vor den Richtern«. Und schließlich zündete
die »Rote Fahne« ein wahres Feuerwerk an Metaphern, als sie
innerhalb der Überschriften zu einem Artikel Kürten »Massenmörder«, »Blutrauschmörder«, »bestialischen Verbrecher«
und »blutdürstige Bestie« hieß.

»Warum macht man noch soviel Umstände mit diesem entsetzlichen Menschen?« Die Rechte will den Kopf des »Massenmörders«

Die Abschaffung der Todesstrafe war über die ganze Zeit der
Weimarer Republik ein heikles Thema der öffentlichen Diskussion. Im Kapitel über Fritz Haarmann ist bereits gezeigt
worden, dass Sozialisten und Linksliberale sich bemüht hatten,
die Todesstrafe aus der Verfassung von 1919 herauszuhalten,
sie damit allerdings knapp gescheitert waren, ebenso wie mit
ihrer weiteren Agitation in dieser Sache. Im Streit über das
angemessene Urteil gegen Peter Kürten offenbarten sich einmal mehr diese Fronten.

Rechte (d. h. konservative und völkische) Blätter forderten
eine möglichst umstandslose Hinrichtung des Mörders. Ganz
deutlich wurde der »Berliner Lokal-Anzeiger«: Nur langsam
komme der Prozess voran. Er hätte längst beendet sein sollen.
»Warum streckt man ihn so?«, fragte das Hugenberg-Blatt.
»Warum macht man noch soviel Umstände mit diesem entsetzlichen Menschen? Drei Bänke mit Sachverständigen. Was
kostet das alles. Der Einbau des Schwurgerichtssaales in die
Reitbahn hat allein 11.000 Mark gekostet. Weiß man für die

Riesensummen, die der Prozeß verschlingt, kein würdigeres Objekt in dieser Zeit der entsetzlichen Not? Wäre dies große Interesse, das hier um einen ganz Unwürdigen vertan wird, nicht für andere Volksgenossen besser aufzubringen? ... Ist das alles nötig um diesen Kürten?« Um die nach Meinung seiner Redaktion unerträgliche Diskrepanz zwischen dem Aufwand, den man um Kürten treibe, und der geringen Sorge um den rechtschaffenen Bürger zu veranschaulichen, malte die Zeitung dazu ein bemerkenswertes Kontrastbild. Eines der Opfer Kürtens hatte nur aufgrund einer sofortigen Blutspende eines Holzarbeiters überleben können. Diese Tat eines »stillen Helden« war dem Blatt einen längeren Artikel wert: Verrückt gehe es zu auf der Welt. Um den Holzarbeiter kümmere sich keiner, »auch wenn er etwas Herrliches, Opfermütiges getan hat, dieser rheinische Junge. Hast doch weder einen umgebracht, noch einen bestohlen, du hast bloß ein bißchen Blut und fast dein Leben für eine schöne Tat hingegeben, bist ›bloß‹ ein wackerer Kerl.« Jetzt sitze der Held ganz hinten, unbeachtet im Gerichtssaal. »Dagegen ›Herr‹ Kürten! Ein Parkett von Sachverständigen ist für ihn da.« Mit gleichem Sinngehalt, wenn auch im Ton weniger melodramatisch, sprach die »Kreuzzeitung« schon vor Prozessbeginn ihr Urteil und forderte Sühne ein, eine Sühne allerdings, die in keinem Verhältnis zum Maß seiner Verbrechen stehen könne.

Aus einer politisch ganz anderen Richtung kam die Billigung des Todesurteils durch die liberale »Rheinische Zeitung«. Sie berichtete von der Hinrichtung Kürtens am 2. Juli 1931 aus dem Kölner Gefängnis »Klingelpütz«. Das Blatt machte sich nämlich Sorgen um die prekäre Situation der regierenden Koalition aus SPD, Zentrum und Linksliberalen in Preußen. Die Auffassungen über die Todesstrafe seien innerhalb des Bündnisses umstritten (der Justizminister Schmidt vom Zentrum hatte beispielsweise gesagt, solange er verantwortlich sei,

Ruf nach der Todesstrafe:
Titelbild der »Hamburger
Illustrierten« Nr. 8 1930.

würde der Henker seines Amtes nicht mehr walten). In der
jetzigen Zeit aber gebe es wirklich wichtigeres, »als mit dem
Kopf dieses Massenmörders Meinungskämpfe in den Bestand
einer Regierung zu werfen, die heute fester stehen muß, denn
je«.

Gegen die Todesstrafe für Kürten waren vor allem die sozialdemokratischen Blätter – mit Unterstützung einiger der liberalen »Flagschiffe« des seriösen Journalismus, etwa des »Berliner Tageblatts« oder der »Vossischen«, die dem Direktor des
Zuchthauses von Münster Platz gab für einen Kommentar, in
dem er den früheren preußischen Strafvollzug für wesentlich

SERIENMORDE ALS SYMPTOM ...

an der Steigerung der »sadistischen Triebe« Kürtens und »ihrer furchtbaren Aktivität« (29. April 1931) verantwortlich erklärte. Während des ganzen Prozesses trat z. B. die »Düsseldorfer Volkszeitung« (SPD) gegen den »legalisierten Mord« an Kürten ein, angesichts der auf Lynchjustiz gesonnenen Volksmeinung fraglos eine mutige Haltung. Erst ganz zum Schluss nahm hingegen das »Hamburger Echo« noch die sozialistische Kurve und sprach unmissverständlich gegen die Todesstrafe. In der Prozessberichterstattung war das Blatt eher der Einschätzung gefolgt, Kürten sei voll für seine Taten verantwortlich, womit eine Behandlung nach § 51 des Strafgesetzbuches (Unzurechnungsfähigkeit) nicht in Frage kam. Am Tag nach dem Urteilsspruch jedoch hob das Blatt einen längeren Kommentar seines Mitarbeiters Leo Rosenthal auf die Titelseite. Das Todesurteil gegen den Massen- und Lustmörder Kürten sei, so hieß es dort, bereits vor der Verhandlung so gut wie gefällt gewesen. Die Düsseldorfer hätten seinen Kopf gefordert, nur die Guillotine habe sie entschädigen können für die Monate der Todesangst. »Auch das Gutachten der Sachverständigen stand bereits so gut wie fest. Es durfte gar nicht anders ausfallen; sonst wäre ja eine Verurteilung nicht möglich.« So habe ein Urteil gefällt werden müssen, das im Grunde widerspruchsvoll sei. »Denn das ist das Furchtbarste an diesem Urteil, daß es, gestützt auf die Gutachten der Psychiater, den Massenmörder für geistig gesund, also für normal, erklärt und somit die Möglichkeit bestreitet, daß es sich hier nur um ein krankhaftes Scheusal handelte.« Schuld sei der veraltete § 51, der nur klinische Krankheitsbilder kenne, nicht aber, wie es nötig sei, »Grenzzustände«, bei denen das kranke Individuum nicht in der Lage sei, den Willen seiner Einsicht gemäß zu bestimmen (die sog. verminderte Zurechnungsfähigkeit). Um dieser Widersprüchlichkeit zu entgehen, forderte der Autor, in Zukunft Sittlichkeitsverbrecher zu sterilisieren. Die Sterilisierung sei eine »unbedeutende Operation«, deren Durchführung auch das Argument der Befürworter der Todesstrafe entkräften würde, dass nämlich der bloß zur Haft Verurteilte entfliehen könne. Der Sterilisierte stelle dagegen keine Gefahr für die Allgemeinheit dar.

Die Forderung nach Zwangs-Sterilisierung bzw. Kastration von Triebtätern, die human, günstig und wirksam sei, wurde in der Weimarer Republik des öfteren laut. So wog eine kurz nach dem Kürten-Prozess erschienene Streitschrift (Dr. E. Dedering: »Schützt unsere Kinder vor den Sexualverbrechern! Die Medizin im Kampfe gegen das Verbrechen«, München 1931) die Alternativen ab: »Hier Trieblosmachung mit geringstem Kostenaufwand, jederzeit durchführbar und sichere Dauerheilung, dort Psychoanalyse, räumliche Undurchführbarkeit, für unser armes Land unerschwingliche Kosten, und als Hauptargument das für die Weichkäsecharaktere bestimmte Schlagwort von der ›grausamen Verstümmelung‹.« Was man bisher gegen Sexualverbrecher unternommen habe, schlage hingegen jeder Wissenschaftlichkeit, Vernunft und Menschlichkeit ins Gesicht.

Scharf formulierte die Ablehnung der Todesstrafe der linksliberale Publizist Siegfried Kracauer in der »Neuen Rundschau« 1931, und er erhob den Kampf gegen sie zum Kampf um eine Grundfeste der Demokratie: Die Todesstrafe widerspreche nämlich allen Prinzipien der Demokratie. Einen Menschen rechtskräftig zu töten, bedürfe einer Sanktionierung, die von der Gesellschaft nicht erbracht werden könne. »Wir leben immer noch in einem Rechtsstaat, und der Ruf nach Todesstrafe, der jetzt allenthalben laut wird, erschallt aus den finstersten Wäldern. Er ist das Signal einer reaktionären Haltung, das Zeichen eines Rückfalls in die Mythologie.« Das Verlangen nach Kürtens Hinrichtung regte sich vor allem in völkischen Kreisen. Auch damit wollten diese die Demokratie überwinden.

SERIENMORDE ALS SYMPTOM ...

Einen sehr eigenwilligen Standpunkt nahmen die Kommunisten ein. Sie lehnten diese Art der Hinrichtung durch diesen Staat ab, nicht jedoch die Todesstrafe insgesamt. In der
»Roten Fahne« hieß es in einem Artikel über die »klassen-
mäßige Behandlung von Sexualverbrechern«: Kürten besitze
zweifelsohne eine ungewöhnliche Intelligenz, Schlagfertig-
keit und Geistesgegenwärtigkeit, trotz erblicher Vorbelastung
habe er eindeutig mit Vorsatz und Überlegung gehandelt.
Der Grad seiner Asozialität gehe so weit, dass er sich das Recht
zuspreche, zur Befriedigung seiner Triebe jeden, der ihm in
den Weg trete, zu töten. Aber:»Das Urteil des bürgerlichen
Klassengerichts, wie es auch ausfallen mag, wird nicht das
Rechtsgefühl der Volksmassen befriedigen. Die Todesstrafe in
der Form der mittelalterlichen Hinrichtung durch Köpfen
vernichtet zwar den Asozialen, aber sie ist ein Akt der Vergeltung, durchaus geeignet, sadistische Gefühle in einer neuen
Generation zu erwecken.« Nur ein proletarisches Gericht
könne daher »in dem Rechtsbewußtsein der Werktätigen
gegen einen schweren Asozialen das höchste Maß des sozialen
Schutzes verhängen«, womit der Tod durch Erschießen ge-
meint war.

»Blutiges Menetekel der bestehenden Gesellschaftsordnung«: Die Deutung der Taten durch die politische Linke

Die Presseorgane der linken Parteien bedienten sich des
Falles Kürten, um die bestehende gesellschaftliche und politische Ordnung zu beanstanden. Allerdings befand auch die
bürgerliche »Kölnische Zeitung«, es bedeute »fürwahr keine
Anerkennung für unsere Zivilisation, daß aus ihrem Schoß
ein derartiges Monstrum hervorgehen konnte«. Eher ambiva-

lent war dabei die Gesellschaftskritik der Sozialdemokraten. Das war insofern nicht verwunderlich, als die SPD die staatstragende Partei Weimars par excellence gewesen ist. Zum Zeitpunkt des Kürten-Prozesses trug sie die Regierung in Preußen, dem bei weitem größten der Länder Deutschlands, mit und stellte den Ministerpräsidenten Otto Braun; zudem ermöglichte sie immerhin das Überleben der Reichsregierung Heinrich Brünings durch ihre Tolerierungspolitik. Und so kritisierten ihre Zeitungen die Auswirkungen des kapitalistischen Systems, das durchaus seinen Teil dazu beigetragen habe, »ein Scheusal« wie Peter Kürten zu erzeugen. Kürtens Bluttaten würden zu einem Menetekel, »einer an den bestehenden Gesellschaftsbau mit blutiger Hand geschriebenen Warnung, Verhältnisse zu schaffen, die Verbrecher wie Kürten nicht entstehen lassen, und sollten sie noch einmal erwachsen, sie beizeiten zu erkennen«. Denn auch heute bestünden Gegebenheiten wie in Kürtens Jugend: »Die Wohnverhältnisse in Proletariervierteln sind heute nicht besser als damals. Trunk, Mißhandlung von Frau und Kindern, Blutschande sind heute nicht minder an der Tagesordnung.« Die preußische Polizei jedoch (Düsseldorf gehörte ja zu Preußen), deren oberster Dienstherr Karl Severing ebenfalls Sozialdemokrat war, kam vergleichsweise glimpflich davon (»Hamburger Echo«, 23. April 1931).

Brutal offen hingegen attackierte das Zentralorgan der KPD, die »Rote Fahne«, die Arbeit der Polizei im Fall Kürten. Nicht nur, dass sie sich über die »riesengroße Polizeiblamage« und »Dummheiten« lustig machte. Darüber hinaus warf sie den Polizeikräften vor, Demonstrationen der werktätigen Bevölkerung niedergeknüppelt zu haben, während der Mörder unbehelligt weiter seine scheußlichen Bluttaten ausführen konnte. Noch schwerer schließlich wog die Anschuldigung, Kürten sei ein Spitzel gewesen, weswegen ihn die Polizei mit

SERIENMORDE ALS SYMPTOM ...

Absicht »übersehen« habe. Notwendig sei, den Prozess zu nutzen, um »in den stinkenden Spitzelsumpf der Düsseldorfer Polizei hineinzuleuchten«.

Durchgängig wurde Kürten auch als Produkt des Gesellschaftssystems – insbesondere der »Treibhäuser des barbarischen kapitalistischen Strafvollzugs« – bezeichnet: »23 Jahre Kerker machten ihn zum Sexualverbrecher«. Besonders wütende Attacken aber rief das äußerst bizarre Schlusswort Kürtens im Prozess hervor, in dem er seine Taten in Beziehung setzte zu den illegalen Abtreibungen zweier Ärzte, die viel mehr Opfer gefordert hätten, eine christliche Moral beschwor und vor den Gefahren der lockeren Sitten der Frauen warnte. Dass er mit letzterem den gemordeten Frauen eine Mitschuld zuwies, sei, so die »Rote Fahne«, geradezu ungeheuerlich. Sie zitierte Kürten: »Sie waren nicht nur bereit, sofort mit mir zu gehen, sondern auch bereit, mir sofort alles zu gewähren. Die Jagd der Frau nach dem Mann nimmt heute nun einmal solche Formen an.« Kürten sei mit diesen Worten zum »Sprachrohr der pfäffischen Reaktion« mutiert: »Was er [Kürten] vorträgt, ist ihm unzweifelhaft vom Gefängnisgeistlichen vorgekaut und ist so ungeheuerlich, daß besonders die werktätige Bevölkerung mit allem Nachdruck auf diese Unverfrorenheit des Klerus hingewiesen werden muß.« Allerdings sollten sich die Anhänger des Abtreibungsverbotes und des »Antikulturbolschewismus« besser noch einmal überlegen, wen sie sich mit Kürten da zum »Kronzeugen« erkoren hätten.

Nach Prozessschluss zog die »Rote Fahne« ein unversöhnliches Resümee: »Der erfolgreiche Massenmörder Kürten ist also das Produkt krankhafter Erbveranlagung, einer kriminellen Umwelt und einer staatlichen und religiösen Erziehung in preußischen Schulen, Gefängnissen und Zuchthäusern.« Außerdem sprach sie ein endgültiges Urteil über die Gesellschaft ihrer Zeit und stellte eine düstere Prognose an: »Denn diese Kette scheußlichster Verbrechen ist symptomatisch für die gegenwärtige Verfallsperiode des kapitalistischen Hungersystems, in dem ein Denke abgelöst wird von einem Haarmann, und dieser wiederum durch einen Kürten. Und wer wird morgen das blutige Handwerk Peter Kürtens, des Düsseldorfer Massenmörders fortsetzen ...?«

SERIENMORDE ALS SYMPTOM ...

DAS NATIONALSOZIALISTISCHE DEUTSCHLAND – SERIENMÖRDER UNTER MASSENMÖRDERN

Am 30. Januar 1933 ernannte der greise Reichspräsident v. Hindenburg Adolf Hitler, den Führer der radikalen völkischen NSDAP, zum Reichskanzler. Die Koalition der neuen und der alten Rechten trieb Deutschland damit einen entscheidenden Schritt voran auf dem verhängnisvollen Weg der Etablierung einer menschenfeindlichen Terrorherrschaft.

Zielstrebig sicherten die neuen Herren ihre Macht: Zunächst schalteten sie den Reichstag aus, die Rechte der Legislative gingen mit einer Reihe von Notverordnungen und dem »Ermächtigungsgesetz« vom 24. März 1933 auf die Regierung Hitler über. Noch im gleichen Jahr wurden alle Parteien außer der NSDAP liquidiert oder lösten sich selbst auf, Neugründungen waren verboten. Mitglieder von linken Parteien und Gewerkschaften wurden verfolgt oder gingen ins Exil. Die ersten, »wilden«, Konzentrationslager für politisch Missliebige entstanden unter SA-Führung.

Überdies wurden weite Bereiche der Gesellschaft und des Staates »gleichgeschaltet«. Länderparlamente wurden aufgelöst, verfassungsmäßige Rechte außer Kraft gesetzt, berufsständische Organisationen dienten zur gradlinigen Ausrichtung der Berufstätigen an der NS-Ideologie. Im Gegenzug zur Einschränkung von Rechten und Freiheiten sicherte sich das Regime die Loyalität der Bevölkerung, indem es erfolgreich die hohe Arbeitslosigkeit aus der Zeit der Weltwirtschaftskrise bekämpfte, durch intensive Arbeitsbeschaffungsmaßnahmen, die indessen oft Rüstungszwecken dienten.

Treibende Kraft der Annexion des Staates und der Usurpation der gesellschaftlichen Kommandohöhen durch die Nationalsozialisten war Hitlers Weltanschauung, die sich aus zwei eng miteinander verwobenen Komponenten zusammensetzte: zum einen der aggressiven Judenfeindschaft, zum anderen dem Willen, »Lebensraum« für das deutsche »Volk ohne Raum« – so der Titel eines Bestsellers von Hans Grimm von 1926 – zu erobern. Alle anderen Ziele waren diesen beiden untergeordnet oder dienten als Mittel zum Zweck.

Zentrale Hassobjekte des NS-Rassismus waren die Juden. Unverzüglich unterzog man sie einer diskriminierenden Gesetzgebung. Juden wurden zunächst aus der Beamtenschaft verjagt und, ab 1935 mit den Nürnberger Gesetzen, insgesamt sozial immer weiter ausgesondert. Allein, es blieb nicht bei der Vernichtung der gesellschaftlichen Existenz. Am Ende der kumulativen Radikalisierung des Antisemitismus stand schließlich auch die physische Eliminierung der europäischen Juden durch den industrialisierten Massenmord während des Zweiten Weltkriegs.

Die expansive Außenpolitik des »Dritten Reichs«, ausgerichtet an dem Ziel, »Lebensraum« zu gewinnen, steigerte sich mit dem Überfall auf Polen am 1. September 1939 schließlich in offene Kriegshandlungen. Die Deutschen überzogen bald ganz Europa (und Nordafrika) mit Krieg. Bis 1941 schienen ihre Feldzüge unaufhaltsam, doch mit dem Angriff auf die Sowjetunion und dem Kriegseintritt der USA war die nahende Katastrophe unabwendbar geworden. Im Zuge des Vernichtungskriegs im Osten nahm auch der Plan, rassisch als minderwertig angesehene Bevölkerungsgruppen in großer Zahl zu töten, die Gestalt von riesigen Mordlagern an. Mit perverser Akribie wurden als »Untermenschen« angesehene Bevölkerungsgruppen gnadenlos vernichtet. Unter anderem kostete der Rassenwahn der Nazis dabei ab 1942 mindestens sechs Millionen europäische Juden das Leben. Am 8. Mai 1945 kapitulierte das »Großdeutsche Reich« schließlich, der Feuersturm war auf die Brandstifter zurückgefallen, Deutschland lag in Schutt und Asche. Die Allmachtsphantasien der Nazis hatten einen unerhörten Blutzoll gefordert: 55 Millionen Tote, 35 Millionen Verwundete und 3 Millionen Vermisste zählte man am Ende.

Wenige Stimmen nur hatten sich vernehmen lassen, die in den frühen 1920er Jahren wagten, einen Vergleich zwischen den soeben zu Ende gegangenen, staatlich befohlenen Massentötungen auf den Schlachtfeldern des Ersten Weltkriegs und den gewissermaßen »privaten« Bluttaten der Serienmörder anzustellen. Dass diese Analogie nichtsdestoweniger in der Luft lag, zeigte der Volksmund, wenn er einen grimmigen Witz erzählte über General v. Falkenhayn, den Chef des deutschen Generalstabes (1914-16) und Exekutor der Abnutzungsstrategie, der in Flandern und Nordfrankreich Hunderttausende geopfert wurden. Auf die Frage, wer der größte Massenmörder der deutschen Geschichte sei, habe Falkenhayn geantwortet: Ich – Denke – Haarmann.

Die Generäle des Ersten Weltkriegs, die Millionen von Soldaten in den Tod getrieben hatten, wurden freilich von den Herren des »Dritten Reichs« in ihrem Blutdurst leicht übertroffen. Ihre Opfer waren in viel größerer Zahl Zivilisten, so dass sie nicht einmal die Entschuldigung, im Krieg gebe es nun einmal Tote, und diese seien auf dem Altar der Vaterlandsliebe höheren Motiven geopfert worden, geltend machen konnten. Damit verblassten die Unterschiede zwischen den staatlich legitimierten Massen- und den weiter ihre Kreise ziehenden Serienmördern bis zur Unkenntlichkeit. Hier auf eine Parallele hinzuweisen, wäre allerdings für den Zeitgenossen selbstmörderisch gewesen. Doch auch nach dem Ende des NS-Regimes zog kaum jemand diesen Vergleich in Betracht, vielleicht, weil nur schwer glaublich schien, dass es im streng überwachten »Dritten Reich« überhaupt eine derartige extreme Form der Kriminalität hatte geben können. Aber trotz Blockwarten und Gestapo-Schergen fielen auch zwischen 1933 und 1945 etliche Menschen Serienmördern zum Opfer, und die Medien berichteten darüber, wenngleich in abnehmender Ausführlichkeit. Das eng geknüpfte Überwachungsnetz der Diktatur konnte solche Taten ebenso wenig verhindern wie die Ideologie der »aufgearteten Volksgemeinschaft«, in der derlei schwerkriminelle Individuen nicht mehr existieren sollten. Von der Wahrnehmung und Darstellung von Serienmördern in einer Gesellschaft, die den Massenmord weltanschaulich rechtfertigte und beging – bisweilen im Geheimen, dann aber auch wieder ganz offen –, handeln die folgenden Kapitel.

Zunächst jedoch bedarf es eines kurzen Überblicks über die Maßnahmen des NS-Staates hinsichtlich Strafjustiz und Verbrechensbekämpfung, Rassenpolitik und Gleichschaltung der Presse, in jenen Bereichen mithin, die den gesellschaftlichen Umgang mit dem Thema Serienmord tangieren.

NS-Ideologie und Strafjustiz

Das »Dritte Reich« sollte eine »Volksgemeinschaft ohne Verbrecher« sein. Immer wieder hämmerte die Propaganda den Deutschen ein, dass die vermeintlich überbordende Kriminalität ein Verfallssymptom der – als »Systemzeit« geschmähten – Weimarer Republik und ihres liberalen Strafvollzugs gewesen sei, der sich mehr um die Rechte des Straftäters als um die Sicherheit der Bevölkerung gesorgt habe.

Um ihr Ziel einer Gesellschaft ohne Kriminalität zu erreichen, traf das nationalsozialistische Regime schon 1933 weit reichende Maßnahmen, die jedoch häufig auf Überlegungen aus der Weimarer Republik aufbauten. Zunächst wurde mit dem »Gesetz über die Verhütung erbkranken Nachwuchses« vom 14. Juni 1933 die zwangsweise Sterilisation von »erblich Belasteten« ermöglicht. Als »erbkrank« galten demnach Personen, die u. a. an »angeborenem Schwachsinn«, aber auch beispielsweise unter Blind- oder Taubheit litten. Mit der Aburteilung solcher Menschen wurden neu eingerichtete Erbgesundheitsgerichte betraut. Das goss die schon in den 1920er Jahren diskutierte Unfruchtbarmachung von »Minderwertigen« mit dem Ziel der »Aufartung des deutschen Volkes« in Gesetzesform. Dabei ist jedoch darauf hinzuweisen, dass nicht nur in Deutschland, sondern z. B. auch in den USA Eugenik-Gesetze erlassen und ihr Erlass überall zumindest diskutiert wurde.

Eine zweite Maßnahme war die Verabschiedung des so genannten »Gewohnheitsverbrechergesetzes« am 24. November 1933. Dieses Gesetz erlaubte die Strafverschärfung gegenüber den »gefährlichen Gewohnheitsverbrechern« und führte Maßregeln der Besserung und Sicherung ein, zu denen neben der Sicherungsverwahrung und der Unterbringung in psychiatrischen Anstalten auch die Kastration von Sittlichkeitsverbrechern gehörte. Es handelte sich hierbei um eine Verschärfung der bereits 1927 im Zuge der Strafrechtsreform entwickelten Gesetzesvorhaben. Jetzt stand jedoch die NS-Rassenpolitik klar im Vordergrund. Die deutschen Juristen hießen das Gesetz überwiegend gut. Es galt übrigens – mit Ausnahme der Kastrationsbestimmungen – bis zur Strafrechtsreform 1970 in unveränderter Form weiter.

Eine genaue Definition, wer als »gefährlicher Gewohnheitsverbrecher« zu gelten habe, vermied das Gesetz. Die Einordnung des Täters in diese Kategorie sollte sich aus der Gesamtwürdigung der Taten ergeben, die beim Delinquenten einen »Hang zum Verbrechen« unterstellen lasse. Unbefristete Sicherungsverwahrung konnte angeordnet werden, wenn die öffentliche Sicherheit dies erforderte. Das ließ den Strafrichtern großen Spielraum. In der Praxis wurde die Zahl der Vorstrafen berücksichtigt sowie eine angeblich »asoziale« Lebensführung betont. Die Justiz begrüßte die neuen Möglichkeiten und wandte sie häufig an. Hatte der konservative Reichsjustizminister Gürtner die Gesamtzahl der »Gewohnheitsverbrecher« in Deutschland 1933 noch auf nur 800 bis 1.000 geschätzt, wurden allein 1934 3.723 Personen zu Sicherungsverwahrung verurteilt, bis Ende 1939 9.689. Im gleichen Zeitraum wurden 1.808 Sittlichkeitsverbrecher kastriert, 7.503 Menschen wegen geringfügiger Vergehen wie Bettelei oder Prostitution im Arbeitshaus untergebracht und 5.142 vermindert zurechnungsfähige Täter in Heil- und Pflegeanstalten eingewiesen.

Die Justiz hatte jedoch nicht nur neue Gesetze zu berücksichtigen, es entstanden auch neue Instanzen. Neben die Erbgesundheitsgerichte stellte schon am 21. März 1933 eine Verordnung Sondergerichte. Diese waren für Vergehen zuständig, die unter die Reichstagsbrandverordnung vom 28. Februar 1933 (»Verordnung zum Schutz von Volk und Staat«) und die Heimtückeverordnung vom 21. März 1933 fielen. Obwohl sie zunächst als Standgerichte für politische Straftaten eingerichtet worden waren, entwickelten sie sich immer mehr zu Spezialstrafkammern, die sich auch mit allgemeiner Kriminalität befassten. Im Gegensatz zu den herkömmlichen Gerichten konnten gegen Urteile eines Sondergerichts keine Rechtsmittel eingelegt werden. Sie taten sich im Allgemeinen durch Schnelligkeit und Härte der Urteile hervor. Obendrein hatten Sondergerichte die Möglichkeit, Beweisanträge der Verteidigung abzulehnen, wenn sie den Beweis nicht für erforderlich hielten, »mit anderen Worten«, wie der Rechtshistoriker Karl Kroeschell schreibt, »sie sich schon im voraus eine Meinung gebildet hatten«.[17]

Die Polizei im »Dritten Reich«

Neben die Justiz als Strafinstanz trat ab 1933 verstärkt die Polizei. Sie unterstand seit 1936 dem Reichsführer SS Heinrich Himmler. Das bisherige Preußische Landeskriminalpolizeiamt wurde 1937 zum Reichskriminalpolizeiamt (RKPA) und erhielt reichsweite Weisungsbefugnis. 1939 wurde das Reichssicherheitshauptamt (RSHA) gebildet, dem neben der Kripo auch die Geheime Staatspolizei (Gestapo) und der Sicherheitsdienst (SD) eingegliedert wurden. Regional richtete man in den Regierungsbezirken Kriminalpolizeistellen ein, die wiederum Kriminalpolizeileitstellen unterstanden.

Die Polizei widmete sich zunehmend einer so genannten »vorbeugenden Verbrechensbekämpfung«. Bereits durch den »Erlass über Anwendung der vorbeugenden Polizeihaft gegen Berufsverbrecher« vom 13. November 1933, der noch vor dem »Gewohnheitsverbrechergesetz« herauskam, konnte die Polizei Menschen in »Vorbeugehaft« nehmen, die bereits dreimal wegen Eigentums- oder Sexualdelikten vorbestraft waren und damit als »Berufsverbrecher« galten, oder bei denen angenommen wurde, dass sie in Zukunft Straftaten wie Mord oder Diebstahl begingen. Das ähnelte der berüchtigten »Schutzhaft« der Gestapo, richtete sich aber nicht gegen politisch unliebsame Personen, sondern stellte eine »rein präventive polizeiliche Maßnahme zur Verhütung künftiger Verbrechen« dar. Dies klingt recht harmlos, bedeutete aber, dass Menschen willkürlich und ohne Gerichtsverfahren auf unbestimmte Zeit in Konzentrationslager gesperrt wurden. Dieses Vorgehen der Kripo fand nicht im Verborgenen statt, vielmehr wurde die Öffentlichkeit genau informiert, so z. B. in einem Rundfunkvortrag vom 29. November 1933 über »Konzentrationslager für Berufsverbrecher«.

Eine weitere Polizeimaßnahme stellte die per Erlass 1934 in

Preußen erlaubte »planmäßige Überwachung der auf freiem Fuß befindlichen Berufsverbrecher« dar. Damit wurden bestimmten Delinquentengruppen Verhaltensgebote auferlegt, bei deren Nichtbeachtung »Vorbeugehaft« drohte. Weiter geschärft wurden die Waffen der Polizei mit dem »Erlass über vorbeugende Verbrechensbekämpfung durch die Polizei« von 1937. Dieser ermöglichte nun auch »Vorbeugehaft« für »Asoziale«, die nicht mehr unbedingt kriminell sein mussten. »Asoziale« seien vielmehr durch »Gemeinschaftsuntauglichkeit« gekennzeichnet, zu ihnen wurden gezählt: »z. B. Bettler, Landstreicher, Dirnen, Trunksüchtige, Arbeitsscheue«. Hinter der Ausdehnung der polizeilichen Inhaftierung auf die »Asozialen« stand die Vorstellung, dass das »Verbrechertum im Asozialen seine Wurzeln hat und sich fortlaufend aus ihm ergänzt.«[18]

Über die Eingriffe in die persönliche Freiheit hinaus legte die Kripo zudem Karteien zur Erfassung spezieller Verbrechertypen an. Zunächst beschränkten sich diese auf »Berufs- und Gewohnheitsverbrecher«, später kamen die »Asozialen« hinzu. Das erleichterte den Zugriff auf die solcherart definierten Personengruppen. Genutzt wurden die Karteien bei so genannten »Sonderaktionen«, die oftmals von Himmler persönlich angeordnet und von der Kripo vollstreckt wurden. Bei der »Sonderaktion Berufsverbrecherbekämpfung« im März 1937 wurden z. B. rund 2.000 Personen festgenommen und in Konzentrationslager überstellt. Anlässlich der »Aktion Arbeitsscheu Reich« wurden im Juni 1938 Bettler, Vagabunden, Alkoholkranke, Vorbestrafte sowie körperlich und geistig Behinderte verhaftet und ebenfalls in Konzentrationslager eingeliefert. Dabei arbeiteten auch Fürsorgeeinrichtungen der Kripo zu. Dies alles sollte den Eindruck erwecken, die NS-Führung greife hart durch und habe die Kriminalität im Griff. Gerade die »Sonderaktionen« dienten aber auch der Beschaffung billiger Arbeitskräfte, die im KZ Zwangsarbeit leisten mussten.

Todesstrafe und »Vernichtung durch Arbeit« nach Kriegsausbruch

Mit Kriegsausbruch verschärften sich die Strafen aufs Neue. Die Todesstrafe durch Enthauptung konnte bereits vor 1939 bei Mord, erpresserischem Kindesraub, Hoch- und Landesverrat, Wehrmittelbeschädigung und anderen Straftatbeständen verhängt werden. Dazu zählten auch politisch motivierte Taten, die unter die »Verordnung zum Schutz von Volk und Staat« fielen. Das »Gesetz zur Änderung des Reichsstrafgesetzbuchs« vom 4. September 1941 ordnete nun jedoch an: »Der gefährliche Gewohnheitsverbrecher ... und der Sittlichkeitsverbrecher ... verfallen der Todesstrafe, wenn der Schutz der Volksgemeinschaft oder das Bedürfnis nach gerechter Sühne es erfordern.« Damit war jetzt die Hinrichtung jener noch leichter möglich, die vor dem Krieg schon mit lebenslanger Haft hatten bestraft werden können. Der Zeitpunkt des Erlasses stand im Zusammenhang mit dem allgemein strengeren Kriegsstrafrecht, ist jedoch auch als konsequente Fortführung des Umbaus des Strafrechts im nationalsozialistischen Sinne zu sehen, der den Schutz der »Volksgemeinschaft« und den Sühnegedanken in den neuen StGB-Entwürfen seit 1936 immer stärker betont hatte.

Einen Streitpunkt um die Zuständigkeit von Justiz oder Polizei stellte das so genannte »Gemeinschaftsfremdengesetz« dar, dessen erster Entwurf vom 13. April 1939 stammt. Danach sollten alle als sozial unangepasst geltenden Personen – Nichtsesshafte, Kriminelle, Vorbestrafte, »Arbeitsscheue«, unverbesserliche Fürsorgezöglinge sowie »Personen, die durch ihre Lebensführung andere Volksgenossen in sittlicher Hinsicht gefährden oder dadurch gegen ihre Verpflichtung gegenüber der Volksgemeinschaft verstoßen« – von der Polizei in »Vorbeugehaft« genommen und auf polizeiliche Anweisung sogar unfruchtbar gemacht werden können. Das Gesetz sollte den Erlass von 1937 im Strafgesetzbuch verankern. Den ganzen Krieg hindurch gab es zwischen dem Justizministerium und dem Reichskriminalpolizeiamt (RKPA) Streit über die genaue Durchführung der geplanten Bestimmungen, bis die Arbeiten an der Gesetzesvorlage, die am 1. April 1945 in Kraft treten sollte, schließlich als nicht kriegswichtig im Herbst 1944 eingestellt wurden.

Das Kompetenzgerangel wurde kurzzeitig 1942 beendet, als sich Polizei und Justiz auf ein Abkommen einigten, nach dem als zu milde empfundene Gerichtsurteile »durch polizeiliche Sonderbehandlung« korrigiert werden sollten. »Sonderbehandlung« hieß nichts anderes als die Ermordung von Menschen auf Befehl Hitlers, Himmlers und anderer SS- und Polizeiführer. Des Weiteren war eine »Auslieferung asozialer Elemente« aus dem Strafvollzug an den Reichsführer SS zur »Vernichtung durch Arbeit« vorgesehen. Zu dieser Gruppe zählten alle Sicherungsverwahrten sowie Tschechen und Deutsche, die eine Haftstrafe über acht Jahren verbüßten (bei Polen, Juden, Russen, Sinti und Roma reichte bereits eine Strafe von mehr als drei Jahren). Ab November 1942 wurden die Haftanstalten nach solchen Delinquenten durchkämmt. Bis zum 30. April 1943 waren schon 14.700 Justizhäftlinge in Konzentrationslager überführt worden, wobei Kripo, Gefängnisleitungen und Gestapo kooperierten. Bereits am 1. April 1943 meldete der Leiter des Wirtschaftsverwaltungshauptamtes der SS, Oswald Pohl, dem die KZ unterstanden, dass 5.935 der Deportierten gestorben seien. Die »Vernichtung durch Arbeit« der Sträflinge wurde bis zum Oktober 1944 fortgesetzt.

»Euthanasie«: Die Aktion T4

Die »Euthanasie« – dieser Euphemismus bedeutet soviel wie gutes oder schönes Sterben – bildete den traurigen Höhepunkt der vom NS-Rassenwahn geprägten »Aufartungsbestrebungen«. Sie beruhte allerdings auf einem biologistischen Weltbild, das sich schon in der Weimarer Republik weitgehend durchgesetzt hatte, die vorhergehenden Kapitel haben dies untermauert. Die nationalsozialistische »Euthanasie« war nichts anderes als die planmäßige Ermordung von Insassen von Heil- und Pflegeanstalten und anderen psychiatrischen Einrichtungen. Dabei wird in zwei Phasen unterschieden: Die präzise organisierten Vergasungen – Aktion T4 – in der Zeit 1940-41 und die anschließenden »wilden Tötungen«, die von den einzelnen Anstalten selbstständig organisiert wurden.

Die Aktion T4, benannt nach dem Sitz der sie organisierenden Zentrale in der Tiergartenstraße 4 in Berlin, war im Herbst 1939 auf Anordnung Hitlers von seinem Begleitarzt Karl Brandt und dem Chef der Kanzlei des Führers, Philipp Bouhler, geplant worden und wurde ab 1940 durchgeführt. Sie stand unter dem Motto »Tötung lebensunwerten Lebens« und nahm damit fast wörtlich Bezug auf eine Schrift des Juristen Karl Binding und des Psychiaters Alfred Hoche, die bereits 1920 »Die Freigabe der Tötung lebensunwerten Lebens« gefordert hatten. Als Opfer waren Geisteskranke, Sieche, Alte, Sicherungsverwahrte und arbeitsunfähige Ausländer vorgesehen. Auswahlkriterien zur Selektion der zu Ermordenden waren beispielsweise »senile Erkrankungen« und »Schwachsinn jeder Ursache«, darüber hinaus waren aber auch Kranke zu melden, die »in den Anstaltsbetrieben nicht oder nur mit mechanischen Arbeiten ... zu beschäftigen sind«. Solche »unnützen Esser« sollten aus rassenhygienischen Gesichtspunkten, aber auch aus dem ganz pragmatischen Grund eliminiert werden, um die psychiatrischen Anstalten zu normalen Krankenhäusern für Kriegsverletzte umzugestalten. Nach der Selektion wurden die Patienten meist erst in eine Zwischenanstalt verlegt, von der man sie dann in die eigentlichen Tötungsanstalten weiter transportierte. Dies sollte der Verschleierung ihres Schicksals dienen. In den Tötungsanstalten, z. B. der Anstalt Hadamar oder der Heil- und Pflegeanstalt Meseritz-Obrawalde, wurden die Opfer dann vergast und anschließend in Krematorien verbrannt.

Diese Aktion sollte eigentlich in aller Heimlichkeit vonstatten gehen, was jedoch schon aufgrund der vielen beteiligten Verwaltungseinheiten nur schwer zu gewährleisten war. Aber auch die Anwohner der Tötungsanstalten bemerkten, dass etliche Patienten zwar die Krankenhäuser betraten, sie jedoch nicht mehr verließen. Und auch die Angehörigen der Opfer wunderten sich darüber, dass ihnen nachträglich die Verlegung und der plötzliche natürliche Tod ihres Verwandten mitgeteilt wurde. Im Sommer 1941 sprach dann der Münsteraner Bischof Clemens August Graf von Galen in verschiedenen Predigten aus, was in der Öffentlichkeit befürchtet wurde. Er wandte sich entschieden gegen die Tötungen. Wegen des lauter werdenden Protests in der Bevölkerung ließ Hitler die Euthanasie-Aktion am 24. August 1941 stoppen. Bis dahin waren cirka 70.000 Menschen umgebracht worden.

Da die Listen der Anstalten durch das plötzliche Ende der Aktion T4 nicht hatten abgearbeitet werden können, begannen nun jedoch die »wilden Tötungen«, meist durch Giftspritzen oder Nahrungsentzug. Bis 1943 wurden nach vorsichtigen Schätzungen weitere 30.000 Personen so ermordet. Der Euthanasie fielen mindestens 100.000 Menschen zum Opfer.

Die Euthanasie-Aktionen zeigen die Folgen eines Menschenbildes, das sich allein an biologischen Kriterien orientierte. Das nationalsozialistische Regime exekutierte diese

Ideologie in letzter Konsequenz, indem es nach rassenbiologischen Gesichtspunkten Unerwünschte stigmatisierte, dann ausgrenzte, um sie schließlich im Zuge des Kriegs endgültig »auszumerzen«. Dem fielen, neben anderen Gruppen, auch Kriminelle und Geisteskranke zum Opfer.

Gleichschaltung der Presse und Lenkung der Medien

Hitler war sich der großen Bedeutung von Presse und Propaganda als Mittel der Verbreitung von Ideologien von Anfang an bewusst. Konsequenterweise wurden 1933 gleich drei Reichsleiter mit Medienkompetenz installiert: Otto Dietrich als Reichspressechef der NSDAP, Max Amann wurde Reichsleiter für die Presse und Joseph Goebbels erhielt das neu geschaffene Reichsministerium für Volksaufklärung und Propaganda. Amann war zudem Direktor des »Zentralverlags der NSDAP Franz Eher Nachf.«, der sich über ein fast undurchschaubares Geflecht von Holding- und Tochtergesellschaften sowie Beteiligungen in den 1930er Jahren nahezu alle in Deutschland erscheinenden Zeitungen und Zeitschriften einverleibte, was dazu führte, dass die Redakteure manchmal selbst nicht wussten, dass sie nun für ein Naziblatt schrieben. 1944 erreichten Zeitungen in Privatbesitz nur noch einen Marktanteil von 17,5%, die NS-Presse demgegenüber von 82,5%.

Das Schriftleitergesetz von 1933 bestimmte, dass nur noch Menschen »arischer« Abstammung und regimetreuer politischer Einstellung Journalisten sein durften. Die schreibende Zunft musste der Reichspressekammer, Unterabteilung der Reichskulturkammer als Standesorganisation der »Kulturschaffenden«, unter Amann beitreten. Dort wurden ebenfalls nur »arische« Journalisten zugelassen, Juden und Linke ausgeschlossen. Das kam einem Berufsverbot gleich, denn nur wer

Mitglied der Reichspressekammer war, durfte bei Zeitungen angestellt werden. So wurden bis 1934 cirka 1.300 rassisch oder politisch unerwünschte Redakteure aus dem Pressewesen entfernt, was ungefähr 10% der Journalisten entsprach.

Eine Zensurgesetzgebung wurde übrigens nicht erlassen, vielmehr machte Goebbels klar, dass Pressefreiheit im Sinne der Freiheit zur Kritik an der Regierung nicht geduldet würde. Als Sanktionsmittel bei Fehlverhalten nutzten die Nazis schon gegebene Möglichkeiten wie Zeitungsverbote. Die linke Presse wurde bereits im Frühjahr 1933 zerschlagen. Anderen Zeitungen drohte dies Schicksal bei nicht genehmer Berichterstattung. Da unklar blieb, was darunter zu verstehen sei, setzte sich in den Redaktionen eine Art Selbstzensur durch. Alles, was als anstößig und nicht im Sinne der NS-Ideologie empfunden wurde, strich man in vorauseilendem Gehorsam aus den eigenen Artikeln heraus, um den Fortbestand der Zeitung nicht zu gefährden.

Die Nationalsozialisten versuchten, statt Zensur eine Presselenkung durchzusetzen. Sie machten genaue Vorgaben, worüber berichtet werden sollte (»Auflagenachrichten«) und worüber nicht berichtet werden durfte. Dies wurde oft aktuellen Notwendigkeiten angepasst. Für politische Berichterstattung wurden die Anweisungen auf der Reichspressekonferenz in Berlin unter Goebbels' Vorsitz erteilt. Journalisten mussten um eine Teilnahme dort ersuchen und wurden überprüft, bevor man sie zuließ. Jüdische oder politisch missliebige Redakteure schloss man so aus. Dort äußerte sich Goebbels lobend oder tadelnd über Zeitungen und einzelne Journalisten. Zusätzlich wurden weitere Fachpressekonferenzen eingerichtet, wichtig für den Zeitungsalltag waren aber ab 1940 vor allem die »Tagesparolen« von Reichspressechef Dietrich, mit denen die Kriegsmoral gestärkt werden sollte. Im Detail sahen die Anweisungen der Reichspressekonferenz beispielsweise so aus: »Anweisung vom 26. Januar 1937: Eine westdeutsche Zeitung hat sich polemisch mit Thomas Mann befaßt. Dies wird als absolut unerwünscht bezeichnet. Thomas Mann soll ausgelöscht werden aus dem Gedächtnis aller Deutschen [...]. Anweisung vom 20. November 1937: Über Greta Garbo darf wohlwollend berichtet werden. Anweisung vom 25. November 1938: Noch einmal wird an die Judenfrage erinnert, wie dies jetzt täglich geschehen wird. Das Thema darf nicht wieder fallengelassen werden ...«[19]

Auch an den Nachrichtenagenturen ging der Konzentrationsprozess nicht vorbei. Das »Wolff'sche Telegraphen-Buero« wurde 1933 mit Hugenbergs »Telegraphen-Union« zwangsvereinigt, daraus entstand das staatliche »Deutsche Nachrichten-Büro« (DNB). All dies führte zu einer, auch von Goebbels beklagten, Einförmigkeit der Presse (DNB wurde z. B. entschlüsselt als »Darf Nichts Berichten«), die sie für die Leserschaft zunehmend langweiliger werden ließ. Daher sanken die Auflagen der Zeitungen bis Kriegsbeginn, allein von 20,3 Millionen im Jahre 1933 auf 18,7 Millionen Exemplare im folgenden Jahr.

In den 1930er Jahren verschwanden, neben den kommunistischen und sozialdemokratischen Blättern, viele weitere renommierte Zeitungen vom Markt. Die linksliberale »Weltbühne« stellte am 3. Juli 1933 ihr Erscheinen ein, am 31. März 1934 folgte die »Vossische Zeitung«. Die letzte Nummer der »Kreuzzeitung« kam am 31. Dezember 1938 heraus, nur einen Monat später traf es das »Berliner Tageblatt«. Diese Zeitungen wurden nicht alle verboten, viele konnten sich aufgrund der verfallenden Auflagen und den damit einhergehenden finanziellen Einbußen nicht mehr auf dem Markt halten. Ab 1941 wurden dann, offiziell aufgrund von Papiermangel, in Stilllegungsaktionen der Reichspressekammer zahlreiche Zeitungen eingestellt, so allein im Mai 1941 550 Blätter.

Kriegsbedingt endete auch das Erscheinen der »Frankfurter Zeitung« am 31. August 1943. Sie war, obwohl eine liberale Zeitung, zusammen mit der eher konservativen »Deutschen Allgemeinen Zeitung« (DAZ), lange vom Regime geduldet worden, da sie als Aushängeschild im Ausland fungieren sollte und ihr eine Ventilfunktion für dem Nationalsozialismus nicht völlig ergebene Deutsche zugestanden wurde. So erhielt sie einige, wenn auch wenige Freiheiten bei der Berichterstattung und durfte die auszugebenden Meldungen im Sinne ihrer Leserschaft etwas umformulieren. Kritik oder Widerstandsgeist waren jedoch keinesfalls gestattet.

Die »Narrenfreiheit« an der kurzen Leine der wenigen nicht vollständig konformen Blätter lässt sich auch mit ihrer geringen Auflage erklären. Die »Frankfurter Zeitung« druckte 1934 nur noch 64.000 Exemplare, die »DAZ« verkaufte im Herbst 1935 gerade einmal 20.000 Ausgaben. Erst im Krieg, als die »DAZ« fast eine Monopolstellung innehatte, stieg die Auflage rasant bis auf 375.000 Exemplare im März 1944 an.

Der Niedergang der überregionalen Tageszeitungen beflügelte jedoch die größeren Lokalzeitungen. Die »Münchner Neuesten Nachrichten« (MNN), die traditionell eine bürgerliche Leserschaft bedient hatten, konnten vordergründig ein wenig Distanz zum NS-Regime wahren, auch wenn die Besetzung der Redaktion rechtslastiger wurde. Selbst nachdem die »MNN« 1935 in den Eher-Konzern überführt worden waren, durften sie aufgrund von geschäftlichen Überlegungen einen etwas milderen Ton anschlagen als das Konkurrenzblatt, die süddeutsche Ausgabe des »Völkischen Beobachters«. Dadurch sollte gezielt ein von der nationalsozialistischen Presse nicht erreichbarer Leserkreis, Münchens bürgerliche Schichten, die nie ein NS-Organ abonniert hätten, mit natürlich ebenfalls im Sinne des Regimes gefilterten Nachrichten versorgt werden. Ähnlich wurde bei anderen Großstadtzeitungen, wie z. B. dem

»Hamburger Fremdenblatt«, verfahren. Auch die Generalanzeigerpresse Hugenbergs war 1935/36 als Holdinggesellschaft Vera in den Eher-Verlag überführt worden.

Die Nazi-Presse konnte nach 1933 große Zuwächse verzeichnen. Es wurde massiv für Abonnements der Zeitungen der verschiedenen Parteiorganisationen geworben. Die wichtigste war der »Völkische Beobachter«, der 1933 schon eine Auflage von 130.000 Stück erreichte und diese bis 1940 auf 1 Million und 1944 gar auf 1,7 Millionen Exemplare steigern konnte. Der »Völkische Beobachter« genoss jedoch aufgrund niedrigen journalistischen Niveaus keine große Anerkennung. Weitaus schlimmer war jedoch das wöchentlich erscheinende Hetzblatt »Der Stürmer«, dessen Auflage 1933 noch bei 20.000 herumgedümpelt, 1935 aber auf 400.000 Exemplare angestiegen war. »Der Stürmer« war im Privatbesitz des fränkischen Gauleiters Julius Streicher und wurde selbst von Hitler und Goebbels oft wegen seiner reißerischen Berichterstattung gerügt. Antisemitismus und Rassenwahn wurden im »Stürmer« bis ins Pathologische übersteigert. Sich seinen schreienden Berichten zu entziehen, war dennoch schwer, denn das Blatt hing kostenlos in so genannten Stürmerkästen an öffentlichen Plätzen aus.

Im Gegensatz zur radikalen Parteipresse sollte die illustrierte Massenpresse vor allem eins: unterhalten und damit ablenken. Die bedeutendste Zeitschrift dieser Art blieb die »Berliner Illustrirte«, die 1933 1,1 Millionen und 1939 sogar 1,5 Millionen Exemplare druckte. Hauptsächlich in Bildstrecken wurden Themen wie Film, Naturkatastrophen, Sport und Mode dem Publikum näher gebracht. Explizit politisch war diese Zeitschriftenrichtung nicht, doch in ihr konnten sich die NS-Granden gerade von ihrer menschlichen Seite zeigen: Goebbels mit Töchtern, Görings Trauung und persönliche Aufnahmen des »Führers« wirkten systemstabilisierend.

Festzuhalten bleibt, dass es sich bei allen Presseerzeugnissen aus der Zeit zwischen 1933 und 1945 um gelenkte Presse handelte. Kritisches erschien nicht, nonkonforme Journalisten konnten nicht mehr arbeiten. Daher ist davon auszugehen, dass alles, was im »Dritten Reich« in der Presse verbreitet wurde, von der NS-Nomenklatura so gewünscht und erwartet wurde. Eine freie Presse existierte nicht mehr.

„Onkel Ticktack« Adolf Seefeld

Zwischen 1933 und 1935 wurden in Norddeutschland mehrere Jungen im Alter von fünf bis dreizehn Jahren tot aufgefunden. Nichts deutete zunächst auf ein Verbrechen hin. Die Leichen wurden in einer friedlichen Schlafstellung entdeckt, es gab keine Anhaltspunkte für Gewaltanwendung oder sexuelle Misshandlung. Als Todesursache nahm man in fast allen Fällen Erfrieren an, zumal die Kinder ausnahmslos im Herbst oder Winter verschwunden waren. Bei zwei der Toten fanden sich außerdem Spuren eines Giftpilzes, bei einem Zigarettenreste, so dass versehentliche Selbstvergiftungen in Frage kamen. Erst der Fund der Leiche des neunjährigen Heinz Zimmermann in einer Waldschonung in der Nähe seines Heimatortes Schwerin gab dem keimenden Verdacht Nahrung, dass doch Tötungsdelikte vorlägen. Der Körper des Jungen war verscharrt worden, ein Unglücksfall schien mithin auszuscheiden. Die Polizei verband jetzt zwölf Leichenfunde von Knaben in einem Gebiet zwischen Rostock, Schwerin und Potsdam miteinander, als mutmaßlicher Täter wurde schließlich am 3. April 1935 der 65-jährige wandernde Uhrmacher Adolf Seefeld verhaftet.

DAS NATIONALSOZIALISTISCHE DEUTSCHLAND ...

Nach dem Verschwinden Zimmermanns hatte sich in der Bevölkerung Mecklenburgs Unruhe breit gemacht, die noch von Aufrufen in der Lokalpresse und im Rundfunk verstärkt wurde. Dort warnten die Strafverfolgungsbehörden vor einem Kindesentführer, Eltern sollten ihre Kinder entsprechend unterweisen. Offenbar war die Besorgnis so groß, dass am Tag nach der Verhaftung Seefelds die »Landesstelle Mecklenburg-Lübeck des Reichsministeriums für Volksaufklärung und Propaganda« einen ausführlichen Bericht über die Leistungen der Staatsanwaltschaft und Kriminalpolizei bei der Suche nach dem Täter herausgab und dafür sorgte, dass er an prominenter Stelle in der regionalen wie überregionalen Presse erschien (z. B. am 5. April 1935 mit großer Schlagzeile auf der Titelseite des »Hamburger Fremdenblatts«, der größten Zeitung Norddeutschlands). Die Eindeutigkeit des Berichtes – mit der Überschrift »Der Knabenmörder ein alter Uhrmacher« – bedeutete aber auch, dass die Behörden nicht mehr hinter ihre Aussage zurückkonnten, dass mit der Ergreifung Seefelds der »schlimme Volksschädling« ausgeschaltet und er der einzige in Frage kommende Täter war. Alles andere als eine ausdrückliche Verurteilung in allen zwölf Fällen hätte bedeutet, die Effektivität der gepriesenen nationalsozialistischen Ermittlungsbehörden in Zweifel zu ziehen.

Ein Prozess nach dem »Empfinden nationalsozialistischen Rechts«

Am 22. Februar 1936 sprach das Schweriner Landgericht nach einmonatigem Prozess sein Urteil über Seefeld. Wegen Mordes in zwölf Fällen wurde er zum Tode und zum lebenslänglichen Verlust der bürgerlichen Ehrenrechte verurteilt, außerdem ordnete das Gericht seine Entmannung und Sicherungsverwahrung nach dem »Gesetz gegen gefährliche Gewohnheitsverbrecher« an. Wegen fortgesetzter Sittlichkeitsverbrechen und widernatürlicher Unzucht wurden dazu noch 15 Jahre Zuchthaus verhängt. Der Vorsitzende des Prozesses, Landgerichtsdirektor Dr. Sarkander, bedauerte ausdrücklich, dass die Gesetzeslage es nicht zuließ, den Angeklagten auch für seine Sittlichkeitsdelikte zum Tode zu verurteilen. Seefeld habe, hieß es in der mündlichen Urteilsbegründung, das »schändlichste Verbrechen« an der Jugend begangen, um die sich der Führer so besonders sorge, »da er den Knaben die Zeit ihres Lebens verdorben habe, und darum mußte die höchste zulässige Strafe gewählt werden«. Der Angeklagte habe sich mit seinen Taten außerhalb der Volksgemeinschaft gestellt, jetzt könne man ihn endlich und endgültig aus ihr entfernen. Der Richter machte aus seiner Zufriedenheit, ein Exempel im Sinn nationalsozialistischer Strafrechtspflege statuiert zu haben, keinen Hehl: Der Prozess sei – so der Vorsitzende in seinem Schlusswort (dem Angeklagten wurde eines verwehrt) – nach dem »Empfinden nationalsozialistischen Rechts« durchgeführt worden. Das alte Recht, das Recht der viel beschworenen »Systemzeit«, sei von zu großer Nachsicht für den Mörder getragen gewesen. Wenn hingegen schon früher die nationalsozialistische Gesetzgebung gültig gewesen wäre, so wäre dadurch viel Unheil verhütet und viel Leid erspart worden (Zitate nach »Deutsche Allgemeine Zeitung«, 23. Februar 1936).

Das Gericht folgte in seinem Urteil voll und ganz den Forderungen der Staatsanwaltschaft. Deren Vertreter, Oberstaatsanwalt Dr. Beusch, war in seinem Plädoyer zu großer Form aufgelaufen. Vor den Ohren des Reichsstatthalters von Mecklenburg, dem Gauleiter Hildebrandt, und weiterer NS-Prominenz attackierte er den Angeklagten in schärfsten Tönen: »Ein grauenvolles, erschütterndes Kapitel menschlicher Verirrung und Entartung, menschlicher Verschlagenheit und Boshaftigkeit, Grausamkeit, Gefühlsrohheit und Dumpfheit ist in den Wochen an uns vorübergezogen, so daß es manchmal scheinen wollte, als wenn in der Person des Angeklagten der personifizierte Teufel durch Deutschlands Gaue geschritten sei. Wir haben es hier nicht mit einem geisteskranken oder erblich belasteten Angeklagten zu tun. Hier steht vor uns ein Mensch ohne Seele und Gefühl, der nur noch ein Menschenantlitz trägt, der aber nur das eine Lebensziel und den Zweck verfolgt, von Jugend an seinem ihm liebgewordenen Laster zu frönen.« Es ist keine Frage, dass der Anklagevertreter nur die Ausmerzung des derart Dargestellten im Sinn haben konnte.

Seefeld wies eine ganze Reihe von einschlägigen Vorstrafen aus der Zeit des Kaiserreichs und der Weimarer Republik auf. »Wie war es möglich, daß dieser Unhold immer wieder auf die Menschheit losgelassen wurde?«, lautete deswegen die rhetorische Frage des Oberstaatsanwalts. Die Volksgenossen, die das fragten, hätten eines vergessen: Dass sie doch selbst den Liberalismus in der höchsten Systemzeit miterlebten. Die Weltanschauung des Liberalismus trage Mitschuld an allem Geschehen. Der Fall Seefeld sei eine Anklage gegen die so genannte Humanität des Liberalismus, die Humanität gegenüber dem Verbrecher. Der National-

»Onkel Ticktack« Adolf Seefeld.

sozialist Beusch steigerte sich hinein in eine Anklage der Weimarer Republik und ihres Zeitgeistes:»Ihm, dem Verbrecher, galt die ganze Liebe des Systems. Mit Hilfe des Verbrechers wollte sich das System die Macht erwerben und erhalten. Mit Hilfe des Verbrechers wollten die Männer des Systems deutsche Zucht und Ordnung zerschlagen. Die Humanität war die Hüterin des Faulen und des Verbrecherischen.« Glücklicherweise habe sich aber alles zum Guten gewendet:»Der Fall Seefeld ist ein Schul- und Musterbeispiel für die Richtigkeit der heutigen Gesetzgebung.« Und wenn sich immer noch Volksgenossen gegen diese Gesetze wänden, insbesondere in den kirchlichen Kreisen, so möge sie der Fall Seefeld eines besseren belehren. Dieser Hinweis genüge, um die Richtigkeit der Gesetze über Sterilisation, Entmannung und Sicherheitsverwahrung zu beweisen.

Die Presse ereifert sich:»Furchtbarer Anschauungsunterricht für die Schuld der liberalistischen Weltanschauung«

Hinter der vom Staatsanwalt bewiesenen ideologischen Zuverlässigkeit wollten die vom Prozess berichtenden Presseorgane nicht zurückstehen. Insbesondere die»Deutsche Allgemeine Zeitung«, in der Weimarer Republik auflagenstärkstes Blatt der konservativen Presse, ließ jede Zurückhaltung fahren:»Das Todesurteil gegen den vielfachen Kindermörder ist gesprochen. Ein in Schande und Verbrechen ergrautes Ungeheuer, das von seinen 65 Lebensjahren 23 in Zuchthäusern und Gefängnissen zugebracht hat, ohne daß die schlimmsten seiner Untaten damit gesühnt wurden, wird kraft Gesetzes aus der Reihe der Lebenden gestrichen.« Das unsagbare Leid, das er über die armen Menschen gebracht habe, denen er grausam und ohne eine Spur menschlichen Gefühls ihre Kinder nahm, fordere Sühne. Es sei die Stimme des in seinem Innern getroffenen und erschütterten Volkes, die aus dem Urteil der Geschworenen spreche. Und auch hier goss man wieder Kübel voller Verachtung über der Justiz der untergegangenen Demokratie aus: »Die Lobredner und Verfechter eines falsch verstandenen Humanitätsbegriffs haben schwere Mitschuld auf sich geladen. Der Strafvollzug hatte vielfach Formen angenommen, die dem Verbrecher fast die Vorstellung beibringen mußten, daß nicht sein Opfer, sondern er selbst des Mitleids, des Trostes und der Hilfe würdig und bedürftig sei. Aber die Gegner dieses Verbrecherschutzes wurden, wenn sie vor den Folgen warnten – wir haben es oft genug erlebt –, nicht angehört. Erst die Macht des nationalsozialistischen Staates und seine Gesetzgebung haben diesen Verirrungen ein Ende bereitet. Der Verbrecher ist nicht mehr Gegenstand falscher Schonung und damit der Förderung seiner verbrecherischen Triebe, sondern ihn trifft die volle Strenge der ihm von rechts wegen auferlegten Strafe. Schwerverbrecher, die den Hang zum Verbrechen als furchtbares Erbgut in sich tragen, werden vorbeugend zum Schutze ihrer Umwelt und ihrer Selbst körperlich unschädlich gemacht und in Sicherungsverwahrung genommen. Hätten wir dieses Menschenschutzgesetz, das im vorigen Jahre auch die volle Anerkennung des Internationalen Juristenkongresses gefunden hat, schon früher gehabt – welches Unmaß von Trauer und Leid wäre allein in dem Falle des Massenmörders Seefeld erspart geblieben!« (»DAZ«, 22. Februar 1936). Der »Völkische Beobachter«, dessen Prozessberichterstattung sachlicher ausfiel als die der »DAZ«, sekundierte: »Groß werden konnte ein Seefeld nur unter einem dem deutschen Wesen fremden Recht, dessen strafrechtliche Grundzüge sich oft übersetzen ließen mit dem Satz: Nicht der Mörder ist schuldig, sondern der Ermordete.« (22. Februar 1936).

Seefeld zum Tode verurteilt

Menschenschutz

Das Todesurteil gegen den vielfachen Kindermörder Seefeld ist gesprochen. Ein in Schande und Verbrechen ergrautes Ungeheuer, das von seinen 65 Lebensjahren 23 in Zuchthäusern und Gefängnissen zugebracht hat, ohne daß die schlimmsten seiner Untaten gesühnt wurden, wird kraft Gesetzes aus der Reihe der Lebenden gestrichen.

Bis zuletzt hat dieser vollkommen gefühl- und treulose Mörder geleugnet und gelogen. Die Lüge war seine einzige Verteidigung. Er wußte genau, daß jedes Eingehen auch auf nur nebensächliche Anknüpfungspunkte ihn der Gefahr eines Geständnisses aussetzen würde. Der alte, hartgesottene, oft vorbestrafte Zuchthäusler kannte das Gerichtsverfahren zu gründlich, als daß er sich nun, in seinem letzten Prozeß, der um seinen Kopf ging, eine Blöße hätte geben dürfen. So beschränkte er sich in der Voruntersuchung wie in der Verhandlung auf seine immer wiederkehrenden Redensarten, in der bewußten Absicht und der klaren Berechnung, die Füße der gegen ihn zusammengetragenen Indizien nicht durch ein unvorsichtiges Wort zu einem Teilgeständnis zu erhärten. Die Anklagerede und die Beweisführung des Staatsanwalts haben die Ablicht der Verteidigung zunichte gemacht. Es ist unvorstellbar, daß bei den zwölf Knabenmorden, die sich nach der letzten Strafverbüßung Seefelds in seinem Wandergebiet zwischen Berlin und Hamburg ereignet haben, dieser alte, vielfach vorbestrafte Knabenschänder die Rolle des unbeteiligten, schuldlos Verdächtigen gespielt haben sollte. Weil mehr als hundert Zeugen haben ihn als den alten Stromer wiedererkannt, der in ihren räumlich eng begrenzten Wohnbezirken Knaben an sich lockte, sich an ihnen – oft zum Glück erfolglos – zu vergehen versuchte, und die absolute Sicherheit der meisten Zeugenaussagen hätte allein hingereicht, den leugnenden Mörder zu überführen. Daß die Gutachten der Sachverständigen über die Art der von

Der Mörder nimmt die Urteilsverkündung unbewegt entgegen

Schwerin, 22. 2.

Im Mordprozeß Seefeld, der seit dem 21. Januar v. J. vor dem Schweriner Schwurgericht verhandelt wurde, verkündete am Sonnabendmittag der Vorsitzende, Landgerichtsdirektor Sarlander, in Gegenwart des Reichsstatthalters von Mecklenburg-Lübeck, Hildebrandt, das folgende Urteil:

Der Angeklagte Seefeld wird wegen Mordes in zwölf Fällen zum Tode und lebenslänglichem Ehrverlust sowie wegen Sittlichkeitsverbrechen zu insgesamt 15 Jahren Zuchthaus und zehn Jahren Ehrverlust verurteilt. Die Entmannung und Sicherungsverwahrung werden angeordnet.

Der Angeklagte nahm das Urteil ohne Bewegung auf.

Seefeld angewandten Tötungsmethode die Lücke in den Beweisen nicht zu schließen vermochten, hat dem Gericht die Urteilsfindung sicherlich nicht erleichtert. Dieser zum Teil durch die äußeren Umstände der Leichenauffindung und durch das verstockte Schweigen des Angeklagten bedingte Mangel konnte aber unmöglich dem oben überführten Mörder vor seiner verdienten Strafe bewahren. Das unsagbare Leid, das er über die armen Menschen gebracht hat, denen er grausam und ohne eine Spur menschlichen Gefühls ihre Kinder nahm, forderte Sühne. Es ist die Stimme des in seinem Innern getroffenen und erschütterten Volkes, die aus dem Urteil der Geschworenen spricht.

Schon im Verlaufe des Prozesses ist wiederholt auf die Irrtümer und Versäumnisse der Vergangenheit hingewiesen worden, die es überflüssig ermöglicht haben, daß ein Verbrecher dieser Art und diesen Ausmaßes nach kürzeren und längeren Freiheitsstrafen immer wieder auf die Menschheit losgelassen werden konnte. Die Lobredner und Verfechter eines Mitschuld auf sich geladen. Der Strafvollzug hatte vielfach Formen angenommen, die dem Verbrecher laßt die Vorstellung beibringen mußten, daß nicht sein Opfer, sondern er selbst des Mitleids, des Trostes und der Hilfe würdig und bedürftig sei. Aber die Gegner dieses Verbrecherschutzes wurden, wenn sie vor den Folgen warnten (wir haben es oft genug erlebt), nicht angehört. Erst die Macht des nationalsozialistischen Staates und seine Gesetzgebung haben diesen Verirrungen ein Ende bereitet. Der Verbrecher ist nicht mehr Gegenstand falscher brecherischen Triebe, sondern ihn trifft die volle Strenge der ihm von Rechts wegen auferlegten Strafe. Schwerverbrecher, die den Hang zum Verbrechen als furchtbares Organ in sich tragen, werden unschädlich gemacht und in Sicherungsverwahrung genommen. Hätten wir dieses Menschenschutzgesetz, zum Schutze ihrer Unwelt und ihrer selbst körperlich und seelisch verbüßt verstümmelten humanitätsbegriffe haben schwere zum Schutze ihrer Unwelt von Trauer und Leid wäre unserm Volke allein in dem Falle des Massenmörders Seefeld erspart geblieben! Mit zweifeln nicht daran, daß diese Erkenntnis sich nach und nach bei allen Völkern durchsetzen wird. kf.

Brutale Sprache des »Dritten Reiches«: Titelseite der »Deutschen Allgemeinen Zeitung« v. 22.02.1936.

Der Sieg der NS-Justiz:
»Ein Fall Seefeld ist nicht mehr möglich«

Zwar ließen die Kommentare zum Urteil keinen Zweifel daran, dass das Gericht Seefeld seine Taten eindeutig nachgewiesen hatte. Allein die Gestapo schien, angesichts des hartnäckigen Leugnens des Angeklagten bis zuletzt, daran nicht so recht zu glauben. Und außerdem gab es da ja noch eine ganze Reihe weiterer ungeklärter Todesfälle, die man Seefeld zuschreiben konnte. 30 Morde seien es mindestens gewesen, hatte der Staatsanwalt gesagt. Und auch diese mussten zur Beruhigung des Publikums aufgeklärt werden, am besten durch ein überzeugendes Geständnis des Verdächtigen. Die Gestapo hatte

Das nationalsozialistische Deutschland …

offenbar Mittel und Wege, den verstockten Angeklagten doch noch zum Reden zu bringen. Unter einem fadenscheinigen Vorwand wurde Seefeld zum Verhör angefordert. Unter der Folter gab er dann alles zu, was die Beamten von ihm verlangten, so dass anlässlich seiner Hinrichtung die berichtenden Zeitungen wortgleich melden konnten: »Da sich bei Seefeld Zweifel aufgetan hatten über seine mögliche Identität mit einem kommunistischen Geheimagenten gleichen Namens, wurde Seefeld acht Tage vor seiner Hinrichtung zu einer Vernehmung der Geheimen Staatspolizei überstellt. Im Zuge dieser Vernehmung, die in bezug auf seine politische Tätigkeit negativ verlief, legte aber Seefeld ein umfassendes eingehendes Geständnis ab. Er gestand außer den bereits gerichtlich festgestellten zwölf Morden eine große Anzahl weiterer Knabenmorde und Verbrechen. Ebenso gestand er, die Tötung der Knaben mit einem von ihm selbst zubereiteten Gift vorgenommen zu haben. Er führte unter den Augen der vernehmenden Beamten einige Male im Experiment die Herstellung seines Giftes vor. Nach Abschluß der Vernehmungen wurde Seefeld wieder den Behörden in Schwerin überstellt und dort heute hingerichtet.« Jetzt endlich war die Ordnung im NS-Sinne wieder hergestellt: »Mit der Hinrichtung des vielfachen Knabenmörders Seefeld ist im Sinne des nationalsozialistischen Strafvollzuges die Menschheit von einem Unmenschen befreit worden, der über zahlreiche Familien unsagbares Leid gebracht hat. Daß es für diesen Mörder keine Gnade geben konnte, stand wohl von vornherein fest, denn der gegen ihn erbrachte Indizienbeweis war so lückenlos und so gründlich, daß auch das kaltberechnende Leugnen des Täters keinerlei Zweifel an seiner Schuld hatte aufkommen lassen. Diese Auffassung ist durch das angesichts des Todes abgelegte volle Geständnis Seefelds bestätigt worden.«

Der »Völkische Beobachter« schloss die Berichterstattung

DAS NATIONALSOZIALISTISCHE DEUTSCHLAND …

mit einem Verweis auf den Erfolg des nationalsozialistischen Regimes: Die Gesetzgebung im Erbgesundheitsrecht und gegenüber gefährlichen Gewohnheits- und Sittlichkeitsverbrechern seit 1933 mache einen weiteren Fall Seefeld unmöglich (24. Mai 1936). Und tatsächlich, glaubt man den Aussagen des Leiters der Ermittlungen, Kriminalrat Lobbes, bedeutete die Ausschaltung Seefelds auch das Ende jeder Gefahr einer neuerlichen, pädophilen Tat: Seitdem Seefeld in Haft sitze, sei in ganz Deutschland noch nicht ein einziger Fall von Knabenmord oder Verschwinden von Jungen gemeldet worden (»DAZ«, 18. Februar 1936). Dämonisiert wurde Seefeld, und man stellte ihn als niemals wiederkehrenden Einzelfall dar. Dies entsprach jedoch keinesfalls der Realität: Zwar waren Serienmorde im Nationalsozialismus so vergleichsweise selten wie zu anderen Zeiten auch, der Anteil der Sittlichkeitsverbrecher nur unter den zur Sicherungsverwahrung Verurteilten lag aber allein 1936 bei 7%.

Der offiziellen Darstellungsweise von der Ausrottbarkeit von Kriminalität widersprach das Bemühen der Presse, Sittlichkeitsverbrechen wie im Fall Seefeld als schreckliche Gefahr für die Jugend hervorzuheben und demgemäß zu erhöhter Wachsamkeit zu mahnen. Die Warnungen der Zeitungen wiederum lassen sich deuten als Konsequenz der Ansicht, bei der – im Nationalsozialismus als »Schädigung des Volkskörpers« verfemten und erbarmungslos verfolgten – Homosexualität handle es sich um eine Art Krankheit, vor deren Ansteckungsgefahr man insbesondere die männliche Jugend der Großstädte schützen müsse. In diesem Sinne wirkte auch die im Oktober 1936 von Himmler gegründete »Reichszentrale zur Bekämpfung der Homosexualität und Abtreibung«, die sich explizit der Bekämpfung der Homosexualität als »einer der größten Gefahren für die Jugend« widmen sollte. Sie unterstand bis 1939 dem Geheimen Staatspolizei-Amt (Gestapa), danach dem RKPA, gehörte also zum NS-Polizeiapparat, und hatte 1940 in ihren Karteien 42.000 verdächtige Personen registriert, wovon die Hälfte »Jugendverführer« seien. Um solche »Gemeinschaftsschädlinge« im Sinne der Rassenhygiene »biologisch auszumerzen«, bemühten sich diese Institutionen, Homosexuelle als »Gemeinschaftsfremde«, »Asoziale« oder »gefährliche Sittlichkeitsverbrecher« zu klassifizieren und dann nach den einschlägigen Gesetzen – besonders dem »Gewohnheitsverbrechergesetz« – zu bestrafen, z. B. mit Kastration oder KZ-Haft.

»Abgründe menschlicher Verworfenheit«: Der Angeklagte vor Gericht

In die Analyse der Zeitungsberichterstattung über den Prozess gegen Seefeld fließen hier in erster Linie die Artikel aus zwei Blättern ein, der »DAZ« und dem »Völkischen Beobachter«. Grundsätzlich hätte auch die Untersuchung des Parteiblattes ausgereicht, da sich die Berichte der bedeutenderen Zeitungen inhaltlich und im Umfang sowie in der Interpretation des Falles deutlich ähnelten. Bei den überregionalen Blättern (wie der »DAZ« oder dem »Hamburger Fremdenblatt«) finden sich sogar etliche Artikel, deren Wortlaut übereinstimmt, obwohl die Zeitungen eigene Sonderkorrespondenten nach Schwerin entsandt hatten. Das kann eigentlich nur bedeuten, dass die Artikel der gleichen Quelle entsprungen sind – und das wiederum war die örtliche Zweigstelle des Propagandaministeriums. Die Gleichschaltung der Presse war 1936 soweit perfektioniert worden, dass der Leser, gleich, ob er sich aus Gewohnheit ein konservatives Blatt hielt, von denen einige mit alter Besetzung und Aufmachung weiter erscheinen durften, oder ob er sich mit dem »Völkischen Beobachter« offen zur Partei bekannte, identische Informationen vermittelt bekam. Auch im Pressewesen hatte sich der Hochmut der Konservativen, die glaubten, sich Hitler und die NSDAP engagiert zu haben (wie es der Kurzzeit-Reichskanzler von 1932 und Vizekanzler unter Hitler, Franz v. Papen, ausdrückte) und ihn zähmen und nach ihrem Willen lenken zu können, als falsch erwiesen. Ihr Überleben und das ihrer Institutionen hingen ausschließlich von der Gnade der neuen Machthaber ab und damit vom Grad des Gehorsams, den man dem Nationalsozialismus erwies. Vermutlich macht sich auch deshalb bei der Lektüre des vormals konservativen und des NS-Blattes der Eindruck breit, als bemühe sich der »Völkische Beobachter« in höherem Maße um eine distanzierte Berichterstattung aus dem Gerichtssaal in Schwerin. Es scheint, als hätten die Redakteure der altehrwürdigen »DAZ«, die 1936 im 75. Jahrgang erschien, sich mit ihrer Liebedienerei als ganz besonders linientreue Nationalsozialisten zeigen wollen, um dadurch den Beweis ihrer Unentbehrlichkeit für das Regime Hitlers zu liefern.

Sogleich mit Prozesseröffnung schlugen die Medien den Ton an, dass die Taten eines Seefeld nur dem Justizsystem der Weimarer Republik entwachsen sein konnten – immerhin musste die unangenehme Tatsache erklärt werden, dass der Täter anscheinend im April 1933 angefangen hatte zu morden und dies über zwei Jahre trotz der vorgeblichen Effizienz der Straftatbekämpfung unter der NS-Regierung fortführte. Aber hätte man Seefeld nicht schon viel früher in sicheren Gewahrsam nehmen müssen? Genau darin liege die Schuld der »Systemzeit«: »Tatsächlich haben aber der Justiz früher alle Möglichkeiten gefehlt, ein erblich so belastetes Subjekt zum Schutze der Menschheit und schließlich auch zu seinem eigenen Schutze durch Sicherungsverwahrung oder gar durch ärztlichen Eingriff unschädlich zu machen. So stellt der Fall Seefeld – das kann schon jetzt gesagt werden – ein Schulbei

spiel dar für die Richtigkeit unserer heutigen Strafgesetz-
gebung, die durch vorbeugende Maßregeln die Möglichkeit
solcher Verbrechen vorerst vermindern und im Laufe der Zeit
ganz beseitigen wird.« (»DAZ«, 21. Januar 1936). Auf diese
Weise erfuhren die NS-Gesetze, die Kriminellen alle Men-
schenrechte absprachen, durch die Verknüpfung mit dem
schockierenden Tatbestand des Kindermordes in der Presse
ihre Rechtfertigung. Die Leserschaft wurde systematisch gegen
den Angeklagten aufgehetzt, um die Effizienz des nationalsozialistischen Rechts zu propagieren.

Auch im »Völkischen Beobachter« hieß es eine Tag später:
»Es drängt sich der Unterschied zwischen der damaligen und
der heutigen Gesetzgebung auf. Hätte das bekannte Gesetz
gegen die Gewohnheitsverbrecher damals schon Geltung
gehabt, dann wäre wahrscheinlich die Entmannung des Angeklagten schon in seinem 20. Lebensjahr angeordnet und
späteres Unheil verhütet worden.« Letzteres, das musste sogar
das Parteiblatt einräumen, wäre aber schon deshalb sehr
unwahrscheinlich gewesen, weil sich nach Zeugenaussagen
die Eltern und Geschwister des Angeklagten überraschen-
derweise als »fleißige, sparsame, ordentliche und nüchterne
Menschen« herausstellten (»Völkischer Beobachter«, 31. Januar 1936), und die »DAZ« mit ihrer Einschätzung vollkommen daneben gelegen hatte. Diese hatte am 21. Januar »in
Abgründe menschlicher Verworfenheit« geblickt. Seefeld sei
aus einer Ehe hervorgegangen, in der wenigstens der eine
Ehepartner, und zwar der Vater, sittlich und körperlich minderwertig gewesen sei, so dass schon Herkunft und Vorleben
des Angeklagten die Frage nahe gelegt hätten, ob man diesen
»unzweifelhaften Untermenschen« nicht längst hätte dauerhaft einsperren sollen. Auch wenn dies nicht der Realität entsprach, so zeigt die Konstruktion verwahrloster Familienverhältnisse doch, was die Leserschaft von einem Mörder wie

Das nationalsozialistische Deutschland ...

Seefeld erwartete. Das Konzept der »erblichen Belastung« war im öffentlichen Bewusstsein fest verankert, auch deshalb, weil die Presse es immer wieder bereitwillig aufgriff.

Wer sich verteidigt, klagt sich an: Die Presse als Gehilfin des Staatsanwalts

Von vornherein stand für die Presse fest, dass der Angeklagte mit absoluter Sicherheit der ihm zur Last gelegten Verbrechen schuldig war. Von Anfang an hieß Seefeld der »Knabenmörder«, weitere Attribute über den ganzen Prozess waren »Unmensch«, »Untermensch« und »Unhold«, damit beim Leser keine Bedenken aufkommen konnten, ob etwa die Strafverfolgungsbehörden einen Fehler gemacht hatten, denn der Angeklagte wagte es, sich beharrlich für unschuldig zu erklären. Dieses Leugnen konnte – weil der Mann doch schuldig sein musste – nur auf seinen verschlagenen Charakter hinweisen. »Gefühllos, verstockt und unverschämt« sei Seefeld (»DAZ«, 9. Februar 1936), der sich gar erdreiste, Ermittlungsbeamte der Lüge zu bezichtigen (»Völkischer Beobachter«, 7. Februar). Bestätigt wurden diese Charakterzeichnungen durch die Ausführungen des psychiatrischen Gutachters Dr. Fischer, Direktor der Heil- und Pflegeanstalt Sachsenberg bei Schwerin: Seefeld sei zwar nur mäßig intelligent und habe ein etwas infantiles Wesen, besitze aber große Gerissenheit. Von Jugend auf habe er psychopathische Züge gezeigt. »Er war leichtsinnig, neigte zu Großmannssucht, hatte keine Ausdauer zu regelmäßiger Arbeit und neigte zu sexuellen Ausschweifungen. Er führte ein unstetes Wanderleben und bewegte sich ständig außerhalb der Grenzen, die durch Sitte und Gesetz für die Mitglieder einer Volksgemeinschaft gezogen sind.« Hervorstechend seien bei ihm »Zynismus und Skrupellosigkeit«. Ohne

Zweifel sei der »gefühlskalte, asoziale Psychopath« voll zurechnungsfähig (zit. nach »DAZ«, 19. Februar 1936). Damit wurde das Bild einer intakten, gesunden Volksgemeinschaft gemalt, aus der der »asoziale« Täter schon aufgrund seiner psychischen Konstitution ausgeschlossen gewesen sei. Dies förderte die Akzeptanz seines unvermeidlichen Schicksals, der Hinrichtung.

Die Presseberichterstattung zielte von vornherein darauf ab, mögliche Zweifel an der Schuld des Angeklagten beim Publikum zu zerstreuen. Die Journalisten erwiesen sich ausnahmslos als willige Gehilfen der Strafjustiz; deshalb war es auch folgerichtig, dass der vorsitzende Richter sein Schlusswort zum Anlass nahm, den Pressevertretern ausdrücklich für ihre Mitarbeit zu danken. In diesem Sinne diente die Darstellung der Verteidigungsversuche Seefelds – dessen Strafverteidiger nur einmal, anlässlich seines außerordentlich zaghaften Plädoyers in den Zeitungen zu Worte kam – nicht nur der charakterlichen Herabwürdigung, sondern sie wurden vielmehr als Beweis für die Schuld des Angeklagten herangezogen. »Die Lüge war seine einzige Verteidigung«, resümierte die »DAZ« (22. Februar 1936), die schon einen Monat zuvor – also am ersten Prozesstag – die vermeintliche Taktik Seefelds entlarvt hatte, die es sei, Fragen auszuweichen und unbestimmte, verwischte Antworten zu geben. Deutlich merke man ihm das Bemühen an, sich nicht in Widersprüche zu verwickeln. Das sei ein typisches Zuchthäusler-Verhalten. Dies zeigt, dass Seefeld von Anfang an keine Chance hatte. Versuchte er, sich zu verteidigen, wurde ihm dies negativ – sogar als Beweis seiner Schuld – ausgelegt, hätte er gestanden, wäre sein Schicksal ebenfalls besiegelt gewesen. Aber das war es wohl ohnehin bereits vor dem Prozess.

DAS NATIONALSOZIALISTISCHE DEUTSCHLAND ...

Knabenmörder Seefeld?

War Adolf Seefeld unschuldig? Sicher nicht, die 40 ihm vorgeworfenen Fälle der sexuellen Misshandlung Minderjähriger hatte er eingeräumt, auch ohne dass ihn die Gestapo einem Folterverhör unterwerfen musste. Eine Gefahr für die Allgemeinheit stellte Seefeld demnach gewiss dar. Aber war er auch ein 12- oder gar 30-facher Mörder? Abschließend lässt sich diese Frage nicht mehr beantworten. Es bleiben allerdings einige Fragen offen, die zumindest Zweifel begründen, die aber weder Justiz – auch nicht der Verteidiger – noch die Presse aufgriffen. Erstens: Wurden die toten Jungen überhaupt Opfer von Gewaltverbrechen? Wenigstens in den Fällen, in denen die Kinder im Winter verschwanden und somit ein Erfrieren als Todesursache nicht ausgeschlossen ist, bleiben solche Unglücksfälle durchaus denkbar. Zumal bei keiner einzigen Leiche, auch nicht bei denen, die man kurz nach ihrem Tod entdeckte, Hinweise auf Gewalteinwirkung oder Gift gefunden wurden. Das Gericht stellte ohne den geringsten Zweifel Erwürgen oder Erdrosseln als Todesursache fest, dafür aber gibt es, außer den mikroskopischen Spuren am Hals eines Jungen – die nur ein Gutachter wahrnahm – keine Indizien. Zweitens: Misstrauisch macht auch die Einheitlichkeit der Aussagen der Zeugen, die alle Seefeld »einwandfrei« wieder erkannten. Natürlich ist dem Vorsitzenden Recht zu geben, wenn er dem Angeklagten vorhielt, zwei oder drei Zeugen könnten sich irren, aber nicht 40. Genauso wenig wahrscheinlich allerdings scheint es, dass ausnahmslos alle Zeugen ohne die geringste Unsicherheit jemanden identifizieren konnten, den sie zum Teil vor Jahren einmal auf einer Landstraße hatten vorbeiziehen sehen. Das klingt doch einigermaßen nach einer auftragsgemäßen Aussage. Als Beispiel dafür mögen die Ausführungen einer Zeugin über eine nahezu drei Jahre (Juni

1933) zurückliegende Begegnung mit Seefeld dienen: »Eine Zeugin erinnerte sich beim Lesen des Aufrufs [Vermisstenanzeige] in der Zeitung, daß sie einmal in Potsdam um diese Zeit mit einem älteren Manne auf der Bank gesessen habe. Ihr sei dieser Tippelbruder, der eine Unterhaltung mit ihr angefangen hatte, unangenehm aufgefallen. Sie wird Seefeld jetzt zum ersten Male gegenübergestellt und erkennt ihn sofort wieder.« (»DAZ«, 15. Februar 1936).

Es bleibt festzuhalten, dass Seefeld vermutlich der Mörder war, zumindest in einigen der verhandelten Fälle. Die Prozessführung und die gleichgeschalteten Medien in ihrer Berichterstattung bauten ihn indes von Anfang an als den einzig möglichen Täter auf, als ein Knaben mordendes Monster, das durch die Schuld der laschen Strafverfolgung in der »Systemzeit« immer wieder auf die Menschheit losgelassen worden war, und dem erst der nationalsozialistische Staat, dem die »Humanitätsduselei« Weimars abging, den Garaus machen konnte. Seefeld war demnach der klassische Fall eines Sündenbocks, der als Beweis für die Verwerflichkeit liberalen Denkens ebenso zu dienen hatte, wie als Zeugnis für die Notwendigkeit der NS-Politik der Rassenhygiene und präventiven Bestrafung.

Zwei verhängnisvolle Elemente des nationalsozialistischen Staates werden bei der Analyse des Falles Seefeld deutlich sichtbar. Zum Ersten die rasche und gründliche Gleichschaltung der Presse, die sich mit Eifer auf die Rolle eines Bediensteten der Strafverfolgung reduzieren ließ. Zum Zweiten zeigt sich, wie weit die Politisierung der Strafjustiz schon fortgeschritten und wie wenig noch übrig geblieben war von ihrer ideologischen Unabhängigkeit. Die beiden im Prozess auftretenden Justizvertreter – der Gerichtsvorsitzende und der Oberstaatsanwalt – hatten das Diktum Hitlers, nach dem zukünftig nicht mehr das Individuum sondern das Volk im Mittelpunkt gesetzlicher Sorge stehen und demzufolge »Landes- und Volksverrat« mit »aller Rücksichtslosigkeit ausgetilgt werden« sollten (Hitler in der Reichstagserklärung zum »Ermächtigungsgesetz« vom 23. März 1933), verinnerlicht und handelten danach.

Dass sich beides – Gleichschaltung der Presse und Dienstbarmachung der Justiz im Sinne der nationalsozialistischen Weltanschauung – so rasch und gründlich vollzog, konnte nur einen Grund haben: Hier war in der Weimarer Zeit schon entscheidende Vorarbeit geleistet worden. In ihrer Beurteilung des mutmaßlichen Serienmörders Adolf Seefeld bedienten sich Journalisten und Rechtspfleger der gleichen ideologischen Versatzstücke aus dem biologistischen Weltbild, wie es ihre Vorgänger in den Fällen Großmann, Haarmann etc. getan hatten. Und sie konnten sich gewiss sein, dass ihr Glaube, der von der Norm Abweichende sei ein Schädling, den man zum Wohle der Volksgesundheit ausmerzen müsse und dessen Erbgut zu tilgen sei, von ihren Zeitgenossen geteilt wurde. Jetzt aber waren – im Gegensatz zur Weimarer Republik – rassenhygienische Ideen in der Gesetzgebung fest verankert, so dass sie nicht mehr nur in den Köpfen einiger Fachleute herumspukten, sondern auf unheilvolle Weise ganz praktisch angewendet wurden.

Johann Eichhorn – Der Schrecken des Münchner Westens

Der Fall des Münchner Frauenmörders Johann Eichhorn ist schon deshalb so interessant, weil er zwar noch vor Kriegsausbruch aufgedeckt wurde, der Prozess jedoch erst nach Beginn des Zweiten Weltkriegs stattfand. Die Frage drängt sich auf, ob sich in der Wahrnehmung des Falles und in seiner Behandlung durch die Justiz bereits die Auswirkungen des Kriegs feststellen lassen. Bezeichnenderweise gibt es über diesen Fall so gut wie keine Literatur, lediglich Steffen Bergs Buch »Das Sexualverbrechen« von 1963 erwähnt ihn.[20]

Bereits seit 1928 hatte Eichhorn als Serienvergewaltiger das westliche Umland Münchens in Angst und Schrecken versetzt. Er lauerte seinen Opfern meist in einsamen, bewaldeten Gebieten auf, griff sie an, würgte sie und zwang sie unter Morddrohungen zum Geschlechtsverkehr. Die Staatsanwaltschaft ermittelte schließlich in knapp 100 solcher Fälle. Seinen ersten Mord beging Eichhorn am 11. Oktober 1931 an der 16-jährigen Katharina Schätzl. Er war zunächst mit dem Mädchen ausgegangen und versuchte dann, sie in den Isarauen zu vergewaltigen. Sein Opfer wehrte sich jedoch, so dass Eichhorn es erwürgte, um den Leichnam anschließend zu schänden. Danach warf er die Tote in die Isar, wo sie drei Tage später gefunden wurde. Erst beim zweiten Mord entwickelte Eichhorn sein dann charakteristisches Vorgehen: Am 30. Mai 1934 riss er die 26-jährige Anna Geltl im Fortsenriederpark von ihrem Fahrrad, würgte sie und schoss ihr, da sie Widerstand leistete, mit einer Pistole in den Kopf. Dann schleppte er die Tote in den Wald. Aufgrund seiner Erregung ejakulierte er vorzeitig und verstümmelte sein Opfer anschließend im Genitalbereich. Die Leiche vergrub er. Ganz ähnlich ging Eichhorn auch bei der Ermordung von Berta Sauerbruch (25) am 9. September 1934,

Bekanntmachung.

Mord!

1000 RM Belohnung.

Am 25. 4. 39 wurde bei München im Forstenriederpark in der Nähe des Forsthauses Oberdill unter Fichten verscharrt die stark verweste Leiche der 23 Jahre alten Hausangestellten

Marie Jörg

aus Unterellег bei Wertach mit einer Schußverletzung im Kopfe ermordet aufgefunden. Die Tat ist voraussichtlich bereits am 29. 9. 1938 begangen worden. Marie Jörg befand sich mit ihrem Fahrrade an diesem Tage auf dem Wege von Buching nach München, um hier eine Stellung zu suchen.

Zu diesem Zwecke führte sie auch auf dem Fahrrade in einem Pappkarton einen Teil ihrer Kleider und Wäsche bei sich. Die Kleidung und Wäsche wurde zum Teil in der Grube, in der das Mädchen verscharrt war, zum Teil in der Umgebung der Leiche verstreut und zerrissen aufgefunden. Auch das Fahrrad lag zerlegt und in einzelne Teile zertrümmert im Gebüsch versteckt in der Nähe des Auffindungsortes der Leiche. Nach den bisherigen Feststellungen wurden eine vergoldete rechteckige Armbanduhr mit schwarzem Ripsband, rundem Zifferblatt und arabischen Ziffern, sowie einige Reichsmark geraubt.

Beschreibung der Jörg:

ca. 1,65 m groß, dunkelblonde kurzgeschnittene Haare, braune Augen, grüner Gummimantel, hellgeblümtes Kleid, fleischfarbige Strümpfe, schwarze Halbschuhe mit Gummiabsätzen, große, runde, vergoldete Ohrringe und breites bernsteinähnliches Armband.

Sachdienliche Mitteilungen, die auf Wunsch vertraulich behandelt werden, sind erbeten an die Kriminalpolizeileitstelle München, Mordkommission, Fernruf 14321, Nebenstelle 322 oder an die nächste Polizei- oder Gendarmeriedienststelle.

Für Mitteilungen von Personen aus der Bevölkerung, die zur Ermittelung oder Ergreifung des Täters führen, wird unter Ausschluß des Rechtsweges eine Belohnung von 1000 RM ausgesetzt.

München, 25. 4. 1939   Staatliche Kriminalpolizei
Kriminalpolizeileitstelle München.

Fahndung nach dem Mörder von Marie Jörg.

Rosa Eigelein (25) am 31. August 1937 und Maria Jörg (24) am 29. September 1938 vor.

Johann Eichhorn wurde am 8. Oktober 1906 in Aubing bei München geboren. Der gelernte Schlosser verlor im September 1932 aufgrund der schlechten wirtschaftlichen Lage seinen Arbeitsplatz. 1933 scheint er versucht zu haben, sich in nationalsozialistischen Organisationen zu betätigen, sei aber »wegen Dienstvernachlässigung bald wieder entfernt« worden.[21] Dies erwähnten die Presseberichte übrigens nicht. Seit Mai 1934 war er dann im Schichtdienst bei der Reichsbahn beschäftigt. Ungefähr 1935 lernte er Josefa W. kennen, mit der er eine Beziehung begann, aus der zwei uneheliche Kinder hervorgingen. 1937, nach der Geburt des zweiten Kindes, heiratete das Paar. Seine Frau ließ sich noch vor Prozessbeginn von Eichhorn scheiden.

Eichhorn wurde schließlich am 29. Januar 1939 verhaftet, gerade als er versuchte, eine zwölf Jahre alte Schülerin zu missbrauchen. Zunächst leugnete er, noch weitere Taten verübt zu haben, gab aber nach wiederholten Vernehmungen durch die Kripo schließlich zwei Vergewaltigungen aus dem Jahr 1928 zu. Eichhorn wurden nun 21 seiner überlebenden Opfer gegenübergestellt, die ihn zum Teil wiedererkannten. So konnte Eichhorn in 34 Vergewaltigungsfällen überführt werden und legte darüber schließlich auch ein Teilgeständnis ab.

Aufgrund der ähnlichen Vorgehensweise geriet Eichhorn schnell in den Verdacht, auch für die fünf ungeklärten Frauenmorde verantwortlich zu sein. Diese Taten bestritt er jedoch. Da die Polizei nicht weiterkam,

Der »Schrecken des Münchner Westens« Johann Eichhorn.

legte sie Eichhorn in Untersuchungshaft mit einem Gefange-
nen zusammen, der als Spitzel fungierte. Diesem gegenüber,
einem gewissen Schneider, der wegen Betrugs zu Zuchthaus
und Sicherungsverwahrung verurteilt worden war, bekannte
Eichhorn angeblich die Morde. Der Zellengenosse bestärkte
ihn wohl in dem Glauben, dass er, wenn er die Mordtaten
zugebe, als Unzurechnungsfähiger unter den § 51 fallen würde. Darauf zählte Eichhorn und legte schließlich ein umfassendes Geständnis ab, sagte aber einem Gefängniswachtmeis-
ter, er werde widerrufen, wenn man ihn für voll schuldfähig
erklären sollte.

Kurzer Prozess vor dem Sondergericht

So geschah es dann auch im Prozess, der unter Ausschluss der
Öffentlichkeit vor dem Sondergericht beim Landgericht München I stattfand und nur zwei Tage dauerte. Die Staatsanwaltschaft hatte bereits im Sommer 1939 die Anklage in den 34
Vergewaltigungsfällen »mit Rücksicht auf die ... Mordtaten ...
vorläufig eingestellt«, wahrscheinlich, um möglichst schnell
eine Verurteilung wegen Mordes durchfechten zu können.
Auch der Fall Schätzl kam nicht zur Anklage, da die Tatumstände nicht eindeutig auf vorsätzlichen Mord hinwiesen. Das
Urteil erwähnt, dass sein erstes Opfer sich Eichhorn zuerst
freiwillig hingeben wollte, er jedoch nur erregbar gewesen sei,
wenn er auch Gewalthandlungen vornahm. Dass die Anklage-
behörde alle komplizierten Tatbestände zurückzog, legt den
Schluss nahe, dass sie einer Verurteilung Eichhorns in den
vier verbleibenden Mordfällen sehr sicher war, das Urteil also
schon im Vorfeld des Prozesses feststand. Die Daten der
einzelnen Gutachten weisen übrigens darauf hin, dass diese
Entscheidung unter Umständen erst nach der deutschen Inva-

DAS NATIONALSOZIALISTISCHE DEUTSCHLAND ...

sion Polens am 1. September 1939 gefallen ist, mit Eichhorn also nach Kriegsausbruch kurzer Prozess gemacht werden sollte.

Als Eichhorn am ersten Verhandlungstag, dem 29. November 1939, bewusst wurde, dass die Sachverständigen ihn für voll zurechnungsfähig erklären würden, und ihm somit die Todesstrafe sicher war, zog er sein Geständnis zunächst zurück. Lediglich die Vergewaltigungen, die jedoch nicht angeklagt waren, gab er zu. Das Gericht versuchte nun, ihn aufgrund von Indizien zu überführen. Diese waren allerdings nicht lückenlos. So hatte man die Pistole, mit der Eichhorn seine Opfer erschossen hatte, nicht gefunden, die Tatwaffe fehlte demnach. Die Staatsanwaltschaft ließ Briefe des Angeklagten sowie seine Geständnisse verlesen, und auch der Zellengenosse Eichhorns sagte aus. Nach der Mittagspause am zweiten Prozesstag, dem 30. November 1939, legte Eichhorn dann doch ein umfassendes Geständnis ab. Sein Anwalt begründet dies damit, dass seinem Mandanten klargemacht worden sei, er müsse die volle Wahrheit sagen. Eichhorn bestritt allerdings die Tötungsabsicht und bat anschließend die Angehörigen der Opfer um Vergebung. Wahrscheinlich erhoffte sich der Angeklagte, so wegen Totschlags verurteilt zu werden, worauf nur eine Zuchthausstrafe stand. Totschlag unterschied sich nach dem damaligen StGB dadurch von Mord, dass er ohne Überlegung ausgeführt worden sein musste. Als Überlegung galten ein Denkprozess, an dessen Ende der Entschluss zur Tötung des Opfers stand, sowie klare Erwägungen über die zum Handeln drängenden und von ihr abhaltenden Beweggründe. Dass Eichhorn auf Totschlag spekulierte, belegt sein Leugnen einer Tötungsabsicht sowie Aussagen gegenüber Gutachtern – die ihm allerdings den § 51 hatten einbringen sollen –, er habe sich zum Tatzeitpunkt in höchster Erregung befunden, die er nicht mehr habe kontrollieren können.

DAS NATIONALSOZIALISTISCHE DEUTSCHLAND ...

Die Rechnung ging jedoch nicht auf. Das Gericht erachtete Eichhorn »der vorsätzlichen und mit Überlegung ausgeführten Tötung für überführt«. Auch die psychiatrischen Gutachten fanden keinen Anhaltspunkt für eine Geistesstörung, obwohl Eichhorn erklärt hatte, er sei bei den Taten »wild wie ein Tier« gewesen und erinnere sich an die Einzelheiten nicht mehr. Er habe gegen seinen »unbändige[n]

Hohe Belohnung zugesichert

Am 29. Januar 1939 wurde der nebenstehend abgebildete Schlosser Johann (Hans) **Eichhorn**, geb. 8. Oktober 1906, zuletzt wohnhaft gewesen in Aubing, Hindenburgstraße Nr. 2 und bis Ende 1937 in Neuaubing, Adolf-Hitler-Straße Nr. 48, wegen **Sittlichkeitsverbrechens** festgenommen.

Im Zuge der Ermittlungen wurde Eichhorn überführt, eine größere Anzahl schwerster **Sittlichkeitsverbrechen** und **Raubüberfälle** ausgeführt zu haben. Die Tatzeiten erstrecken sich auf die letzten 12 Jahre.

Die nebenstehend abgebildeten Gegenstände wie **Polobluse, Weste, Geldtasche, Opernglas, Ring und Kamm** wurden unter anderem bei Eichhorn vorgefunden. Es ist von Wichtigkeit, zu erfahren, wem diese Gegenstände gehören bzw. gehört haben. Die Eigentümer wollen sich umgehend melden.

Insbesondere ist es aber von Bedeutung, festzustellen, was für eine

Schußwaffe

Eichhorn getragen hat. Er selbst gibt zu, einen Trommelrevolver besessen zu haben. An alle diejenigen, die Eichhorn gekannt haben, wird die dringende Bitte gerichtet, sich zu melden, falls sie bei Eichhorn eine Pistole oder eine Schußwaffe gesehen haben. Den Verbleib der Schußwaffe verschweigt Eichhorn.

Unter Hinweis auf obige Belohnung, deren Verteilung in angemessener Höhe unter Ausschluß des Rechtsweges der Behörde vorbehalten bleibt, werden alle Personen, die sachdienliche Angaben machen können, gebeten, sich bei der Kriminalpolizeileitstelle München, Zimmer Nr. 245 oder 247 zu melden.

**Staatliche Kriminalpolizei
Kriminalpolizeileitstelle München**

J.D.: Dr. Böhme

Die Polizei bittet um Hinweise aus der Bevölkerung, um Eichhorn überführen zu können.

Trieb« nicht ankämpfen können. In einem ersten Gutachten vom 11. Mai 1939, das noch die Schuldfähigkeit in den Vergewaltigungsfällen feststellen sollte, erkannte der Gerichtsarzt Dr. Peters keine Voraussetzungen für die Anwendbarkeit von § 51. Eine von Eichhorn geltend gemachte »geistige Verwirrtheit« sah Peters als unglaubwürdig an. Er erachtete Eichhorn vielmehr als einen »gemeinen Gewohnheitsverbrecher« und empfahl neben der Sicherungsverwahrung auch die Entmannung. Die psychiatrische Beurteilung für den Mordprozess erstellte am 8. November 1939 ein Dr. Vogler. Er erkannte in Eichhorns Taten, unter anderem daran, dass dieser »die Spuren so verwischte, dass er jahrelang sein viehisches Treiben fortsetzen konnte«, ein planmäßiges Vorgehen. Vogler charakterisierte Eichhorn als »einen intellektuell nicht unterdurchschnittlich beanlagten, ethisch und moralisch tiefstehenden, haltlosen, willensschwachen, sexuell außergewöhnlich triebhaften Psychopathen«, fand jedoch keine Belege für eine Geistesstörung, die unter § 51 falle. »Daß er diesen seinen Trieben zum Opfer gefallen ist, beruht lediglich auf seiner Willensschwäche, die zu beherrschen er sich nicht die geringste Mühe gegeben hat.« Eichhorn sei fähig gewesen, das Ungesetzliche seiner Taten einzusehen und hätte mit einiger Anstrengung auch dieser Einsicht entsprechend handeln können.

Da Eichhorn also ein Geständnis abgelegt hatte, das Gericht den Tatvorsatz als erwiesen ansah und ihn alle Sachverständigen für voll zurechnungsfähig erklärt hatten, wurde er am 30. November 1939 zum Tode verurteilt. Das Urteil wurde bereits einen Tag später vollstreckt.

Berichterstattung über Serienmord im Krieg

Über die Verhaftung Eichhorns liegen aus zwei Gründen keine Pressemeldungen vor. Zum einen war zum Zeitpunkt seiner Festnahme noch nicht klar, dass es sich bei ihm um den lange gesuchten Serienvergewaltiger und Frauenmörder handelte. Zum anderen wurde Eichhorn am 29. Januar 1939 aufgegriffen. In den nächsten Tagen waren alle Zeitungen voll mit Berichten über die Feierlichkeiten zum sechsten Jahrestag der nationalsozialistischen »Machtergreifung«, die anderes beiseite drängten. So wurde die Rede Hitlers vom 30. Januar 1939 in allen überregionalen Tageszeitungen abgedruckt (es handelt sich hier übrigens um die berüchtigte Rede, in der Hitler die »Vernichtung der jüdischen Rasse in Europa« für den Fall eines Kriegs androhte). Jedoch finden sich auch zu späteren Zeitpunkten keine Berichte über die Überführung des »Schreckens des Münchner Westens«. Es hat den Anschein, als seien solche Berichte am Vorabend des Zweiten Weltkriegs, in einer Zeit der Krisenstimmung in der Bevölkerung und der äußersten Angespanntheit der politischen und militärischen Führung, unerwünscht gewesen. Vordergründig hätte es sich dabei zwar um Erfolgsmeldungen gehandelt, denn schließlich war der Mann, der so viel Angst verbreitet hatte, von der Polizei unschädlich gemacht worden. Unter Umständen hätte jedoch die peinliche Frage laut werden können, warum Eichhorn so lange ungestört sein Unwesen habe treiben können. Spekulationen darüber galten sicher als störend.

So gibt es nur wenige Artikel über den Fall. Lediglich die »Münchner Neuesten Nachrichten« berichteten als Lokalzeitung über den Prozess. Die einzigen zwei überregionalen Meldungen erschienen in der »Frankfurter Zeitung«. Es handelt sich dabei um Verlautbarungen des »Deutschen Nachrichten-Büros« (DNB). Dass dort Nachrichten über Eichhorns Verur-

DAS NATIONALSOZIALISTISCHE DEUTSCHLAND ...

teilung verbreitet wurden, zeigt, dass über den Fall berichtet werden durfte. Warum andere überregionale Zeitungen ihn nicht aufgriffen, ist unklar. Vielleicht wurden Berichte über die Aufdeckung einer Mordserie in München, der »Hauptstadt der Bewegung«, in Kriegszeiten als unpassend und »wehrkraftzersetzend« angesehen. Es hat den Anschein, es sei einzig den »MNN« erlaubt gewesen, über Eichhorn ausführlich zu berichten, und dies nur, weil der Fall in ihrem Einzugsbereich für große Aufregung gesorgt hatte.

Die Berichterstattung setzte am 28. November 1939 ein. In dem Artikel wurde mitgeteilt, dass am nächsten Tag der Prozess beginne. Über den Angeklagten hieß es, ihm werde zur Last gelegt, »fünf Frauen in bestialischer Weise ermordet und mißbraucht zu haben«. Dann wurden die »schauerlichen Untaten Eichhorns« kurz zusammengefasst. Das Fazit lautete, »hier liegt zweifellos Lustmord vor«.

Am 30. November 1939 berichteten die »MNN« dann ausführlich vom ersten Verhandlungstag. Unter der Überschrift »Lustmörder leugnet jetzt« war von »Lügen und Widersprüche[n]« die Rede, in die sich Eichhorn verstrickt habe. Über Eichhorns Äußeres hieß es: »Wie seine Erscheinung, der vielleicht muskulöse, aber keineswegs derbknochige Körperbau, das grob gezeichnete, jedoch lediglich finstere, nicht brutale Gesicht in dem Angeklagten für das Auge des Laien zunächst keinen Lustmörder verrät.« Dies impliziert, dass Lustmörder, zumindest für den Fachmann, an ihrem Aussehen zu erkennen seien, was sich gut in die Rassenlehre des Nationalsozialismus einfügte, allerdings eine Vorstellung ist, die schon zuvor und, wie noch zu zeigen sein wird, auch weiterhin bis zum heutigen Tag vertreten wurde.

Die Zeitung ging bei der Beschreibung von Eichhorns Taten nicht ins Detail, sondern sprach nur allgemein von »fünf Lustmorde[n] scheußlichster Art«. Der Bericht betonte Eichhorns Weigerung, die Morde zu gestehen, und strich seine Bemühungen heraus, für unzurechnungsfähig erklärt zu werden. Dies wurde als »Lügengebäude« bezeichnet, das auf sehr schwachen Füßen stehe und dessen Errichtung dem Angeklagten nicht viel nützen werde. Die Aussage des leitenden Kriminalrats der mit den Ermittlungen befassten Sonderkommission wurde folgendermaßen wiedergegeben: »Das Bild von der Verlogenheit, Verschlagenheit und Gefühlskälte des hemmungslosen Unmenschen, das der Zeuge zeichnet, ist erschütternd.« Eichhorn wurde als eiskalt berechnender Verbrecher vorgeführt, der also im Vollbesitz seiner geistigen Kräfte sei und sich nun feige der Verantwortung für seine Verbrechen entziehen wolle. Eine Unschuldsvermutung wurde nicht geäußert. Die »MNN« berichteten über Eichhorn, als sei der Schuldspruch bereits ergangen, was ja zu diesem Zeitpunkt auch tatsächlich der Fall war.

Die »MNN« nannten Eichhorn einen »Wüstling« und bezeichneten die Morde als »Schandtaten«. Der erwähnte Kriminalrat beschrieb ihn vor Gericht sogar als »Scheusal von einem Menschen«. Diese Diffamierungen machten eine Frage nach Eichhorns Beweggründen und Motiven überflüssig. Sie erweckten den Eindruck, bei dem Täter handele es sich um einen durch und durch bösen Menschen, der im Umgang mit Frauen nur mittels Gewalt zu erregen gewesen sei. Herausgestrichen wurde in diesem Zusammenhang allein – nachdem Eichhorns angebliche Geistesverwirrung als unglaubhaft verworfen worden war – die Tatsache, dass er teilweise seine Opfer beraubt hatte. Auch wenn er jeweils nur wenig Geld oder persönliche Gegenstände, die von den Gutachtern als Fetische (also Gegenstände mit deren Hilfe der Täter zu einem späteren Zeitpunkt die sexuelle Erregung während der Tat wieder heraufbeschwören wollte) gedeutet wurden, an sich genommen hatte. Durch die Betonung dieser Handlungen musste der Eindruck erweckt werden, es handele sich bei Eichhorn um einen Berufsverbrecher im Sinne Heindls, also um jemanden, der zum Lebensunterhalt morde. Die Frage, wie und warum Eichhorn zum »Lustmörder« geworden sei, wurde nicht einmal gestellt, geschweige denn, dass darauf Antworten gesucht worden wären.

Der Artikel der »MNN« vom 1. Dezember 1939 vermeldete in seiner Überschrift gleich das Urteil gegen Eichhorn. Zweifel an der Zurechnungsfähigkeit des Delinquenten wurden nicht geäußert, vielmehr die Urteilsbegründung verkürzt aber fast wortgleich übernommen. Die wortgetreue Wiedergabe der Äußerungen in der Verhandlung scheint ein Charakteristikum der Berichterstattung über Mordprozesse im Nationalsozialismus zu sein, auch im Fall Seefeld zeigte sich das. Ängstlich darauf bedacht, das Regime nur nicht durch eine möglicherweise unerwünschte Wortwahl zu verärgern, reproduzierten die Zeitungsschreiber einfach lang und breit, was die Vertreter der Justiz äußerten. Damit gab man sich zum einen gegenüber dem Leser den Anschein, gewissenhaft und akkurat zu berichten, war aber zum anderen gegenüber den braunen Machthabern auf der politisch korrekten, sicheren Seite, weil auf diese Weise keine ungewollt kritische Interpretation ins Blatt kam.

Im Artikel vom 1. Dezember 1939 war von »vernichtende[n] Beweisen für die Schuld Eichhorns« die Rede, und es wurde betont, aus Eichhorns Äußerungen gehe einwandfrei hervor, dass »der richtige Täter für die Frauenmorde gefunden ist«. Des Weiteren war von den »völlig ausreichenden und unwiderleglichen Indizienbeweisen« gegen Eichhorn die Rede. Das sollte das Todesurteil legitimieren, erweckt aber in seiner starken Betonung der Täterschaft Eichhorns den Eindruck, dass die Öffentlichkeit vielleicht doch nicht ganz von dessen Schuld überzeugt gewesen ist.

Auch das Gutachten Voglers wurde angeführt. Der Artikel fasste es folgendermaßen zusammen: »Der medizinische Sachverständige bezeichnete Eichhorn als einen sehr stark triebhaften Menschen mit sadistischer Veranlagung und als schweren Psychopathen. Er hält ihn aber für durchaus zurechnungsfähig und für seine Taten voll verantwortlich.« Der Staatsanwalt schließlich verglich Eichhorn mit den berüchtigten Mördern Haarmann und Kürten und nannte ihn »eine Bestie in Menschengestalt«. Die Einreihung Eichhorns in diesen finsteren Täterkreis belegt, dass die grausamen Taten eines Haarmann und eines Kürten zum damaligen Zeitpunkt immer noch im öffentlichen Bewusstsein verankert waren und so der weiteren Stigmatisierung des Münchner Frauenmörders dienen konnten.

Die in der »Frankfurter Zeitung« abgedruckte DNB-Meldung vom 1. Dezember 1939 bemerkte gleich zu Beginn, dass Eichhorn wegen fünf Morden der Prozess gemacht wurde, er aber zudem noch »neunzig Überfälle auf Frauen und Mädchen verübt« habe. Die Taten hätten »seit Jahren München und Umgebung auf das schwerste beunruhigt«. Dies hob Eichhorns Gefährlichkeit noch einmal plastisch hervor.

Dass es der Kripo »trotz aller polizeilichen Nachforschungen« erst im Januar 1939 gelungen sei, den Täter zu verhaften, wurde mit Eichhorns angeblichem Doppelleben begründet. Er »lebte nämlich zusammen mit seiner Frau und zwei Kindern in dem Münchner Vorort Aubing und galt dort als anständiger Mensch«. Auch wenn bei der Presselenkung der Nazis offene Kritik an der Arbeit der Polizei oder Vorwürfe, wie sie in diesem Zusammenhang bei Fällen aus der Weimarer Republik geäußert worden waren, unmöglich gewesen wären, trat man mit dieser Form der Darstellung wohl dergleichen Vermutungen in der Öffentlichkeit entgegen.

Anschließend beschrieb der Artikel kurz die fünf Frauenmorde, ohne auf Einzelheiten einzugehen. Allerdings fand auch hier Eichhorns »hartnäckige[s] Leugnen« Erwähnung, jedoch nicht, um Zweifel an seiner Schuld zu nähren, sondern um ihn im Gegenteil als verkommen und feige zu charakterisieren. Eichhorns Behauptung, sein Zellengenosse habe ihm das Geständnis »vorerzählt«, wurde ebenfalls als unglaubhaft dargestellt. Vielmehr prangerte man ihn durch folgende Aussage scharf an: »Der Leiter der Sonderkommission erklärte, er habe schon mit den schwersten Verbrechern zu tun gehabt, auch mit dem Lustmörder Kürten, aber noch nie einen solchen gefühllosen und rohen Menschen gefunden wie Eichhorn.« Eichhorn sei also schlimmer als der grausame Kürten, der »Vampir«, der jedem noch als Schreckgestalt vor Augen stand.

Interessant ist ein Beleg für Eichhorns Schuld, der auch im Fall Seefeld angeführt wurde. »Seit Eichhorns Verhaftung hätten die Überfälle auf Frauen schlagartig aufgehört.« Ein solches Argument ist nicht leicht zu widerlegen und deutet außerdem an, dass Verbrechen mit der Ausschaltung der Täter ein für alle mal aufhören würden. Es klingt fast so, als sei Eichhorn der einzige Sexualverbrecher gewesen, der in München sein Unwesen getrieben habe. Als weiterer Beweis für die Täterschaft Eichhorns wurde beschrieben, dass er »bei der Tatortbesichtigung die Beamten selbst genau an die verschiedenen Stellen geführt und die Lage der Leichen angegeben« habe. Diese Tatortbegehungen scheinen ein beliebtes Beweismittel gewesen zu sein und spielen auch im Fall Lüdke eine wichtige Rolle, dazu später mehr. Wie aussagekräftig sie allerdings sind, sei dahingestellt, denn in vielen Fällen war der genaue Tatort der Kripo selbst nicht bekannt. Der DNB-Bericht ließ jedenfalls keine Zweifel an der Schuld Eichhorns aufkommen, vielmehr wurde der Angeklagte bereits als überführt dargestellt. Bei der zweiten in der »Frankfurter Zeitung« am 2. Dezember 1939 veröffentlichten DNB-Meldung handelte es sich denn

Das nationalsozialistische Deutschland ...

auch nur um einen kurzen Text, der lediglich die Vollstreckung des Todesurteils verkündete.

Die Eindeutigkeit, ja geradezu die Beschwörung der Täterschaft des Angeklagten ist denn auch der gewichtigste Unterschied zur Berichterstattung über Serienmörder im »Dritten Reich« im Vergleich mit der Weimarer Republik. Zudem war

Lustmörder leugnet jetzt
Die Verhandlung vor dem Sondergericht / Lügen und Widersprüche

[Zeitungsausschnitt »Münchner Neueste Nachrichten«]

»Münchner Neueste Nachrichten« v. 30.11.1939. Berichterstattung über den Prozess gegen Eichhorn.

sämtliche Kritik am Verhalten von Bevölkerung und Polizei aus den Artikeln verschwunden. Nach Motiven wurde nicht mehr gefragt, stattdessen wurden die Floskel »Lustmord« und diffamierende Bezeichnungen des Täters gedruckt. Auch überregional popularisierte man solche Fälle nun nicht mehr, weil dies wohl, gerade im Krieg, als nicht opportun angesehen wurde. Dagegen war die lokale Berichterstattung noch recht detailliert, auch wenn es dort mehr um den Ablauf der Verhandlung als um eine genaue Fallanalyse ging. Die exakt anmutende Wiedergabe des Gerichtsverfahrens in der Presse stützte sicher die Glaubwürdigkeit der nationalsozialistischen Rechtsprechung. Leider sind keine Kommentare zum Fall Eichhorn in der Presse veröffentlicht worden, so dass die Meinung der Öffentlichkeit im Dunkeln bleibt. Die Berichterstattung ermöglicht lediglich Rückschlüsse darauf, welches Bild vom Angeklagten vermittelt werden sollte, sagt aber nichts über den Erfolg dieser Bemühungen aus.

Eichhorns Doppelleben: »Harmloser Ehrenmann« und »perverser Sadist«

In der Meldung des DNB ist als ein Erklärungsversuch dafür, warum es so schwierig gewesen sei, Eichhorn das Handwerk zu legen, sein so genanntes Doppelleben angeführt worden. Auch die einzige Fachveröffentlichung über den Fall, eine medizinische Dissertation von Georg Ernst aus dem Jahr 1942, heißt im Untertitel »Ein weiterer Beitrag zur Kenntnis des Doppellebens schwerster Sittlichkeitsverbrecher«.

Unter Doppelleben wurde verstanden, dass der Frauenmörder Eichhorn eine Frau und zwei Kinder gehabt hat sowie einer regelmäßigen Arbeit nachgegangen ist. Auch war er nicht vorbestraft oder scheint sich irgendwie verdächtig verhalten zu haben. Eine solche Lebensführung allerdings als Doppelleben zu bezeichnen, meint, dass Eichhorn bewusst eine Fassade der Wohlanständigkeit errichtet habe, und verkennt, dass Serienmörder durchaus ein ansonsten normales Leben führen können – es sogar in aller Regel tun, andernfalls wäre es überhaupt nicht vorstellbar, wie sie so lange ihrem mörderischen Treiben nachgehen können, ohne überführt zu werden. In diesem Zusammenhang von Doppelleben zu sprechen, unterstellt eine Persönlichkeit nach dem Vorbild von Dr. Jekyll und Mr. Hyde, die klar in einen guten und einen bösen Charakter gespalten ist. Damit erhält eine solche Aussage eine unverkennbar moralische Wertung. Gerade im Nationalsozialismus als einer stark überwachten Gesellschaft musste jedoch eine solche Erklärung als durchaus verlockend gelten, machte sie doch begreiflich, warum der Täter trotz der im Anspruch totalen Kontrolle des Staates über seine Bürger erst so spät hatte gefasst werden können. Er habe sich eben absichtlich und geschickt zu tarnen gewusst. Dies implizierte aber andererseits, dass der Täter kein »geistig Minderwertiger« sein konnte, sondern dass er über eine gewisse Schlauheit verfügen musste, um die Polizei durch Tarnung in die Irre zu führen. Damit aber hatte man wiederum gleich eine Rechtfertigung bei der Hand, warum allein das Todesurteil die angemessene Strafe seiner Taten sein konnte.

Ernst nannte denn auch als Zweck seiner Dissertation »zu untersuchen, wie es Eichhorn möglich war, so lange ein verbrecherisches Doppelleben in der menschlichen Gesellschaft zu führen und daher trotz seiner zahlreichen scheußlichen Taten unentdeckt zu bleiben«. Anders formuliert, beschäftigte sich Ernst also auch im Nationalsozialismus mit der alten Frage, wie Serienmorde geschehen können, und warum die Täter oftmals unentdeckt bleiben. Im Unterschied zur Weimarer Republik jedoch, wo solche Fragen auch in der Tagespresse laut wurden, waren sie nun in den elitären Zirkel der Wissenschaftler verbannt.

Dabei verstrickte sich Ernst in Widersprüche. Sprach er noch in seiner Einleitung von einem »rauschartigen, das Bewusstsein trübenden Erregungszustand«, in dem sich der Täter bei der Verübung des Lustmordes befinde, unterstellte er Eichhorn nur wenige Seiten später ein »bis ins kleinste ausgearbeitetes System« bei der Begehung der Taten. Außerdem führte er das Konzept des Doppellebens selbst ad absurdum. So erwähnte er, dass Eichhorn bereits 1928 von einem Mädchen, dass er zu vergewaltigen versucht hatte, erkannt und angezeigt worden war. Der Vater des Mädchens zog die Anzeige jedoch nach einer Entschuldigung Eichhorns zurück. Eichhorn muss also schon seit 1928 als Sexualtäter aktenkundig gewesen sein. Dass er daraufhin nicht ins Visier der Ermittlungen in den zahlreichen Überfällen auf Frauen geriet, hätte die Presse noch in der Weimarer Republik auf das Schärfste angeprangert. Ernst enthielt sich jedoch jeder Schuldzuweisung an die Behörden, im Gegensatz dazu machte er dem Vater Vorwürfe, er hätte die Mordserie stoppen können, wenn er auf einer Verfolgung der Tat bestanden hätte. Zudem erwähnte Ernst, dass Eichhorn wiederholt auch seine Schwestern vergewaltigt habe. Von einer intakten Fassade des Biedermanns kann also keine Rede sein, zumal Eichhorn in Verhältnissen lebte, die zum damaligen Zeitpunkt unter den Begriff »asozial« fielen. Er wohnte unverheiratet mit einer Frau zusammen und hatte mit ihr zwei uneheliche Kinder.

Interessanterweise wurde jedoch auf das Milieu, in dem sich Eichhorn bewegte, nicht näher eingegangen. Alle sich anbietenden Verweise auf ein verwahrlostes Lebensumfeld oder gar »erbliche Belastung« ignorierte Ernst. Vielmehr rekurrierte er immer wieder auf Eichhorns Geschick, »ein raffiniert durchdachtes Doppelleben zu führen«. Auch das psychiatrische Gutachten von Vogler griff diese Vorstellung auf und sprach von »absichtlicher Tarnung«. Er verglich Eichhorn mit dem Marquis de Sade, der, »abgesehen von seinen sadistischen Neigungen und Verbrechen, ein in der französischen Gesellschaft sehr gebildeter und beliebter Kavalier« gewesen sei. Ernst sah dies als symptomatisch für alle Sittlichkeitsverbrecher an, was ihre Ergreifung stark erschwere. Er folgerte daraus: »Es ist daher unbedingt notwendig und erforderlich, dass das kleinste Vergehen in sittlicher Hinsicht strengstens geahndet wird.« Dies ist im zeitlichen Zusammenhang mit der Strafverschärfung bei Sittlichkeitsverbrechern zu sehen, die ab 1941 die Todesstrafe bei derartigen Delikten vorsah.

Ernsts Argumentation verfolgte darüber hinaus die Absicht, Eichhorn und andere Sittlichkeitsverbrecher als voll zurechnungsfähig darzustellen, denn wer zu dermaßen geschickter Täuschung fähig sei, könne nicht geisteskrank sein. So schenkte er denn auch Eichhorns Aussagen über seinen Geisteszustand bei der Tatbegehung keinen Glauben, sondern unterstellte ihm schlicht Simulantentum, um der Todesstrafe zu entgehen und stattdessen in eine Heilanstalt eingewiesen zu werden. Ohne dies näher zu belegen, erkannte Ernst in Eichhorns schriftlichen Aussagen »die unverkennbare Absicht, sich als Triebmenschen und Geisteskranken hinzustellen«. Eine Aussage, in der auf einen verwirrten Geisteszustand hingewiesen wird, wurde also als Beleg für geistige Gesundheit genommen. Eine solche Lesart machte es nun vollends unmöglich, den § 51 zuzubilligen, auch wenn dies schon in den 1920er Jahren sehr schwierig gewesen war. Der Skeptizismus der Mediziner scheint sich aber in diesem Bereich noch gesteigert zu haben. Übrigens ist es auffallend, dass eine Einweisung in eine psychiatrische Anstalt noch 1942 als milde Strafe angesehen wurde, obwohl doch zu diesem Zeitpunkt bereits die Euthanasie-Aktion T4 bekannt geworden war.

173

Die Rolle der Kriminalbiologie:
Die Selbstverständlichkeit biologistischer Deutungsmuster

Die medizinischen Sachverständigen hielten sich mit in der Weimarer Republik so beliebten biologistischen Erklärungsversuchen auffallend zurück; das hatte sich auch im Fall Seefeld gezeigt, wo derartiges nur ganz am Anfang unternommen und dann sofort wieder aufgegeben wurde. Dies stand zum einen damit in Zusammenhang, dass es der Propaganda mehr darauf ankam, Serienmörder als absolute Ausnahmeerscheinungen darzustellen – und eben nicht als einen Typus, der einem bestimmten Milieu bzw. Erbgut entwachsen war. Denn das hätte auf eine mögliche Wiederkehr derartiger Täter hingedeutet und damit Grund zur Beunruhigung gegeben. Eine weitere Erklärung mag sein, dass es für diese Argumentation nun eigene Institutionen gab und Maßnahmen wie die Unfruchtbarmachung von Straftätern längst in Gesetzen verankert waren, so dass dafür nicht mehr agitiert werden musste. Sie wurden selbstverständlich angewandt. So verfasste der stellvertretende Leiter der Kriminalbiologischen Sammelstelle München am 12. Juni 1939 über Eichhorn ein kriminalbiologisches Gutachten. Als Betreff ist zu diesem Zeitpunkt immer noch »Strafverfahren wegen Notzucht, Sicherungsverwahrung und Entmannung« eingetragen.

Eichhorns Sexualverhalten wurde als »sadistische Entartung« gewertet. Als Erklärung musste dafür folgende Unterstellung herhalten: »Es ist nicht anzunehmen, daß ein junger Bursche von durchschnittlicher körperlicher und geistiger Beschaffenheit nicht genügend Partnerinnen finden kann, die sich freiwillig mit ihm einlassen. Auch E. standen sicher solche Frauenspersonen ausreichend zur Verfügung.« Ein tieferer Einblick in Eichhorns psychische Verfassung unterblieb.

Dann ordnete das Gutachten Eichhorn dem Tätertyp des

»gefährlichen, gewohnheitsmäßigen Sittlichkeitsverbrechers«
zu. Weiter hieß es lapidar: »Die Art seiner geschlechtlichen
Befriedigung ist mit seiner psychischen Konstitution, die ihm
angeboren ist, in Zusammenhang zu bringen.« Eine psychiatrische Diagnose wurde so vermieden. Dass Eichhorn sein
kriminelles Verhalten im Blut liege, machte ihn zu einem »geborenen Verbrecher« und alle Fragen nach seinen Tatmotiven
oder Beweggründen überflüssig. Um Eichhorns »abgearteter
geschlechtlichen Triebhaftigkeit« beizukommen, reiche eine
Freiheitsstrafe nicht aus, sondern dies erfordere den »Eingriff
der Entmannung ..., um die Triebhaftigkeit [...] wenigstens
abzuschwächen«. Ob an die Strafhaft anschließend noch
Sicherungsverwahrung anzuhängen sei, sollte erst im Laufe
des Strafvollzugs entschieden werden. Als wichtiger wurde
aber die Unfruchtbarmachung angesehen, durch die Eichhorns »soziale Störung [...] erwartungsgemäß beseitigt« werden würde. Derartige Erwägungen waren allerdings obsolet:
Die Anlage des Prozesses zeigt, dass es den Strafverfolgungsbehörden vielmehr darauf ankam, Eichhorn schnell und endgültig zu eliminieren.

„Nachts, wenn der Teufel kam«: Bruno Lüdke

Der Fall Bruno Lüdke ist anders gelagert als die bisher vorge-
stellten Mordserien, da die zeitgenössische Rezeption fast
komplett fehlt. Veröffentlichungen über Lüdke wurden auf
Weisung von höchsten Stellen bis zum Ende des »Dritten
Reichs« zurückgehalten. Erst nach 1945 und dann verstärkt in
den 1950er Jahren gelangte der Fall an die Öffentlichkeit. Das
hat zu zwei ganz verschiedenen Deutungsmustern geführt. Bis

in die 1990er Jahre nahm man weithin an, Lüdke habe mindestens 53 Morde begangen, dies sei jedoch von den Nationalsozialisten vertuscht worden, da Nachrichten über einen solchen Täter aus ideologischen Gründen als unerwünscht galten. In diesem Sinne gerierte sich eine Artikelserie der »Münchner Illustrierten« von 1956/57 unter dem Titel »Nachts, wenn der Teufel kam« als Aufklärung über die Machenschaften der Nazis und präsentierte Lüdke als einen der schlimmsten Serienmörder der deutschen Geschichte. Auf Basis dieser Veröffentlichung entstand dann 1957 Robert Siodmaks preisgekrönter Film gleichen Namens mit Mario Adorf in der Rolle des Lüdke. All das verfestigte in der Öffentlichkeit das Bild von Lüdke als »Deutschlands größtem Massenmörder«.

Obwohl bereits zur Zeit der Filmpremiere Beteiligte an den damaligen Ermittlungen darauf hingewiesen hatten, dass Lüdkes Täterschaft äußerst fraglich sei,[22] brachte erst J. A. Blaauws bisher leider nur auf niederländisch veröffentlichtes Buch über Lüdke dieses Bild ins Wanken. Nach Durchsicht der Ermittlungsakten kam der Autor, ein pensionierter Kriminalkommissar, zu dem Schluss, Lüdke habe in Wahrheit niemanden umgebracht, sondern er sei planmäßig als Serienmörder konstruiert worden, um endlich einen Ermittlungserfolg bei zahlreichen ungeklärten Frauenmorden vorweisen und gleichzeitig zeitgenössische kriminalistische Theorien verifizieren zu können.[23] Heute gilt die Unschuld Lüdkes allgemein als unstrittig.

Der »doofe Bruno«

Bruno Lüdke wurde am 3. April 1908 als viertes von sechs Kindern der Wäschereibesitzer Otto und Emma Lüdke in Köpenick bei Berlin geboren. Nur zwei seiner Schwestern erreichten das Erwachsenenalter. Mit anderthalb Jahren soll

Lüdke einen Unfall gehabt haben, bei dem er so heftig auf den Hinterkopf fiel, dass er danach längere Zeit in einem »starrkrampfähnlichen Zustand« gelegen habe. Deswegen sei er geistig zurückgeblieben, meinten seine Angehörigen. Lüdke wurde 1919 von der Volks- auf die Hilfsschule umgeschult, da er mehrfach das Klassenziel nicht erreicht hatte. Auch auf der Hilfsschule brachte er nur unterdurchschnittliche Leistungen. In seinem Wohnviertel war er als der »doofe Bruno« bekannt. Nach Verlassen der Schule 1922 beschäftigten ihn seine Eltern in ihrer Wäscherei mit der Wartung des Pferdefuhrwerks. 1937 verstarb der Vater. 1938 und 1939 beging Lüdke verschiedene kleinere Straftaten wie Holzdiebstahl und erhielt dafür eine Bewährungsstrafe von drei Monaten. Weitere Straftaten Lüdkes, für die er jedoch aufgrund § 51,1 wegen Geistesschwäche nicht verurteilt wurde, waren 1940 der Diebstahl einer Ente (»schwerer Diebstahl«), eines Huhns (»Diebstahl«) und von Blumen vom Friedhof sowie 1941 der Diebstahl von Presskohle und Kleintieren während der Verdunkelung.

Seit 1939 arbeitete Lüdke nicht mehr in der elterlichen Wäscherei, sondern bei verschiedenen Firmen. 1939/40 war

Der »doofe« Bruno Lüdke.

DAS NATIONALSOZIALISTISCHE DEUTSCHLAND ...

er als Kutscher, 1941/42 bei einer Bäckerei als Mehlabträger beschäftigt. Immer wieder gab es jedoch Beschwerden über undiszipliniertes Verhalten, Faulheit und Fernbleiben vom Arbeitsplatz. 1941 entging Lüdke wegen dieser Vorwürfe nur knapp einer Unterbringung im Arbeitslager. 1942/43 beschäftigte ihn seine Mutter daher wieder zu Hause, um weitere Schwierigkeiten zu vermeiden. Nach ihrem Tod im Februar 1943 fing Lüdke als Mitfahrer einer Wäscherei-Genossenschaft in Köpenick an. Am 18. März 1943 wurde er wegen des Mordes an Frieda Rösner verhaftet.

Nationalsozialistische »Erbgesundheitspflege«, exerziert an Lüdke

1939 geriet Lüdke in die Mühlen der nationalsozialistischen Rassenlehre. Er war der Tierquälerei angezeigt worden, da er die Wäschereipferde zu oft geschlagen habe. Am 23. Januar 1939 erstellte Dr. Tietze, Oberarzt der Nervenabteilung des Staatskrankenhauses der Polizei, ein Gutachten, das klären sollte, ob Lüdke zum Führen eines Pferdefuhrwerks in der Lage sei. Darin heißt es: »Es handelt sich bei L. um einen von Geburt an Schwachsinnigen. Er ist zwar über Zeit, Ort und Person orientiert, kann aber weder rechnen noch richtig schreiben und bringt auch die einfachsten geistigen Leistungen nicht zustande.« Einen Tag später wurde ein zweites amtsärztliches Gutachten abgefasst, in dem festgestellt werden sollte, ob Lüdke »erbkrank« im Sinne des »Gesetzes über die Verhütung erbkranken Nachwuchses« sei. Darunter fielen folgende Krankheiten: »1. Angeborener Schwachsinn, 2. Schizophrenie, 3. Zirkuläres (manisch-depressives) Irresein, 4. Erbliche Fallsucht, 5. Erblicher Veitstanz (Huntingtonsche Chorea), 6. Erbliche Blindheit, 7. Erbliche Taubheit, 8. Schwere erbliche

DAS NATIONALSOZIALISTISCHE DEUTSCHLAND ...

körperliche Mißbildung«. Ferner konnte unfruchtbar gemacht werden, wer an schwerem Alkoholismus litt. Zur Einschätzung des Probanden wurde in einem Fragebogen aber auch nach anderen »Abnormitäten erblicher oder nichterblicher Natur« gefragt: »Giftsüchtigkeit, Selbstmorde, Selbstmordversuche, auffallende Charaktere, verbrecherische oder asoziale Veranlagungen, Psychopathien, andere Geisteskrankheiten, Stoffwechselstörungen usw.«

Der Amtsarzt beurteilte das körperliche Erscheinungsbild zwar als gut und kräftig, die Diagnose über Lüdkes Geisteszustand lautete aber: »Angeborener Schwachsinn«. Begründet wurde dies mit »Hilfsschulbedürftigkeit, Ausfall der Intelligenz-Untersuchung, mangelnde[r] Lebensbewährung«.

Da Ärzte bei dieser Diagnose zur Anzeige des Betreffenden verpflichtet waren, stellte am 12. Juni 1939 der Amtsarzt und Leiter des Gesundheitsamtes Köpenick den Antrag an das Erbgesundheitsgericht Berlin-Charlottenburg, Lüdke unfruchtbar zu machen. Am 16. August 1939 kam es dort zur Verhandlung. Lüdkes Mutter war im Prozess seine vom Gericht bestellte Pflegerin, da er sich selbst nicht verteidigen oder für sich sprechen konnte, und gab in der Verhandlung an, dass ihr »über eine Erbbelastung in der Sippe nichts bekannt geworden sei«. Die Schwester Lüdkes, Frau Selchow, sagte aus: »Es falle ihm lediglich die Ausdrucksweise schwer, wenn er sich fremden Leuten gegenüber sehe.« »Sie glaube nicht, daß der Betroffene geistig minderwertig sei.« Die Mutter bestritt ferner, dass ihr Sohn Umgang mit Frauen habe. Das Gericht hielt Lüdkes Sturz im Kindesalter jedoch nicht für ausreichend, eine Intelligenzminderung ausgelöst zu haben. Am 21. August 1939 erging der Beschluss, Lüdke aufgrund angeborenen Schwachsinns unfruchtbar zu machen.

Zunächst schien es jedoch so, als hätte Lüdke noch einmal Glück gehabt. Wegen geringfügiger Gesetzesänderungen vom

31. August und 13. September 1939 wurde das Urteil aufgehoben. Am 30. Oktober beantragte der Amtsarzt des Gesundheitsamtes Köpenick jedoch die Wiederaufnahme des Verfahrens, da eine Fortpflanzung bei Lüdke »nicht unwahrscheinlich ist«. Daraufhin schrieb Lüdkes Mutter, ihr Sohn habe keinen Verkehr mit Frauen und auch noch nie gehabt.

Die erneute Verhandlung fand am 8. Dezember 1939 statt. Die Familie erklärte sich nun mit der Unfruchtbarmachung einverstanden, befürchtete aber, dass Lüdke davon arbeitsunfähig werden und der Familie zur Last fallen könne. Lüdke selbst gab an, nie »eine Braut« gehabt zu haben und dies auch nicht zu beabsichtigen. Die Schwester bestritt, dass »er nach Mädchen sieht ...«.

Im Urteil vom 14. Dezember 1939 wurde erneut verfügt, Lüdke zu kastrieren, da eine »besonders große Fortpflanzungsgefahr« bestehe. Diese sah das Gericht gegeben, auch wenn es glaubte, dass Lüdke bisher »ohne Berührung mit Frauen geblieben ist«. Das müsse jedoch nicht so bleiben, sein Schwachsinn sei zu ausgeprägt, als dass er gesunde Kinder haben könne. Lüdke wurde am 29. Mai 1940 kastriert.

53 Morde: Die offizielle Version der Geschehnisse

Warum Lüdke in Verdacht geriet, Frieda Rösner ermordet zu haben, lässt sich aufgrund des vorhandenen Materials nicht klären. In der betreffenden Akte weist bis zum Tag seiner Festnahme keine der 96 von der Polizei gesammelten Spuren auf Lüdke hin. Verdächtig erschienen zunächst Fremdarbeiter aus einem AEG-Sammellager in der Nähe des Tatorts. Anfang Februar wurden zwei russische Zwangsarbeiter verhaftet, sie erwiesen sich jedoch als unschuldig. Am 17. März 1943 wurde dann der als Exhibitionist bekannte Arbeiter Franz Schanza verhört, aber auch ihm war nichts nachzuweisen.

In einer »Zusammenfassung der im Präsidium der Volkspolizei Berlin vorliegenden Unterlagen über die Straftaten des Massenmörders Bruno Lüdke«, datiert vom 15. August 1964, heißt es, Lüdke sei des Mordes an Rösner verdächtigt worden, da er als schwachsinnig bekannt gewesen sei, Frauen mit unsittlichen Redensarten belästigt haben soll und in der Nähe des Opfers wohnte. Rösner hatte angeblich seine Mutter gekannt. Ferner soll an Lüdkes Kleidung nach seiner Verhaftung Hühnerblut festgestellt worden sein, und in der Nähe des Tatorts fand sich tatsächlich ein totes Huhn. Zudem war Lüdke ja als Hühnerdieb gerichtsnotorisch.

Bei seiner Vernehmung durch die Berliner Kripo sagte Lüdke aus, er könne sich an den Mord nicht erinnern, wolle aber zu der Stelle gebracht werden, wo er geschehen sei. Lüdke zeigte der Polizei angeblich den Tatort und gab zu, die Rösner dort getroffen zu haben. Er habe versucht, sie zum Geschlechtsverkehr zu zwingen. Sie habe ihn jedoch erkannt und gedroht, seiner Mutter Bescheid zu geben. Daraufhin will Lüdke die Frau erdrosselt und mehrmals missbraucht haben. Er gab obendrein an, die Hände seines Opfers mit Ästen bedeckt zu haben, was der Auffindsituation der Leiche entsprach.

Als die Köpenicker Kriminalinspektion von Lüdkes Verhaftung erfuhr, reagierten die Beamten ungläubig. Bruno sei ein harmloser Irrer, der keiner Fliege etwas zu Leide tun könne und selbst vor kleinen Kindern Reißaus nehme. Und der Beschuldigte verwickelte sich auch prompt in Widersprüche. So gab er an, die verschwundene Handtasche Rösners bei sich zu Hause im Pferdestall versteckt zu haben, wo die Polizei sie jedoch nicht fand.

»Völkischer Beobachter« v. 21.03.1943.
Die Presse meldet Lüdke des Mordes an Frieda Rösner für überführt.

Die Kripo scheint Lüdke misshandelt zu haben, um Geständnisse von ihm zu erhalten. Blaauw erwähnt eine Aussage
von Lüdkes Schwester Hertha. Als Lüdke zur Durchsuchung
seines Elternhauses mitgenommen wurde, habe er ein zuge-
schwollenes Auge und eine geplatzte Lippe gehabt. Auf die
Frage seiner Schwester, was denn passiert sei, habe er geantwortet:»Die haben mir ja so gehaun! Und wenn ich nicht sage,
daß ich die Rösner ermordet habe, schießen sie mir dot!«

Nun folgte Geständnis auf Geständnis. Im Abstand von
wenigen Tagen gab Lüdke bis Mitte Mai 1943 über 20 Morde
an Frauen in und um Berlin zu. Das älteste seiner Opfer war
die 81-jährige Wilhelmine Borch, die in ihrer Neuköllner
Wohnung am 30. Mai 1938 erdrosselt worden war. Am jüngsten
war mit 23 Jahren Käte Mundt, die am 2. April 1941 ebenfalls
erdrosselt wurde. Lüdke soll seine Opfer aber auch erstochen
und erschlagen haben. Ein Muster ist in seinen Taten nicht
feststellbar, es kristallisiert sich weder ein einheitlicher Modus

Operandi heraus, noch wird ein bevorzugter Opfertyp erkennbar. Die Berliner Kripo hatte die ungeklärten Frauenmorde
auch nie einem einzigen Täter zugeschrieben, geschweige
denn einen Serienmörder gesucht.

Noch ein Verbrechen des Frauenmörders Bruno Lüdtke / Doppelmord an einem Grünauer Gastwirts-Ehepaar aufgeklärt

---

Nach: »Berliner Morgenpost« v. 24.03.1943.
Die Zeitungen deuten eine Mordserie Lüdkes an.

Nachdem sie nun einen Großteil der ungeklärten Frauenmorde in Berlin abgearbeitet hatte, dehnte die Sonderkommission Lüdke ihre Untersuchung auf das gesamte Reichsgebiet aus. Das RKPA richtete reichsweit Anfragen an die
zuständigen Kripostellen. So schrieb der ermittelnde Kriminalkommissar Franz beispielsweise am 21. Juli 1943 an die
Kripoleitstelle München: »Infolge der Fülle des hier zu bear-
beitenden Materials ist auf Anordnung des Reichskriminal-
polizeiamtes dazu übergegangen worden, eine systematische
Überprüfung noch nicht geklärter Frauenmorde, die ohne
Verwendung von Schußwaffen ausgeführt worden sind, vorzu-
nehmen.«
Durch die Meldungen des RKPA waren aber auch die einzelnen Reichskriminalpolizeileitstellen über die Vorgänge in
Berlin unterrichtet und wandten sich mit Anfragen an Franz.
Es sind zahlreiche Schreiben dieser Art von Kripoleitstellen
aus dem Jahr 1943 erhalten, beispielsweise aus Koblenz, den
Mord an einer »Sittendirne« 1942 betreffend, aus Brünn zu

DAS NATIONALSOZIALISTISCHE DEUTSCHLAND …

einem Frauenmord vom gleichen Jahr, aus Flensburg zu zwei Morden aus dem Jahr 1929. In einem Schreiben nach Hamburg vom 20. Mai 1943 teilte Franz mit, dass ohne Akten und Bildmaterial keine Überprüfung der Täterschaft Lüdkes für Hamburger Frauenmorde durchgeführt werden könne, da Lüdke »etwas schwachsinnig« sei und »kein Zeitgedächtnis« habe. Daher könne er »auch nicht angeben, wann er sich außerhalb Berlins aufgehalten hat«. Er bitte um die Übersendung der nötigen Unterlagen. Die Kripoleitstellen außerhalb Berlins schickten daraufhin zahlreiche Akten mit Fotos von Opfern und Tatorten nach Berlin ans RKPA. Diese scheint man Lüdke vorgelegt zu haben, denn er fragte Kommissar Franz in einer Vernehmung im April 1943, ob noch viele Akten da seien. Franz antwortete, es seien nicht mehr so viele.

Lüdke gestand nun also auch Morde in anderen Regionen, z. B. an der Prostituierten Rosina Groß 1938 in München. Groß war erwürgt worden, und um den Mord als Selbstmord zu tarnen, hatte der Täter ihr eine Kabelschnur um den Hals gelegt. An diesem Tatort gab es übrigens, wie auch an einigen anderen, Fingerabdrücke. Als Lüdke sich des Mordes bezichtigte, wurden seine Fingerabdrücke daher von München angefordert. Sie sind jedoch wahrscheinlich nie übersandt worden, da die Berliner Sonderkommission alle Ermittlungen im Fall Lüdke an sich riss.

Andere Tatorte Lüdkes sollen Leipzig, Bitterfeld, Meißen, Erlangen, Hamburg und Dessau gewesen sein. Die Kripo reiste mit ihrem Täter zum jeweiligen Tatort, den Lüdke finden musste, und an dem er dann meist auch gleich ein Geständnis ablegte. Dabei gab er angeblich so genaue Einzelheiten des Tatorts und der Tat an, »dass kein Zweifel an seiner Täterschaft bestehen kann«. In einem standardisierten Blindschreiben für Aktenvermerke der Sonderkommission vom 27. April 1944, das an die zuständigen Kripostellen bzw. -leitstellen verschickt

werden sollte, fand sich die gleiche Formulierung:»Als Täter
für den Mord an ... kommt der Arbeiter Bruno Lüdke [...] in
Frage. Die von L. über die Ausführung der Mordtat gegebenen
Einzelheiten sind derart genau, dass an der Täterschaft des L.
keine Zweifel bestehen. U. a. hat er die Mordkommission von
sich aus an den Tatort geführt, dort die damaligen Verhältnisse
des Tatorts und auch die Ausführung des Mordes genauestens
beschrieben.« Die Berliner Kripo musste also nur noch den
jeweiligen Fall einsetzen.

Waren die ersten Exkursionen noch von Fall zu Fall erfolgt,
trat die Sonderkommission vom 30. Juni bis 17. Juli 1943
gezielt eine Reise nach Stettin und Hinterpommern an, um
Lüdke dort in ungeklärten Morden zu überführen. Wie erwartet, führte er die Polizei an die Tatorte von fünf weiteren Bluttaten. Vom 18. August bis zum 11. September 1943 ging es
nach Süddeutschland. Dort gestand Lüdke 14 Frauenmorde
und einen Mordversuch. Anfang Oktober 1943 erfolgte dann
eine Fahrt nach Norddeutschland, unter anderem nach Hamburg und Kiel. Auch dort gab Lüdke jeweils mehrere Mordtaten zu.

Die Ausflüge endeten am 18. Oktober 1943. Insgesamt wur-
den Lüdke 53 Morde zugeschrieben, das waren zwei Drittel
der damals im Deutschen Reich ungeklärten Frauenmorde.
Seine erste Tat wollte er am 20. September 1924 – kaum im
Alter von 16 Jahren – an Klara Ulbrich begangen haben. Den
Fall Ulbrich hatte die Berliner Presse seinerzeit aufgrund der
Tatumstände umfangreich behandelt. Die Frau war erwürgt
worden, ihr fünfjähriger Sohn hatte zwei Tage unter Schock
neben der Leiche ausgeharrt. Lüdkes letzter Mord sei der an
Frieda Rösner am 29. Januar 1943 gewesen.

In einem Aktenvermerk von Franz vom 17. Oktober 1943
hieß es nun:»Während man früher mit Lüdke stundenlang
verhandeln konnte [...], versagt er jetzt schon nach einer vier-

tel- oder halben Stunde. Er behauptet dann, er sei völlig durcheinander und könne sich auf Einzelheiten nicht mehr besinnen. Versucht man trotzdem, weiter in ihn zu dringen, dann gibt er oft Antworten, die nicht zur Sache gehören […]. Man hat das Gefühl, dass Lüdke sich auf eine neue Taktik eingestellt hat, deren Ursprung hier noch nicht klar zu erkennen ist.« Er »befand sich im Zustand eines Nervenzusammenbruchs« aufgrund der seit März täglich durchgeführten Verhöre und sei nicht vernehmungsfähig. In einem Vermerk von Franz vom 30. November 1943 heißt es, Lüdke rede wirr. »Weitere Vernehmungen mit ihm dürften nach Lage der Sache keinen Erfolg versprechen.«

Daher wurde Lüdke auf Anordnung des Amtschefs, SS-Gruppenführer Arthur Nebe, am 11. Dezember von Berlin in die Kriminalpolizeistelle Wien überführt. Angeblich geschah dies aus Sicherheitsgründen, da Lüdke bei einem Bombenangriff hätte ausbrechen und weitere Morde begehen können. Der vermeintliche Serienmörder sollte in Wien von Prof. Philipp Schneider, Leiter des Kriminalmedizinischen Zentralinstituts der Sicherheitspolizei in Wien, kriminalbiologisch untersucht werden. Schneider galt als Protegé Himmlers und überzeugter Nationalsozialist, war bereits 1931 einer Wiener NS-Betriebszellenorganisation beigetreten und gehörte seit Sommer 1934 auch einer SS-Standarte an. Das Institut war erst im September 1943 auf Anordnung Hermann Görings gegründet worden. Es unterstand dem RKPA. Seine Aufgabe war es, »die kriminalmedizinische Forschung unter Heranziehung aller Hilfsmittel der Polizei auf eine breitere Grundlage zu stellen«. Dazu sollten Straftäter untersucht werden, mit dem Ziel, einen eigenständigen, anthropologischen Verbrechertyp nachzuweisen. Zu diesem Zweck nahm man ab Dezember 1943 »anthropologische, biologische und psychiatrische Untersuchungen« an Lüdke vor.

Eine »Übersicht über den bisherigen Stand der Angelegenheit Bruno Lüdke in Wien« vom 13. Januar 1944, die für Kriminaldirektor Togotzes in Berlin bestimmt war, nennt unter anderem:

»14.12.: Schallplattenaufnahmen mit Lüdke [...], Vorführung des Lüdke-Films und der Schallplatten vor Gruppenführer Nebe, Prof. Schneider, Dr. Heeß, Dr. Ritter und den leitenden Herren der Kripo-Leitstelle Wien.« und erwähnt Fotoaufnahmen »zu biologischen Zwecken«, für den 11. Januar 1944 »Durchführung einer Lumbal- und Occipitalpunktion (betr. Rückenmark u. Gehirn)« sowie eine Alkoholprobe. Ergebnisse werden jedoch nicht genannt. Des Weiteren wurde eine Büste von Lüdke angefertigt, die man zunächst im Institut in Wien aufbewahrte. Auch die Berliner Charité äußerte Interesse an einem Abguss. Übrigens wurden schon in Berlin auch Lüdkes Hände für die Handsammlung der Charité abgeformt. Profilierte NS-Wissenschaftler waren an der Untersuchung beteiligt. Dr. Robert Ritter war seit 1939 Leiter der »Rassenhygienischen und Kriminalbiologischen Forschungsstelle beim Reichsgesundheitsamt«, in dieser Funktion mit »Rassendiagnosen« betraut, und beschäftigte sich besonders mit »Zigeunerforschungen«. Seit 1941 stand er auch dem »Kriminalbiologischen Institut« des RKPA in Berlin vor und widmete sich der Früherkennung und Unschädlichmachung von »Artverbrechern« und »Dauerversagern«. Dr. Walter Heeß war der Chef des »Kriminaltechnischen Instituts der Sicherheitspolizei«.

Am 13. Januar 1944 schrieb Kriminalsekretär Manke aus Wien an Kriminaldirektor Togotzes, »... daß es im Interesse auch dieser Herren ist, die Sache Lüdke so bald wie möglich zum Abschluß zu bringen. Trotzdem dürfte nach den Angaben des Prof. Schneider vor Februar mit dem endgültigen Schluß nicht zu rechnen sein.« Ein Telegramm von Kommissar Franz

DAS NATIONALSOZIALISTISCHE DEUTSCHLAND ...

an Togotzes vom 1. März 1944 besagte:»Medizinische Untersuchungen mit L. in etwa 8 Tagen abgeschlossen. [...] Prof. Sch. lehnt Liqui. ab. [...] Erwarte hier durch FS [Fernschreiben] weiter Weisungen.« Das Antworttelegramm Togotzes an Franz nach Wien vom 3. März 1944 verfügte:»Weiterer Aufenthalt dort nicht mehr erforderlich. Ohne L. zurückkehren. RKPA regelt weiteres.«

Am 26. April 1944 stellte das Standesamt Wien-Alsengrund eine Sterbeurkunde für Bruno Lüdke mit der Nummer 1300/44 aus. Danach sei Lüdke am 8. April 1944 um 14.00 Uhr verstorben. Vater und Mutter werden als »unbekannt« bezeichnet. Unter der Unterschrift und dem Stempel ist in Maschinenschrift vermerkt:»Kleinschwielige Herzfleischenartung, Erweiterung der rechten Herzkammer, Herzlähmung.« Es scheint sich um die angegebene Todesursache zu handeln.

»Dass an der Täterschaft des L. keine Zweifel bestehen«: Die Ermittlungen

Dies ist die offizielle Lesart der Mordsache Bruno Lüdke. Um sie jedoch kritisch bewerten zu können, muss zunächst die Ermittlungsarbeit der Polizei genauer untersucht werden. Dazu ist auf einige der Lüdke zugeschriebenen Mordfälle näher einzugehen.

Zunächst wirft schon die Verhaftung Lüdkes Fragen auf. Kommissar Franz schilderte die Gründe in einem nachträglich verfassten Bericht:»Im Verlauf einer kurzen informatorischen Vernehmung gewann ich den Eindruck von ihm, daß er von der Sache Rösner unbedingt etwas wissen müsse. Infolge hinreichender Verdachtsgründe wurde Lüdke für festgenommen erklärt ...« Worauf der Eindruck beruhte, und um welche hinreichenden Verdachtsgründe es sich handelte, teilte Franz jedoch nicht mit. Vernehmungsprotokolle zum Fall Rösner sind erst seit dem 22. März 1943 erhalten, vier Tage nach Lüdkes Verhaftung, nachdem er bereits mehrere Morde gestanden hatte. Eine Aktennotiz von Franz vom 18. März 1943 besagt, dass er die allgemein üblichen Vernehmungsmethoden in diesem Fall für unergiebig und unangebracht hielt. »Ich hatte das Gefühl, daß Lüdke durch die Anwesenheit mehrerer Personen gehemmt war [...]. Man mußte erst versuchen, einen gewissen persönlichen Kontakt zu ihm herzustellen; eine Art Vertrauensverhältnis mußte geschaffen werden ...«

Ein solches Verhältnis scheint sich auch tatsächlich zwischen Franz und Lüdke entwickelt zu haben. Neben den offiziell protokollierten Vernehmungen, bei denen außer Franz noch ein weiterer Beamter zugegen war, fanden wohl auch andere Gespräche statt. So belegt das Wachbuch des Polizeigefängnisses, dass Lüdke teilweise erst spät von Vernehmungen zurückgebracht wurde. Über nächtliche Verhöre gibt es jedoch keine Unterlagen. Wahrscheinlich hat Franz in diesen Zeiten allein mit Lüdke gesprochen. Daraufhin schlossen sich Lüdkes Erinnerungslücken. Konnte er beispielsweise auf bestimmte Fragen keine Antwort geben, gab er an, sich an Einzelheiten nicht zu erinnern, es sich aber über Nacht überlegen zu wollen. Am nächsten Tag konnte Lüdke dann die richtigen Antworten geben. Teilweise wurden die Vernehmungen auch unterbrochen. Das liest sich dann im Fall Rolland so:

»F: Hat Sie da in der Friedelstraße auch mal ein Mädel angesprochen?

L: Das kann ich nicht mehr wissen.

F: Haben Sie denn öfter Mädel angesprochen?

L: Nur die erste Zeit, dann nicht mehr.

Vermerk: An dieser Stelle wurde eine Pause von einer Stunde eingelegt, um dem Beschuldigten Gelegenheit zu geben, sich zu sammeln.

F: Wie ist das nun mit dem Mädel?
L: Erst hat sie mich angequatscht und denn ich ihr.
F: Was hat das Mädel gesagt?
L: Das Mädel hat gefragt, ob wir Geschlechtsverkehr ausüben wollen.
F: Was haben Sie gesagt?
L: Ja.«

Es drängt sich der Verdacht auf, dass Franz Lüdke in den Vernehmungspausen und nächtlichen Befragungen mit den richtigen Antworten fütterte. Möglicherweise teilte er Lüdke die in den Ermittlungsakten enthaltenen Fakten mit, legte ihm vielleicht auch Tatort- und Opferfotos vor. So präpariert war es dann natürlich leicht, von Lüdke den Tatsachen entsprechende Geständnisse zu erhalten.

Die Aussagen Lüdkes liefen nach dem immer gleichen Muster ab. Franz fragte ihn zunächst, ob er schon einmal in einer bestimmten Stadt oder an diesem oder jenem Ort gewesen sei. Lüdke verneinte dies zunächst, sprach dann aber doch von noch einer Sache, die er gemacht habe, und nannte einen ungefähren Ort und eine sehr vage Zeit. Die Polizei suchte daraufhin eine Akte zu einem ungeklärten Frauenmord, der zu den Angaben Lüdkes passte. Auf Basis dieser Akte erfolgte dann eine erneute Befragung, auch am jeweiligen Tatort. Dass Lüdke die Polizei an den genauen Tatort geführt habe, wurde als Täterwissen gewertet und galt als unzweifelhafter Beleg seiner Schuld. Allerdings waren die Ergebnisse wohl nicht so eindeutig, wie Franz in seinen Berichten glauben machen wollte. Schon im Fall Rösner hatte Lüdke die Polizei beim ersten Versuch an eine völlig falsche Stelle geführt und den Tatort erst beim zweiten Versuch gefunden. Auch später konnte er von sich aus die Polizei nie an einen Tatort führen, er wurde immer in deren unmittelbare Nähe gebracht, begab sich aber meist in die verkehrte Richtung. Erst nachdem ihm »Erinnerungshilfen« zuteil geworden waren, bezeichnete er den exakten Platz. Diese Tatortbegehungen wurden auch im Bild festgehalten. Die Fotos sollten Lüdkes gute Ortskenntnis untermauern, meist sieht man den angeblichen Massenmörder aber nur an einer Stelle stehen und in den Wald weisen. Auch in Berlin konnte sich Lüdke kaum zurechtfinden. Er verwechselte beständig Straßen oder wusste deren Namen gar nicht, sondern konnte nur Gebäude als Orientierungspunkte angeben.

Oft wird in den Protokollen deutlich, dass Lüdke nicht ahnte, um was es eigentlich ging, sich aber bemühte, »seinem« Kommissar Franz behilflich zu sein. Wenn er nicht weiter wusste, bat er um Bedenkzeit oder änderte seine Geschichte, bis sie den Ermittlungsergebnissen entsprach. Dabei dirigierte ihn Franz in die gewünschte Richtung. Ein Beispiel für diese Verhörtaktik ist eine Vernehmung vom 13. April 1943, in der es um den Mord an der Zigarrenhändlerin Gutermann von 1942 ging, die in ihrem Schlafzimmer mit einem Beil erschlagen worden war.

»F: Sie haben mich vorhin doch wieder beschwindelt, Bruno, wenn Sie behaupten, Sie hätten der Frau nichts getan. Überlegen Sie mal, wenn die Frau noch am Leben geblieben wäre, dann hätte sie Ihnen bestimmt nicht die Wohnung gezeigt, oder Sie hätten keine Gelegenheit gehabt, sich in der Wohnung umzutun. Haben Sie der Frau nun was getan oder nicht?

L: Ja, ick habe ihr was getan.

F: Wie haben Sie ihr was getan?

L: Da hab ick een Messer gegriffen.

F: Kann das nicht was anderes gewesen sein?

L: Was anderes kann das nicht gewesen sein.

Vorhaltung: Überlegen Sie mal!

L: Ken Beil war nich da, das hatte so 'n kurzen Stiel.

F: Hat sich das alles in der Küche abgespielt?

191

L: Das war alles in der Küche.
F: Stimmt denn das, Sie haben vorhin gesagt, dass Sie die Frau
woanders totgeschlagen hätten!
L: Det wird in die Stube sind gewesen, in die Schlafstube.« Darüber, wie Lüdke mit seinen Opfern in Kontakt gekommen sei, gab er meist an, er habe die Frauen vom Wäscheliefern gekannt und bei ihnen geklingelt und um Kaffee und ein Stück Brot gebeten. Dies ließ sich jedoch in mehreren Fällen widerlegen. Im Fall Borch ermittelte die Kripo, dass die Frau ihre Wäsche in Neukölln, wo sie wohnte, und nicht in Köpenick hatte waschen lassen, obwohl Lüdke steif und fest behauptete, sie sei Kundin der elterlichen Wäscherei gewesen.

Wenn er in die Wohnungen eingelassen worden sei, habe er die Frauen gefragt, ob sie mit ihm Geschlechtsverkehr haben wollten. Dann habe er sie getötet. In einem Verhör vom 13. April 1943 liest sich das so: »… denn habe ick gesagt, denn können wir ja 'n bißchen so machen. Und denn haben wir uns bede umgelegt, denn habe ick so mit ihr gemacht (zeigt Würgegriff am Hals), denn habe ick mit ihr Geschlechtsverkehr ausgeübt.« Auffällig ist hier auch die Sprache. In allen Aufzeichnungen berlinert Lüdke heftig, und statt von »Geschlechtsverkehr« zu sprechen, verwendete er in den frühen Protokollen den Ausdruck »ficken«. Diese drastische Ausdrucksweise verschwindet jedoch aus den späteren Mitschriften. Dort ist dann von »geschlechtlichem Gebrauch« die Rede, ein Begriff, der so gar nicht in Lüdkes Wortschatz passt. Dies erweckt den Eindruck, dass die Protokolle vor der endgültigen Niederschrift manipuliert worden sind.

Trotz der suggestiven Befragungstaktik und der mutmaßlichen Vorbereitung Lüdkes auf die Verhöre weisen die Mordgeständnisse zahlreiche Ungereimtheiten auf. Fraglich ist beispielsweise, wie Lüdke überhaupt die weit auseinander liegenden Tatorte erreicht haben soll. Die Sonderkommission

Das nationalsozialistische Deutschland …

ermittelte, dass Lüdke entweder per Anhalter gefahren sei oder die Bahn benutzt habe. Lüdke behauptete, er habe außerhalb Berlins Lastwagenfahrer gebeten, ihn mitzunehmen. Aber obwohl während der gesamten Kriegszeit ständig Straßenkontrollen stattfanden, hatte ihn niemand jemals als unerlaubten Mitfahrer erwischt. Auch dass Lüdke mit der Bahn fuhr, ist unwahrscheinlich, zumal sich in einer Vernehmung herausstellte, dass er nicht einmal wusste, wie man eine Fahrkarte kaufte. Erst nach einer »Denkpause« konnte er der Kripo schildern, wie er Billets erworben haben wollte. Seine Verwandten hatten außerdem nie eine längere Abwesenheit Lüdkes aus Berlin bemerkt. Nachweislich hatte er die Stadt nur einmal in seinem Leben verlassen, bei einer Urlaubsreise als Kind. Zudem hat Blaauw sich die Mühe gemacht, die Bahnverbindungen zur Zeit der Morde zu überprüfen und kommt zu dem Schluss, es sei Lüdke aufgrund des Fahrplans und später auch der Kriegsschäden unmöglich gewesen, auf diesem Weg in der angegebenen Zeit an die Tatorte zu gelangen und nach Berlin zurückzukehren.

Hier einige weitere Beispiele für die unzulänglichen Ermittlungen: Am 21. Februar 1932 war die 33-jährige Mathilde Rolland erwürgt in ihrem Zimmer in der Friedelstraße aufgefunden worden. Einen Lustmord schloss die Polizei damals aus, da sie keine Vergewaltigungsspuren fand. Als Hauptverdächtiger erschien ein unbekannter Mann (ca. 27 Jahre, schlank, mittelblond, knochiges Gesicht, sprach Hochdeutsch), der die Rolland am Abend des Mordes hatte besuchen wollen. Er konnte jedoch nie ermittelt werden.

Lüdke gab in seinem Geständnis an, Rolland, die angeblich ein rotes Kleid angehabt hatte, mit einem Taschentuch geknebelt, komplett entkleidet, mehrfach vergewaltigt und mit einem Strick erwürgt zu haben. Das Opfer hatte aber ein schwarzes Kleid getragen, war mit einem Klaviertastenschoner geknebelt und mit einem Gürtel erdrosselt worden. Zudem war ihre Kleidung zwar in Unordnung, sie war jedoch nicht nackt, und es fanden sich auch keine Spermaspuren. Im Zimmer der Rolland konnte 1932 zudem ein Fingerabdruck gesichert werden, doch ein Vergleich mit Lüdkes unterblieb. Dass bei Lüdkes Morden nur sehr selten daktyloskopische Spuren gefunden wurden, erklärte Franz übrigens damit, dass Lüdke ihm gegenüber geäußert habe, meist Handschuhe getragen zu haben, da er wisse, dass anhand von Abdrücken eine Identifizierung vorgenommen werden könne. Dies soll ein Täter ausgesagt haben, der bei seinen Holzdiebstählen ein Pferdefuhrwerk benutzt hatte, auf dem gut lesbar »Wäscherei Lüdke« stand.

Sehr suspekt erscheint auch der Fall Hosang. Am 10. April 1943, also bereits nach Lüdkes Verhaftung, war im Staatsforst Genthin die Leiche einer unbekannten Frau gefunden worden. Sie konnte schließlich als die 39-jährige Luise Hosang identifiziert werden, die seit Januar 1943 vermisst wurde. Zuerst waren Tochter und Schwiegersohn in Verdacht geraten, da sie die Leiche bereits am 18. Januar gefunden und ihre Sachen an sich genommen hatten, jedoch nicht die Polizei benachrichtigten. Zudem hatte der Schwiegersohn kurz vor ihrem Verschwinden einen Streit mit der Toten gehabt. Doch all diese schweren Verdachtsmomente wurden nach Lüdkes Geständnis nicht mehr berücksichtigt.

Auch der Fall des ermordeten Gastwirtsehepaares Umann weist Ungereimtheiten auf. Die beiden Opfer waren erstochen und mit zwei Birkenknüppeln erschlagen worden. Es handelte sich um Raubmord, gestohlen wurden Spirituosen, Zigaretten, Wertsachen, Kleidungsstücke und eine Pistole. Die Berliner Polizei ging von zwei Tätern aus. In Lüdkes Geständnis wird nicht geklärt, warum er zwei Knüppel mit zum Tatort gebracht haben wollte und was mit dem Messer und dem Diebesgut

Das nationalsozialistische Deutschland …

geschah. Zudem behauptete er, Frau Umann vergewaltigt zu haben, doch dafür gab es am Tatort keine Beweise.

Schließlich muss noch der Raubmord an Mathilde Schlörke aus Hamburg erwähnt werden, die am 27. Mai 1929 in Altona getötet wurde. Auch diese Tat gestand Lüdke. 1952 erschien nun bei der Hamburger Kripo der Handelsvertreter Rudolf K. und gab an, endlich sein Gewissen erleichtern zu wollen: Er habe die Schlörke umgebracht. Bei Recherchen kam aber heraus, dass der Mord als aufgeklärt galt. Die Polizei hatte erhebliche Schwierigkeiten, die Originalakten zu beschaffen, da sie bei der Berliner Kripo verblieben waren und damals als verschollen galten, konnte die Ermittlungsunterlagen jedoch rekonstruieren. K.s Angaben stellten sich als präzise heraus, er war 1929 sogar unter Verdacht geraten. So wurde K. schließlich verurteilt und Lüdke nachträglich entlastet.[24]

Festzuhalten ist, dass es in fast allen Lüdke zur Last gelegten Fällen andere Verdächtige gab, die jedoch nicht hatten überführt werden können. Seine Geständnisse scheinen manipuliert, die Befragung suggerierte die gewünschten Antworten. Widersprüche zwischen Geständnis und Ermittlungsergebnissen versuchte Franz zwar in nachträglich angefertigten Berichten zu verschleiern, doch auch dies kann über die zahlreichen Ungereimtheiten nicht hinwegtäuschen. Zudem erfolgten die Ermittlungen unter Zeitdruck. Lüdke saß nur ein Dreivierteljahr in Polizeihaft. Indizien, die Lüdke belasteten, wurden nie gefunden, und wenn es einmal Spuren gab, wurden sie nicht in die Ermittlungen einbezogen. Aber auch Lüdkes Alibis berücksichtigte die Kripo nicht. Natürlich war das selbst von Franz attestierte mangelhafte Zeit- und Ortsgedächtnis Lüdkes für die Polizei ein willkommener Umstand. Lüdke war aufgrund seiner geringen geistigen Fähigkeiten nicht in der Lage, quer durch Deutschland zu reisen – er konnte ja nicht lesen und verfügte selbst in Berlin nur über

DAS NATIONALSOZIALISTISCHE DEUTSCHLAND ...

mangelnde Ortskenntnis –, und erst recht nicht, zum Teil clever geplante Mordtaten auszuführen, ohne dabei Spuren zu hinterlassen. Seit 1940 war er entmannt, so dass ab diesem Zeitpunkt Sittlichkeitsdelikte als äußerst unwahrscheinlich anzusehen sind, und auch vorher hatte er laut Aussagen seiner Verwandten kein Interesse an Frauen oder Sexualität.

Das Phänomen des Geständniszwangs

Warum aber gestand Bruno Lüdke all die ihm zur Last gelegten Taten? Da ist zunächst sein Geisteszustand zu beachten. Er war geistig behindert, konnte weder lesen noch schreiben, geschweige denn, sich vor Gericht vertreten. Daher war seine Mutter bereits im Erbgesundheitsverfahren zu seiner Pflegerin bestellt worden. Einen Anwalt erhielt Lüdke während der Morduntersuchung jedoch nicht. Er war der Polizei und den Befragungstaktiken von Kommissar Franz ausgeliefert, ohne wohl wirklich verstanden zu haben, was er da eigentlich zugab. Zudem lebte Lüdke im Vertrauen darauf, dass ihm ja schon früher der § 51 zugebilligt worden war, er also für seine Taten als nicht verantwortlich galt. Natürlich sind die körperlichen Misshandlungen anzuführen, die jedoch nur für den Beginn der Ermittlungen belegt sind. Danach scheinen solche Praktiken aufgrund des »Vertrauensverhältnisses« zwischen Lüdke und Franz nicht mehr nötig gewesen zu sein. Lüdke wurde in' Polizeihaft zudem mit allem versorgt, um ihn bei Laune zu halten. Oft lobte er das gute Essen, bekam Zigarren und stand im Mittelpunkt des Interesses. Auch die Fahrten zu den Tatorten scheint er genossen zu haben, da er Berlin bisher ja nur einmal verlassen hatte.

In kriminalistischen Veröffentlichungen erscheint Lüdke als der Prototyp des so genannten Konfessors. Dass Menschen

Morde gestehen, die sie nicht begangen haben – sei es, um sich wichtig zu machen, sei es, weil sie wirklich glauben, der Täter zu sein, oder aus anderen, nur dem Konfessor bekannten Gründen –, war auch schon in den 1940er Jahren bekannt. Im Fall Kürten hatte es fast 200 falsche Selbstbezichtigungen gegeben, die Mordserie galt nach dem Geständnis des geistig behinderten Stausberg sogar schon als aufgeklärt. Auf diesen Fall wird übrigens im Zusammenhang mit Lüdkes Geständnissen regelmäßig verwiesen. Kürten selbst gestand auch drei Mordfälle, die er nicht begangen haben konnte. Dieses Phänomen wird im folgenden Band im Fall Rudolf Pleil wieder auftauchen.

Lüdke scheint mit dem Fortgang der Ermittlungen immer unbesonnener alles zugegeben zu haben, was Franz ihm vorlegte. Er gestand insgesamt 84 Morde, doch aus Gründen, auf die noch einzugehen sein wird, bezweifelte ab Oktober 1943 auch die Polizei seine Offenbarungen. In einer seiner letzten Vernehmungen, in der es um einen Fall aus Braunschweig ging, sagte Lüdke am 17. Oktober 1943:

»F: Bruno, ich habe die Überzeugung, dass Sie das hier nicht gewesen sind.

L: Jawohl, ick bin det gewesen.

F: Sie haben doch sonst so genaue Angaben über die von Ihnen ausgeführten Morde gemacht, warum geht denn das jetzt nicht?

L: Weil ick schon alles habe gemacht, und det ist so viel die ganzen Sachen, und dadurch kommt det, dass ick mir det so zusammensuche, und dadurch verwechsle ick det mit was anderet.«

Lüdke schien es inzwischen egal zu sein, ob noch ein Mord mehr seinem Konto gutgeschrieben wurde. Zudem gestand er auch Taten, bei denen nicht einmal klar war, ob es sich überhaupt um einen Mord handelte. So wurde im November 1942 in Kolbatz nahe einer alten Friedhofsmauer ein Skelett entdeckt. Obwohl die Überreste nie identifiziert werden konnten,

Das nationalsozialistische Deutschland ...

bekannte sich Lüdke auch zu dieser Tat. Er konnte nicht einmal einen exakten Zeitpunkt für den Mord angeben, sondern behauptete einfach, ihn zwischen 1929 und 1931 begangen zu haben. Und schon galt der Täter auch in diesem »Fall« als überführt.

Es ist jedoch nicht nur die Frage, warum Lüdke all diese Taten gestand. Viel schwerer wiegt der Umstand, dass Kommissar Franz ihm seine lückenhaften und widersprüchlichen Geständnisse einfach abnahm. Heinrich Franz selbst wird in der Literatur als übereifrig und unerfahren beschrieben. Er war zum Zeitpunkt der Ermittlungen 32 Jahre alt und erst seit sieben Jahren bei der Kripo. Anscheinend verlor er nach Ende der Untersuchung seine UK-Stellung (= unabkömmlich für den Dienst an der Front), wurde einberufen und fiel gegen Ende des Kriegs. Zudem entstand die Sonderkommission Lüdke aus einer Reserve-Mordkommission, da alle vier ständigen Berliner Mordkommissionen zum Zeitpunkt des Rösner-Mordes anderweitig im Einsatz waren. Vielleicht wollte sich der ehrgeizige, junge Kommissar mit der Aufdeckung der Mordserie also nur profilieren. Doch dies beantwortet nicht, warum bei seinen Vorgesetzten zunächst keine Zweifel aufkamen. Wahrscheinlich gelang es Franz, sie mit seinen Berichten zunächst über die wahren Vorgänge innerhalb der Sonderkommission zu täuschen. Eine andere Möglichkeit ist, dass die Konstruktion Lüdkes zum Serienmörder ganz bewusst betrieben wurde, denn Lüdke schien die nazistischen Vorurteile über Kriminelle geradezu ideal zu bestätigen und war unfähig, sich gegen seine Vereinnahmung zu wehren.

Hinter den Kulissen

An den Ermittlungen im Fall Lüdke zeigten schnell höchste NS-Stellen Interesse. In einem Schreiben von Franz an den Generalstaatsanwalt beim Landgericht Berlin vom 29. April 1943 heißt es:»Auf Anordnung des Reichsführers SS als Chef der Deutschen Polizei sind die Ermittlungen gegen L. intensiv weiterzuführen, da er im Verdacht steht, noch weitere als bisher von ihm zugegebene Morde [zu diesem Zeitpunkt 17] begangen zu haben.« Heinrich Himmler war also bereits im April 1943 über Lüdke informiert und wünschte, auch weiterhin auf dem Laufenden gehalten zu werden. Dies belegt folgendes Fernschreiben der Kripoleitstelle Berlin an die Sonderkommission Lüdke, z. Zt. in Kiel, vom 4. Oktober 1943, das anordnete:»In Sachen Lüdke soll umgehend ein Bericht an Reichsführer SS gefertigt werden. Stichtag 4.10.43. Sämtliche Morde …, die bis zu diesem Tag geklärt sind, sollen mit Lichtbildern gemeldet werden.« Gab Himmler vielleicht die Anweisung, Lüdke in immer mehr ungeklärten Mordfällen als Täter hinzustellen?

Der Chef der deutschen Polizei, Organisator der»Endlösung der Judenfrage«, hatte erwiesenermaßen Pläne für die Darstellung des Serienmörders in der Öffentlichkeit. Ein Aktenvermerk vom 18. Juni 1943 besagt:»Oberregierungsrat Lobbes, RSHA [Reichssicherheitshauptamt], Amt V, teilt mit: Der Reichsführer wünsche keine Einzelveröffentlichungen über Straftaten des Massenmörders Lüdke. Erst später werde entschieden, in welcher Form eine Veröffentlichung über den Gesamtkomplex zu erfolgen hat.« Vorgesehen war unter anderem ein Artikel über Lüdke in der Fachzeitschrift »Kriminalistik«. Der Kriminalschriftsteller Franz von Schmidt, ein Freund Togotzes, hatte ebenfalls Zugang zu Lüdke erhalten.

DAS NATIONALSOZIALISTISCHE DEUTSCHLAND …

Wahrscheinlich war zu diesem Zeitpunkt ein Schauprozess mit Lüdke geplant. Verschiedene Staatsanwaltschaften wurden gewahr, dass man einen Täter gefasst hatte, der auch für noch ungeklärte Mordtaten ihres Zuständigkeitsbereichs in Frage kam. Sie wurden gebeten, ihre Akten zu übersenden, da auf Anordnung des Reichsministers der Justiz, Otto Thierack, die Aburteilung in einem Sammelverfahren für alle von ihm begangenen Straftaten durch ein Sondergericht bei der Staatsanwaltschaft Berlin erfolgen werde. Ein Schreiben der Staatsanwaltschaft Berlin an Franz vom 15. Mai 1943 verlangte, umgehend die bisherigen Ermittlungsergebnisse zu Lüdke zusammenzustellen: »Bericht bis 20.7. höheren Orts gefordert.« Der Justizminister wusste folglich von Lüdke. Thierack galt als fanatischer Nationalsozialist und war vor seiner Berufung zum Minister Präsident des Volksgerichtshofs, so dass vermutet werden kann, dass er dort einen Prozess gegen den »Massenmörder« plante.

Auch Propagandaminister Goebbels hatte von Lüdke erfahren. Er schrieb an Himmler: »Als Gauleiter und Reichsverteidigungskommissar der Reichshauptstadt Berlin ist es mein Recht und meine Pflicht zu verlangen, daß der bestialische Massenmörder und Frauenschlächter Bruno Lüdke keines normalen Henkertodes stirbt. Er soll seine scheußlichen Verbrechen wenigstens mit einem martervollen Tode sühnen. Ich schlage vor, ihn bei lebendigem Leibe zu verbrennen oder vierteilen zu lassen.«

Spätestens im Oktober 1943 wurde jedoch klar, dass es niemals zu einem Prozess kommen durfte, wenn nicht die Glaubwürdigkeit der gesamten Kriminalpolizei und der ihr übergeordneten Stellen in Mitleidenschaft gezogen werden sollte. Bei Vernehmungen in Hamburg Ende September bis Anfang Oktober hatten dortige Kripobeamte Franz wiederholt auf Lücken und Unstimmigkeiten in Lüdkes Geständnissen zu

Hamburger Morden aufmerksam gemacht. Franz verweigerte den Hamburger Kollegen jedoch den Zugang zu »seinem« Mörder. Daher ließ sich der Kriminalbeamte Gustav Faulhaber als Häftling verkleidet in Lüdkes Zelle sperren, und durch die Ergebnisse der Unterhaltung kam er zu dem Schluss, Lüdke sei unschuldig. Da sie bei Franz jedoch auf taube Ohren stießen, wandten sich die Hamburger Beamten schließlich am 4. Oktober 1943 mit einem dezidierten Bericht über ihre Zweifel an die Kripoleitstelle Berlin. Daraufhin wurde die Sonderkommission Lüdke nach Berlin zurückbeordert und das Reisen eingestellt. Weitere Mordgeständnisse galten plötzlich als unglaubwürdig, immer noch eingehende Anfragen bezüglich der Täterschaft Lüdkes in ungeklärten Mordfällen wurden abschlägig beschieden, Lüdkes Äußerungen erschienen nun als »wirr«. In diesem Zusammenhang sind auch Franz' Aussagen über Lüdkes Befragungen Anfang November zu sehen. Die Angst machte sich breit, Lüdke könne in einem Gerichtsverfahren seine Geständnisse widerrufen oder einem Anwalt würde auffallen, auf welch tönernen Füßen die Anklage stehe.

Auch im RKPA hatten ranghohe Beamte die Ermittlungen der Berliner Kripo schon seit einiger Zeit mit Argwohn betrachtet. Bernd Wehner, damals Mitarbeiter der »Reichszentrale zur Bekämpfung der Kapitalverbrechen« beim RKPA, schreibt in seinen 1983 erschienenen Erinnerungen: »Aber nicht nur meine Beamten und ich, sondern auch viele andere Kripoleute zweifelten am Wahrheitsgehalt der Aussagen Luedkes, standen ihnen zumindest skeptisch gegenüber.«[25] Auch Hans Lobbes, Wehners Vorgesetzter, brachte gegenüber Arthur Nebe seine Zweifel zum Ausdruck. Nebe versicherte allerdings: »Togotzes verbürgt sich dafür, daß Franz nur die korrektesten Methoden anwendet und insbesondere jegliche Suggestivvorhalte vermeidet.« Übrigens hätte eigentlich die

Das nationalsozialistische Deutschland ...

Reichszentrale die Ermittlungen gegen Lüdke übernehmen müssen, nachdem er sich als vermeintlicher Serienmörder herausgestellt hatte. Aber aufgrund des guten Verhältnisses zwischen Lüdke und Franz sagte Nebe dem Chef der Berliner Kripo zu, dass sich das RKPA vorerst nicht einmischen werde. Wollte Franz den Fall – und wohl auch seine UK-Stellung – also nicht verlieren, musste er Lüdke immer neue Geständnisse entlocken. Aufgrund ihrer geäußerten Zweifel wurde es Wehner und Lobbes dann aber doch im Sommer 1943 gestattet, an den Ermittlungen im Fall Hosang teilzunehmen. Sie scheinen danach, wegen Lüdkes guter Ortskenntnis bei der Tatortbegehung, überzeugt gewesen zu sein, dass bei den Ermittlungen alles mit rechten Dingen zugehe. Wenn Franz allerdings über die Teilnahme der beiden ranghöheren Beamten informiert gewesen ist, dürfte es ihm ein Leichtes gewesen sein, Lüdke gerade für diesen Ausflug besonders gut zu präparieren, denn bei offenkundigen Unstimmigkeiten wäre er seinen Fall schnell losgewesen.

Die Hamburger Erkenntnisse scheinen also zwiespältig aufgenommen worden zu sein. Wenn Lüdke unschuldig war, hätte sich die Berliner Kripo blamiert. Doch auch wenn er schuldig war, musste ein Verfahren gegen Lüdke vermieden werden, da ein guter Verteidiger viele unangenehme Fragen hätte aufwerfen können. Noch schlimmer, Lüdke hätte seine Geständnisse widerrufen können. Bei einem öffentlichen Erscheinen Lüdkes wäre zudem seine geistige Behinderung klar zu Tage getreten. Bisher war diese in der Presse verschwiegen worden. Einfach freilassen konnte man Lüdke nicht, weitere Vernehmungen aber wären sinnlos gewesen. Also sorgten Nebe und das RKPA dafür, dass Lüdke klammheimlich nach Wien abgeschoben wurde. Nebe hatte sich Ende 1943 und Anfang 1944 doch noch in die Ermittlungen einschalten müssen, da die Berliner Staatsanwaltschaft langsam ungeduldig wurde und wissen wollte, wann ein Prozess gegen Lüdke beginnen könne. Aus dem Dezember 1943 liegen Anfragen der Staatsanwaltschaft dazu vor, wann die Ermittlungen abgeschlossen seien und Anklage erhoben werden könne. Auch ausgeliehene Akten wurden zurückgefordert. Die Sonderkommission Lüdke antwortete erst im Januar 1944, dass ein Ende der Ermittlungen nicht absehbar sei, ohne jedoch mitzuteilen, dass sich Lüdke bereits in Wien befand. Das Justizministerium wandte sich ebenfalls in dieser Angelegenheit an Nebe. Auch auswärtige Staatsanwaltschaften fragten seit Herbst 1943 nach dem Stand der Ermittlungen. Erst im April 1944, nach Lüdkes Tod, wurden sie mit einem standardisierten Sammelschreiben davon unterrichtet, dass Lüdke zweifelsfrei im besagten Fall der Täter, aber leider verstorben sei.

Da Lüdke in Wien kriminalbiologischen Versuchen unterzogen wurde, scheint seine Schuld immer noch als erwiesen angesehen worden zu sein. Allerdings wird vom Leiter des Zentralinstituts, Prof. Schneider, behauptet, er sei aufgrund seiner Untersuchungen zu dem Schluss gekommen, dass Lüdke dem Typus des »geborenen Verbrechers« nicht entspreche. Daher weigerte er sich wohl zunächst auch, bei Lüdkes Liquidierung mitzuhelfen.

Lüdke selbst scheint im Februar 1944 wohl bewusst geworden zu sein, was ihm bevorstand. Er weigerte sich wiederholt, Getränke zu sich zu nehmen, da er befürchtete, vergiftet zu werden. Einem der untersuchenden Ärzte gegenüber sagte er am 21. Februar 1944: »Ich kriege den Kopf ab.« Die zitierten Telegramme verschleiern kaum, dass eine Tötung Lüdkes zu diesem Zeitpunkt bereits als die einfachste Lösung angesehen wurde, da dies sowohl einen Prozess als auch eine Freilassung Lüdkes – beides nicht gewollt – abwenden konnte. Egal ob schuldig oder nicht, das RKPA konnte nun nicht mehr zurück. Lüdke musste verschwinden.

DAS NATIONALSOZIALISTISCHE DEUTSCHLAND ...

Ein mysteriöses Ende

Wie Lüdke genau zu Tode gekommen ist, konnte bisher nicht ermittelt werden. Angeblich gibt es in Wien keine Akten mehr über den Fall. Die häufig erwähnte Zyankali-Injektion lässt sich also nicht beweisen, entspräche aber dem Vorgehen beim »wilden« Euthanasieprogramm nach 1941. Sicher ist, dass die Berliner Kripo und das RKPA in Lüdkes Ermordung verstrickt waren. Wer sonst noch alles davon wusste, und ob, wie teilweise unterstellt, Himmler selbst den Befehl zur Tötung Lüdkes gegeben hat, muss dahingestellt bleiben.

Es ist jedenfalls auszuschließen, dass Lüdke eines natürlichen Todes starb. Dies belegt ein »Aktenvermerk (über Besprechung der Todesursache und Umgang mit Angehörigen)« von Kommissar Franz vom 24. April 1944: »Hauptgegenstand der Unterredung war die Erörterung der Frage, auf welche Art und Weise der Tod des Lüdke in den Personenstandsregistern des Standesamts Wien erscheinen sollte. […] Von hier aus wurde vorgeschlagen, das Ableben des L. in der üblichen Form beim Standesamt in Wien registrieren zu lassen, zumal die Todesursache eines Verstorbenen im Allgemeinen sowieso nicht in den amtlichen Standesamtsregistern in Erscheinung trete.« Eine Abschrift der Sterbeurkunde – die erst nach dieser Unterredung, also über zwei Wochen nach Lüdkes Tod ausgestellt wurde – sollte den Angehörigen Lüdkes zugeleitet werden. Seine Schwestern, Frau Beyer und Frau Selchow, sollten vorgeladen und ihnen sollte erklärt werden, ihr Bruder sei an einer ansteckenden Krankheit plötzlich in Wien verstorben. Aus hygienischen Gründen sei eine sofortige Verbrennung des Leichnams erforderlich gewesen. Bei einer eventuellen Forderung der Angehörigen, die Urne zur Bestattung herauszugeben, sollte diesen mitgeteilt werden, dass die Herausgabe der Urne unstatthaft sei, da ihr Bruder einen unehrenhaften Lebenswandel geführt habe und ihm die letzten bürgerlichen Ehren verweigert werden müssten. Den Angehörigen sei in geeigneter Form klarzumachen, dass ihnen das Ableben ihres Bruders auf diese Art nur genehm sein könne, denn bei einer öffentlichen Gerichtsverhandlung wären sie bestimmt unnötig ins Gerede gekommen, und damit wäre ihr Ansehen noch weit mehr, als bisher schon geschehen, geschädigt worden.

An dieser Unterredung nahmen neben Franz Kriminalrat Krause vom RKPA und Kriminaldirektor Togotzes teil. Wäre Lüdke eines natürlichen Todes gestorben, hätten sich die Beteiligten weder auf eine Todesursache einigen noch die Angehörigen unter Druck setzen müssen, keine weiteren Fragen zu stellen. Verdacht erregt auch eine Gesprächsnotiz von Franz zu einer Unterredung, die bereits am 18. April 1944 im RKPA stattgefunden und an der auch Bernd Wehner teilgenommen hatte. Dort wurde beschlossen, im Zuge der Beendigung der Ermittlungen die einzelnen Staatsanwaltschaften und Kriminalpolizeistellen zwar davon in Kenntnis zu setzen, dass Lüdke gestorben sei, keinesfalls sollte aber den Staatsanwaltschaften und Kriminalpolizeistellen die Todesursache mitgeteilt werden.

Trotz dieser Vorsichtsmaßnahmen schöpften Lüdkes Schwestern Verdacht. Das geht aus einem Bericht von Franz vom 26. April 1944 über eine Unterredung mit ihnen hervor. Nach Bekanntgabe der Todesnachricht durch Franz entgegnete »Frau Selchow [...], dass man nach ihrer Ansicht ihren Bruder, der nach ihrer Meinung immer noch völlig unschuldig sei, auf eine stille Art und Weise aus der Welt geschafft habe«. Franz lieferte dann die am 24. April abgesprochene Version und wies auf die unangenehmen Folgen eines Prozesses für die Angehörigen hin. Auf ausdrückliches Befragen gab er an, ihr Bruder sei wahrscheinlich an Flecktyphus gestorben. »Die Schwestern des Bruno L. entgegneten darauf, dass sie eine Verhandlung der Mordsachen vor dem öffentlichen Gericht gewünscht hätten, denn bei diesen Verhandlungen hätte sich bestimmt die Unschuld ihres Bruders herausgestellt. Beide Frauen äußerten, dass sie es eigenartig fänden, nicht zu den Vernehmungen ihres Bruders hinzugezogen worden zu sein. […] Ich wies darauf hin, dass die Hinzuziehung von Familienangehörigen bei den kriminalpolizeilichen Vernehmungen von Beschuldigten nicht nur nicht üblich, sondern im Rahmen der allgemeinen Dienstvorschriften sogar verboten sei. In Anbetracht der Außergewöhnlichkeit des Falles L. hätte die Mordkommission alles daran gesetzt, so objektiv als möglich zu arbeiten.« Der Vermerk endet mit der lapidaren Äußerung: »Da die sachliche Auseinandersetzung mit den Schwestern infolge der subjektiven Haltung der beiden Frauen nicht möglich war, wurde die Unterredung beendet.«

Franz teilte die Bedenken der Schwestern umgehend seinem Vorgesetzten mit. Ein Aktenvermerk über eine telefonische Rücksprache mit dem RKPA vom 26. April 1944, gezeichnet Togotzes und Franz, besagt: »Es wurde Kriminalrat Krause vom RKPA mitgeteilt, dass die Angehörigen des L. nicht von seiner Täterschaft zu vielen Mordsachen überzeugt wären und hier geäußert hätten, dass L. vorsätzlich beseitigt worden wäre.«

Dies schien das RKPA zu beunruhigen. Die »Reichszentrale zur Bekämpfung von Kapitalverbrechen« fragte am 5. Mai 1944 bei Togotzes an, ob die Angehörigen Lüdkes wieder von sich hätten hören lassen. »Ich darf Sie bitten, uns in einem solchen Falle sofort zu unterrichten.« Es ist zu vermuten, dass bei weiterer Kritik der Schwestern Maßnahmen gegen sie getroffen worden wären. Lüdkes Schwestern haben nach Kriegsende versucht, ihren Bruder rehabilitieren zu lassen. So klagten sie gegen den Film »Nachts, wenn der Teufel kam«, da er ihren Bruder diffamiere. Das Landgericht Hamburg gab jedoch der Filmgesellschaft Recht.

Das nationalsozialistische Deutschland ...

Vertuschung

Nachdem klar war, dass es keinen Prozess gegen Lüdke geben würde, und Lüdke liquidiert worden war, versuchte man, alle Spuren des »Massenmörders« zu beseitigen. Ein Vermerk vom 19. April 1944 besagte: »Von Kriminalrat Krause [RKPA] wurde mitgeteilt, daß sich der Herr Reichsminister der Justiz die Vernehmungsakten zur Mordsache Lüdke ausgebeten habe; aus diesem Grund müßten die Akten abgeschlossen und bereinigt werden.« »Bereinigt« hieß angeblich, die Ausschreibung verdächtiger Personen zu löschen sowie Haftbefehle und Verfügungen über Asservate zurückzunehmen. Allerdings scheinen darüber hinaus die Unterlagen sehr gründlich durchgekämmt worden zu sein, denn im Landesarchiv Berlin, das die Bestände der Polizei aufbewahrt, liegen zu Lüdke cirka 340 Einzelakten vor. Am 2. Mai 1944 erfolgte aber lediglich die Übergabe von »6 Bd. Akten und einem Sonderband« an das RKPA zur Weiterleitung an den Reichsminister der Justiz. Es ist zu vermuten, dass Kripo und RKPA Thierack über die genauen Vorgänge bei den Ermittlungen im Dunkeln lassen wollten.

Am 26. April verfügte das RKPA, dass die bereits angefertigten Lichtbildmappen nicht an die Presse gehen und die Veröffentlichung in »Die Kriminalistik« unterbleiben sollten. Die mit Lüdke gemachten Filmaufnahmen, die noch im November 1943 an das RKPA und die Internationale Kriminalpolizeiliche Kommission gegangen und wohl auch Goebbels und Himmler gezeigt worden waren, sowie die Schallplatten wurden am 29. April 1944 »aus Sicherheitsgründen« auf Weisung Togotzes nach außerhalb evakuiert und sind seitdem verschwunden. Vermutlich wurden sie vernichtet.

Die Lüdke-Akten sollten laut Vermerk vom 2. Mai 1944 als Archivmaterial bei der Kripoleitstelle Berlin verbleiben. Dies bedeutete, dass Ermittlungsunterlagen nicht an die bereitstellenden Staatsanwaltschaften und Kripostellen zurückgegeben wurden und weitere Untersuchungen dort also nicht durchgeführt werden konnten. Man teilte ihnen lediglich kurz mit, dass Lüdke im jeweiligen Fall der Täter war. Begründet wurde dieses Vorgehen mit der »Sonderstellung« des Falles. Die Akten wanderten in den Keller der Kripo und fielen dort dem Vergessen anheim. In den 1960er Jahren scheint sich dann die DDR-Volkspolizei mit dem Fall beschäftigt zu haben, bevor die Akten 1976 an das Brandenburgische Landeshauptarchiv in Potsdam abgegeben wurden. Heute befinden sie sich im Landesarchiv Berlin.[26]

»Weisung des Reichsführers SS, dass Einzel-veröffentlichungen unterbleiben sollen«: Berichterstattung über Lüdke

Die Anordnung Himmlers hatte zur Folge, dass nur sehr wenige Presseberichte über Lüdke vorliegen. Über den Mordfall Rösner (»Frauenmord in Köpenick«) finden sich in Berliner Blättern (»Berliner Lokal-Anzeiger«, »Völkischer Beobachter«, »Berliner Morgenpost«, »Berliner Neueste Nachrichten«) im Februar 1943 zunächst zahlreiche Artikel. Die Meldungen berichten über die Suche nach dem Täter und die Auslobung von 3.000 Mark Belohnung, sind aber fast wortgleich und basieren daher wohl auf verbindlichen Presseerklärungen der Polizei. Lüdkes Verhaftung und Geständnis im Fall Rösner wurden ebenfalls standardisiert gemeldet. Im »Völkischen Beobachter« lautete die Überschrift am 21. März 1943: »Aufklärung des Köpenicker Frauenmordes. Der Täter festgenommen und geständig«. Die »Charlottenburger Zeitung« meldete am selben Tag: »Köpenicker Frauenmord aufgeklärt«. Der Bericht erschien auch in der »Morgenpost«, dem »Berliner

Lokal-Anzeiger« und der Zeitung »Der Westen«. Die Artikel sind gleichlautend und vermelden, dass Bruno Lüdke als Mörder »entlarvt und dingfest gemacht« worden sei. »Nach längerem Leugnen hat er auch ein umfassendes Geständnis abgelegt.« Alle Zeitungen nannten Lüdkes vollen Namen und

Mord nach zwei Jahren aufgeklärt

Ein weiteres Verbrechen des Köpenicker Frauenmörders

Die eingehenden Vernehmungen des 34 Jahre alten Bruno L ü d t k e , der am 29. Januar d.J. die 51jährige Frieda Rösner in der Köpenicker Stadtforst erdrosselt und beraubt hat, haben zu der überraschenden Feststellung geführt, daß auf das Konto des Festgenommenen noch ein weiteres Kapitalverbrechen kommt, das bereits nahezu zwei Jahre zurückliegt. Lüdke hat nämlich das Geständnis abgelegt, am 2. April 1941 im Walde bei Königs Wusterhausen die 23jährige Ehefrau Käthe M u n d t aus Königs Wusterhausen umgebracht zu haben.

Wie seinerzeit ausführlich berichtet, hatte Frau M. damals Verwandte in Motzen besucht und war abends gegen 21 Uhr mit der Kleinbahn nach Königs Wusterhausen zurückgekehrt. Auf dem Wege zu ihrer Wohnung mußte sie ein „Wäldchen passieren und traf dabei mit Lüdke zusammen, der sofort zudringlich zu ihr wurde. Als die Bedauernswerte sich zur Wehr setzte und laut um Hilfe rief warf ihr der Verbrecher eine bereitgehaltene Schnur um den Hals und zog sie in ein Gebüsch, wo er sich an ihr verging. Nachdem er sein Opfer, das inzwischen erstickt war, noch weiter in den Wald geschleppt hatte, bestieg der Mordbube sein Fahrrad, das er hinter einem Holzstapel versteckt hatte, und entkam in der Dunkelheit.

Da mit der Möglichkeit gerechnet werden muß, daß der gefährliche Verbrecher noch weitere Schandtaten auf dem Kerbholz hat, werden die Ermittlungen der Kriminalpolizei mit aller Energie fortgesetzt.

»Völkischer Beobachter« v. 24.03.1943. Die NS-Presse berichtet über Lüdke.

Adresse. Es folgte eine kurze Schilderung der Tat, wobei anstößige Details vermieden wurden und nur von »unsittlichen Anträgen« die Rede war. Lüdke hieß »der Unhold«, sein Opfer »die Bedauernswerte«, was klarstellen sollte, dass der Täter moralisch verdorben und Frieda Rösner unschuldig an ihrem Schicksal sei. Sie habe sich nur zu einer Rast niedergelassen und sei dabei von Lüdke angefallen worden. Der Geisteszustand des so als besonders gefährlich erscheinenden Täters wurde nicht thematisiert, die Öffentlichkeit erfuhr also nicht, dass Lüdke geistig stark zurückgeblieben war. Dies hätte

DAS NATIONALSOZIALISTISCHE DEUTSCHLAND ...

das Bild des »Unholdes« sicher zerstört und Lüdkes Täterschaft vielleicht als unglaubhaft erscheinen lassen. Der Artikel
endete mit der Andeutung, Lüdke sei für weitere Morde verantwortlich, die Polizei ermittle aber noch.

Schon zwei Tage später verkündeten die »Charlottenburger
Zeitung«, das »12-Uhr-Blatt« sowie die »Morgenpost« einen
weiteren Ermittlungserfolg. Lüdke habe nun auch den Mord
an Käthe Mundt gestanden. Wiederum wurde ein Notzuchts-
verbrechen angedeutet, wieder war von »der Bedauernswer-
ten« die Rede. Lüdke wurde diesmal als »Mordbube« bezeichnet. Am Schluss hieß es, dass »der gefährliche Verbrecher
noch weitere Schandtaten auf dem Kerbholz« habe.

Die »Morgenpost« und das »12-Uhr-Blatt« berichteten dann
einen Tag später über die Aufklärung des Falles Umann,
wobei vom »Frauenmörder Bruno Lüdke« die Rede war. Auch
diese beiden Artikel stimmen genau überein, ein weiterer aus
dem »Berliner Lokal-Anzeiger« ist etwas kürzer gefasst, vermeldete aber die selben Details. Ein mit Lüdke durchgeführ-
ter Lokaltermin, bei dem er »Einzelheiten der Tat genauestens geschildert« habe, belege seine Schuld. Darauf folgte
eine Nacherzählung der Tatumstände, wobei Lüdkes brutales
Vorgehen herausgestrichen wurde. So habe er, nachdem er
die Eheleute niedermetzelte, sogar noch deren Schäferhund
niedergeschlagen. Erstmals wird Lüdke in diesen Artikeln als
»gefährliche[r] Schädling« bezeichnet. Nicht nur, dass der
Täter damit auf das Niveau eines nichtmenschlichen Parasi-
ten herabgewürdigt wurde, ihm wurde damit gleichsam die
Daseinsberechtigung im »gesunden Volkskörper« abgesprochen. Verbrecher galten als das deutsche Volk krankmachen-
de Elemente. Diese Sichtweise begünstigte ihre strikte Ausmerzung. Obwohl die Artikel wiederum davon ausgingen,
dass Lüdke noch weitere Morde begangen hatte, endete die
Berichterstattung abrupt. Bis jetzt hatten die Berliner Zeitun-

gen noch nicht das Wort Mordserie benutzt, und so sollte es wohl auch erst einmal bleiben, bis das gesamte Ausmaß von Lüdkes Taten feststand.

In den Akten fand sich allerdings folgender »Entwurf für Presseveröffentlichung. Wie erinnerlich, wurde am 31.1. ds. Js. die 52 Jahre alte ledige Frieda Rösner aus Köpenick in der Nähe des dortigen Krankenhauses im Walde ermordet und beraubt aufgefunden.

Durch die sofortige und umfangreiche Fahndung der Berliner Kriminalpolizei konnte bald darauf als Täter der 35jährige Bruno Lüdke, ebenfalls aus Köpenick ermittelt und festgenommen werden. Nach langem Leugnen legte er vor der Kriminalpolizei ein umfangreiches Geständnis ab und gab außerdem an, das Gastwirtsehepaar Umann in Grünau und die Ehefrau Käthe Mundt im Walde bei Königswusterhausen ebenfalls ermordet zu haben.

Die inzwischen von der Berliner Mordkommission weiter durchgeführten Vernehmungen mit Lüdke haben nunmehr zur Aufklärung weiterer zahlreicher Frauenmorde geführt, die er nicht nur in der Umgebung von Berlin sondern im gesamten Reichsgebiet verübt hat und die zum Teil jahrelang zurückliegen.

Dem Geständnis des Täters zufolge hat er, um an die Orte seiner Verbrechen zu gelangen, an den Ausfallstraßen Berlins Fernlastzüge angehalten und die Fahrer gebeten, ihn mitzunehmen. Trotz der immer wieder erfolgten Warnungen seitens der Kriminalpolizei sind die Fahrer dem Wunsche des Lüdke nachgekommen und haben ihn weite Strecken mitgenommen. In den meisten Fällen ist Lüdke auf gleiche Weise auch wieder nach Berlin zurückgekehrt. Nur in den seltensten Fällen hat er die Bahn benutzt.

Der Frauenmörder ist bisher nur einmal wegen eines kleinen Diebstahls festgenommen worden, konnte aber, da ihm seinerzeit der Schutz des § 51 zugute kam, nicht zur Verantwortung gezogen werden.«

Anscheinend wurde diese Presseerklärung später im Jahre 1943 verfasst, da sie die Morde außerhalb Berlins erwähnt, die erst ab Mai untersucht wurden. Es handelt sich wohl um eine abschließende Meldung an die Presse, die jedoch nie verschickt wurde, so dass auf ihr auch keine Artikel basieren. Bezeichnenderweise sind die ausdrücklich genannten Taten nur die, welche bereits in der Berliner Presse publiziert worden waren.

Die Presse hatte jedoch teilweise von den Vorgängen in Berlin Wind bekommen. So gingen bei der Berliner Kripo Anfragen von Zeitungen ein, ob man über den Fall Lüdke berichten dürfe. Ein Schreiben des »Meißner Tageblatts« vom 30. Dezember 1943, das an die Kripo Dresden gerichtet war und am 7. Januar 1944 an Franz weitergeleitet wurde, besagte, es gingen Gerüchte über eine Aufklärung des Mordes an Lotte Merkel um und es werde angenommen, dass ein Händler Haza ihn begangen habe, es gebe aber auch Gerede über einen Massenmörder. Um diese Unruhe zu beschwichtigen, bat das »Meißner Tageblatt«, eine von der Polizei verfasste Notiz bringen zu können, in der der Stand der Ermittlungen festgestellt werde. Dadurch sollten zudem in dem Fall schwer verdächtige Personen entlastet werden.

Ein solches Ansinnen wurde jedoch meist abgelehnt, und zwar nicht erst, nachdem Lüdke nach Wien abgeschoben worden war. Bereits ein Vermerk vom 22. Juli 1943 teilte mit: »Der Massenmörder Lüdke ist geständig, auch die Ida Wölkerling ermordet zu haben. Die in diesem Zusammenhang von der KPLSt. Berlin beantragte örtliche Presseveröffentlichung hat Amtschef entsprechend der Weisung des Reichsführers SS, dass Einzelveröffentlichungen unterbleiben sollen, nicht genehmigt.«

DAS NATIONALSOZIALISTISCHE DEUTSCHLAND ...

Einzig der »Gothaer Beobachter«, eine NSDAP-Zeitung, berichtete am 9. September 1943 unter Berufung auf den Polizeibericht über die Aufklärung des Mordes an der Witwe Ida Curth 1929 und nannte sie »Das Opfer eines Massenmörders«. Nur hier wurde Lüdke öffentlich so bezeichnet. Dieser Artikel ist eine einmalige Ausnahme, zeigt aber, dass die Presselenkung im NS-Staat nicht immer perfekt funktionierte.

Warum schon früh Veröffentlichungen über Lüdke unterdrückt wurden, kann viele Gründe haben. Vielleicht war es den NS-Gewaltigen unangenehm, zugeben zu müssen, dass auch in ihrem »Dritten Reich« ein Serienmörder sein Unwesen treiben konnte. Wahrscheinlich sollte aber zunächst das ganze Ausmaß der Mordserie geklärt werden, um Lüdke dann überzeugend als den Täter vorführen zu können. Dafür sprechen jedenfalls die schon erwähnten Lichtbildmappen und die zitierte Presseerklärung. Erst nach Lüdkes Liquidierung wurde von diesem Plan Abstand genommen.

Bereits am 30. September 1943 hatte Gottlieb Haza, der Bruder des Verdächtigen im Fall Merkel, an den Dresdner Polizeipräsidenten geschrieben und ihn gebeten, klarzustellen, dass sein Bruder unschuldig sei. Im Fall Haza entspann sich dann ein ausgedehnter Briefwechsel. Berlin verwies Hazas Anwälte am 10. März 1944 an den Oberstaatsanwalt in Dresden, der mitteilte, er könne zu dem Fall keine Stellung nehmen. Die Anwälte schrieben daraufhin am 12. April 1944 nochmals an die Sonderkommission Lüdke. Am 27. April teilte Franz ihnen mit, dass bald eine Veröffentlichung in der Mordsache Merkel erscheinen werde, die Lüdke als Täter nenne, und dass diese Pressenotiz sogar gerade beim RKPA zur Genehmigung liege.

Die »Reichszentrale zur Bekämpfung von Kapitalverbrechen« leitete tatsächlich mit Schreiben vom 5. Mai 1944 Kriminaldirektor Togotzes drei Pressenotizen über die Mordfälle

Ladwig, Merkel und Wölkerling zu und erteilte die Anweisung, die Veröffentlichung »in mehrfach besprochenem Sinne« möglichst sofort in die entsprechenden Blätter gelangen zu lassen. Es wurde folgende Textabfassung vorgeschrieben:

»Fall Ladwig: Aufklärung eines Mordfalles aus dem Jahre 1930. Der Mord an der ledigen Else Ladwig bei Altenwedel, der im Jahre 1930 erhebliches Aufsehen in der Umgebung erregte, hat nach langen Ermittlungen der Berliner Kriminalpolizei seine Aufklärung gefunden. Als Täter wurde der 35-jährige Arbeiter Bruno Lüdke aus Berlin ermittelt, der sich z. Zt. nach Landstreicherart in der Gegend von Altenwedel herumgetrieben hat.«

»Fall Merkel: Mord nach elf Jahren aufgeklärt. Durch die intensive Arbeit der Kriminalpolizei ist es gelungen, den Mord an der Kontoristin Lotte Merkel aus Meißen, die in den späten Abendstunden des 28.12.1933 auf dem Heimweg von ihrer Arbeit ermordet worden ist, aufzuklären. Als Täter konnte ein jetzt 35-jähriger Arbeiter aus Berlin ermittelt werden, der sich zu damaliger Zeit nach Art der Landstreicher in der Gegend von Meißen herumtrieb.«

»Fall Wölkerling: Mordsache Wölkerling aufgeklärt. Nach langwierigen Ermittlungen ist es der Berliner Polizei gelungen, den Mörder der Ehefrau Ida Wölkerling aus Haldensleben zu ermitteln. Wie erinnerlich wurde diese am 21.7.1933 beim Himbeerpflücken im Walde bei Bülstringen ermordet. Bei dem Täter handelt es sich um einen 35-jährigen Arbeiter aus Berlin, der sich z. Zt. landstreichend in der Nähe des Tatorts herumgetrieben hat.«

Auffällig ist, dass die drei Pressetexte fast gleichlautend sind und sich nur durch die Namen der Opfer unterscheiden. Details werden nicht genannt, auch keine Beweise gegen Lüdke angeführt. Des Weiteren wird nicht deutlich, dass Lüdke zahlreiche Morde begangen haben soll, die Serie wurde also verschwiegen. Stattdessen wird Lüdke als Landstreicher einer stigmatisierten und als kriminogen angesehenen Gruppe zugeordnet, was als Erklärung des Motivs reichen muss. Über Lüdkes Schicksal erfuhren die Leser nichts.

Warum diese drei Fälle publik gemacht werden durften, geht aus einem Schreiben der Reichszentrale vom 6. Mai 1944 an das Reichspropagandaministerium hervor:

»Auf Anordnung des Reichsführers SS und Chefs der Polizei soll im allgemeinen in der Deutschen Presse über den Massenmörder Lüdke nichts veröffentlicht werden, mit Ausnahme von 3 besonders gelagerten Fällen, in denen seinerzeit Volksgenossen in den Verdacht der Täterschaft gekommen sind und infolgedessen erhebliche Schwierigkeiten auf sich nehmen mußten. Die Betreffenden haben sich bis in letzte Zeit hinein nicht von dem Verdacht reinigen können. Aus diesem Grunde soll zur Ehrenrettung der Betreffenden in der örtlichen Presse des Tatorts, der auch heute noch Wohnsitz der seinerzeit Verdächtigen ist, eine kurze Notiz über die Aufklärung des betreffenden Mordfalles erfolgen. Die Pressenotizen dürfen aber nur in den einzelnen Tatbezirken erscheinen und nicht von anderen Zeitungen übernommen werden.«

Verdächtigte »Volksgenossen« durften also entlastet werden, jedoch war alles Aufsehen zu vermeiden. Die inzwischen als unangenehm empfundene Affäre Lüdke sollte in Vergessenheit geraten. Neben einer ihrer Objektivität schon lange verlustig gegangenen Polizei bleiben die Liquidierung eines unschuldigen und wehrlosen Menschen und mindestens 53 ungeklärte und ungesühnte Mordfälle.

Anhang

Anmerkungen

1 Vgl. Judith R. Walkowitz: Jack the Ripper und der Mythos von der männlichen Gewalt, In: Alain Corbin (Hg.): Die sexuelle Gewalt in der Geschichte, Berlin 1992, S. 107–135, hier S. 113–117.

2 Mark Seltzer: Serial Killers. Death and Life in America's Wound Culture, New York 1998, S. 2.

3 Angaben nach: Rudolf Stöber: Deutsche Pressegeschichte. Einführung, Systematik, Glossar, Konstanz 2000.

4 Christine Pozsàr: Psychiatrischer Kommentar zu den „Haarmann-Protokollen", In: Dies./Michael Farin (Hg.): Die Haarmann-Protokolle, Reinbek bei Hamburg 1995, S. 565–634, hier S. 623–630 (Edition der Verhörprotokolle).

5 Karen Halttunen: Humanitarianism and the Pornography of Pain in Anglo-American Culture, In: The American Historical Review 100 (1995), S. 303–334.

6 Vgl. Martin Lindner: Der Mythos „Lustmord". Serienmörder in der deutschen Literatur, dem Film und der bildenden Kunst zwischen 1892 und 1932, In: Joachim Lindner/Claus-Michael Ort (Hg.): Verbrechen – Justiz – Medien. Konstellationen in Deutschland von 1900 bis zur Gegenwart, Tübingen 1999, S. 273–305, hier S. 273.

7 Philip Jenkins: Using Murder. The Social Construction of Serial Homicide, New York 1994, S. 3–7.

8 Die Polizei- und Gerichtsakten zum Fall Großmann befinden sich im Hauptstaatsarchiv Berlin, Bestand A Rep. 358–01 (Generalstaatsanwaltschaft bei dem Landgericht Berlin), auf Mikrofilm (MF Nr. A 741–744).

9 Kronfeld: Bemerkungen zum Prozess gegen Karl Großmann, In: Zeitschrift für Sexualwissenschaft 9 (1922), S. 137–149 (einzige zeitgenössische Veröffentlichung zum Fall Großmann in der Fachpresse).

10 Erich Frey: Ich beantrage Freispruch. Aus den Erinnerungen des Strafverteidigers Prof. Dr. Dr. Erich Frey, Hamburg 1966, darin S. 42–59 über sein Mandat im Fall Großmann. Das Buch schildert anekdotenhaft die Erlebnisse Freys mit prominenten Kriminellen, darunter auch Fritz Haarmann.

11 Robert Heindl: Der Berufsverbrecher. Ein Beitrag zur Strafrechtsreform, 5. Auflage, Berlin 1927 (Originalausgabe 1926). Wichtige

zeitgenössische Quelle für die Sicht auf und Einordnung von Kriminalität.

12 Magnus Hirschfeld: Sexualität und Kriminalität. Überblick über Verbrechen geschlechtlichen Ursprungs, Wien 1924, S. 66.

13 Erich Wulffen: Die berühmtesten Sexualprozesse der Nachkriegszeit, In: Magnus Hirschfeld (Hg.): Zwischen zwei Katastrophen (früher: Sittengeschichte der Nachkriegszeit), 2. durchgehend neu bearbeitete Auflage, Hanau a. M. 1966, S. 469–513 (reich bebildert).

14 Erich Wulffen: Kriminalpsychologie. Psychologie des Täters. Ein Handbuch für Juristen, Justiz-, Verwaltungs- und Polizeibeamte, Ärzte, Pädagogen und Gebildete aller Stände, Hamburg 1926.

15 Richard Herbertz: Verbrecherdämmerung. Psychologische Deutung und weltanschauliche Perspektiven der jüngsten Mordfälle Haarmann, Angerstein, Denke usw., München 1925. Vom damaligen Zeitgeist geprägte Schrift und daher eine sehr aussagekräftige Quelle.

16 Angelica Schwab: Serienkiller in Wirklichkeit und Film. Störenfried oder Stabilisator? Eine sozioästhetische Untersuchung. Diss. München 1998, Hamburg 2001 (Nordamerikastudien, Bd. 1), S. 63 ff.

17 Karl Kroeschel: Rechtsgeschichte Deutschlands im 20. Jahrhundert, Göttingen 1992, S. 112.

18 Kommentar zum Erlass über polizeiliche planmäßige Überwachung vom 14. Dezember 1937, zitiert nach Gehrhard Werle: Justiz-Strafrecht und polizeiliche Verbrechensbekämpfung im Dritten Reich, Berlin 1989, S. 503.

19 Zitiert nach Norbert Frei/Johannes Schmitz: Journalismus im Dritten Reich, München 1989 (Beck'sche Reihe 376).

20 Steffen Berg: Das Sexualverbrechen. Erscheinungsformen und Kriminalistik der Sittlichkeitsdelikte, Hamburg 1963, S. 188–196.

21 Georg Ernst: Der Fall Eichhorn. Ein weiterer Beitrag zur Kenntnis des Doppellebens schwerster Sittlichkeitsverbrecher, Diss. Med., München 1942, S. 19.

22 Beispielsweise Gustav Faulhaber: Nachts, wenn der Teufel kam. Eine Stellungnahme zu der Filmbesprechung in Heft 12/1957, In: Deutsche Polizei 1958, S. 72.

23 J. A. Blaauw: Bruno Lüdke: Seriemoordenaar: De werkelijkheid achter de bekentenissen van „de grootste seriemoordenaar" uit de Duitse criminele geschiedenis, Baarn 1994. Auf Deutsch erschien eine Zusammenfassung der Ergebnisse: J. A. Blaauw: Kriminalistische Scharlatanerien: Bruno Lüdke – Deutschlands größter Massenmörder?, In: Kriminalistik 48 (1994), S. 705–712.

217

24 Darüber berichtet Herbert Kosyra: Ein Mörder stellt sich nach 23 Jahren, In: Kriminalistik 10 (1956), S. 87–88.

25 Bernd Wehner: Dem Täter auf der Spur, Bergisch Gladbach 1983, S. 243.

26 Dieses Kapitel basiert hauptsächlich auf den dort gelagerten Akten. Sie befinden sich im Bestand A Pr.Br.Rep. 030 C Tit. 198B (Nr. 2368 – 2404, 2059 – 2367).

Weiterführende Literatur

zu Fritz Haarmann

Die beste Falldarstellung ist immer noch Theodor Lessing: Haarmann. Die Geschichte eines Werwolfs, Erstausgabe Berlin 1925 (Außenseiter der Gesellschaft – Verbrechen der Gegenwart, Bd. 6), Nachdruck München 1973.

Zur zeitgenössischen Einordnung ist ferner interessant Hans Hyan: Massenmörder Haarmann. Eine kriminalistische Studie, Berlin 1924.

Zur Geschichte der Todesstrafe in Deutschland ist zu empfehlen Richard J. Evans: Rituale der Vergeltung. Die Todesstrafe in der deutschen Geschichte, 1532–1987, Berlin 2001.

Zum Verbrecherbild in den 1920er Jahren in Presse und Literatur stammt eine interessante Untersuchung von Birgit Kreutzahler: Das Bild des Verbrechers in Romanen der Weimarer Republik. Eine Untersuchung vor dem Hintergrund anderer gesellschaftlicher Verbrecherbilder und gesellschaftlicher Grundzüge der Weimarer Republik, Frankfurt a. M. 1987 (Europäische Hochschulschriften, Reihe 1, Deutsche Sprache und Literatur, Bd. 976).

Zum gleichen Thema siehe Isabella Claßen: Darstellung von Kriminalität in der deutschen Literatur, Presse und Wissenschaft 1900 bis 1930, Diss. phil., Frankfurt a. M. 1988 (Hamburger Beiträge zur Germanistik Bd. 8).

Eines der wenigen Bücher, das sich mit historischen Serienmordfällen auch in Deutschland befasst, ist der Sammelband von Thomas O`Reilly-Fleming (Hg.): Serial and Mass Murder: Theory, Research and Policy, Toronto 1996.

Zur Geschichte des Pressewesens der Weimarer Republik siehe auch Harry Pross: Zeitungsreport. Deutsche Presse im 20. Jahrhundert, Weimar 2000.

Maria Tatar: Lustmord. Sexual Murder in Weimar Germany, New Jersey 1995, widmet sich der künstlerischen Verarbeitung des Themas Serienmord.

Richard Wetzel: Inventing the Criminal. A History of German Criminology, 1880–1945, Chapel Hill 2000, beschreibt kritisch die Geschichte der deutschen Kriminologie unter besonderer Berücksichtigung des Einflusses des Biologismus und seiner Konsequenzen auf die Deutung von Kriminalität und den Umgang mit Straftätern.

zu Peter Kürten

Sehr ausführlich zum Fall Kürten Elisabeth Lenk/Roswitha Kaever (Hg.): Leben und Wirken des Peter Kürten, genannt der Vampir von Düsseldorf, München 1974 (mit zahlreichen abgedruckten Quellen, darunter auch Vernehmungsprotokolle).

Zur Krise der Weimarer Republik siehe Detlev J. K. Peukert: Die Weimarer Republik. Krisenjahre der Klassischen Moderne, Frankfurt a. M. 1987 (edition suhrkamp 1282).

Vgl. zu den Auswirkungen der Weltwirtschaftskrise in Deutschland Fritz Blaich: Der Schwarze Freitag. Inflation und Weltwirtschaftskrise, München 1985, und Harold James: Deutschland in der Weltwirtschaftskrise 1924–1936, Stuttgart 1988.

Isabella Claßen: Darstellung von Kriminalität in der deutschen Literatur, Presse und Wissenschaft 1900 bis 1930, Diss. phil., Frankfurt a. M. 1988 (Hamburger Beiträge zur Germanistik Bd. 8), stellt die Presseberichterstattung über den Fall Kürten dar.

zur Rechtsgebung im NS-Staat

Zur Zwangssterilisation vgl. Christian Ganssmüller: Die Erbgesundheitspolitik des Dritten Reiches. Planung, Durchführung und Durchsetzung, Köln 1987.

Kontinuitäten zwischen Weimarer Republik und „Drittem Reich" zeigt auf Christian Müller: Das Gewohnheitsverbrechergesetz vom 24. November 1933, Baden-Baden 1997.

Patrick Wagner: Volksgemeinschaft ohne Verbrecher. Konzeptionen und Praxis der Kriminalpolizei in der Zeit der Weimarer Republik und des Nationalsozialismus, Hamburg 1996 (Hamburger Beiträge zur Sozial- und Zeitgeschichte), widmet sich der Kriminalpolitik in den 1920er und 1930er Jahren. Für die Kriegsjahre vgl. Patrick Wagner: Das Gesetz über die Behandlung Gemeinschaftsfremder. Die Kriminalpolizei und die

„Vernichtung des Verbrechertums", In: Feinderklärung und Prävention. Kriminalbiologie, Zigeunerforschung und Asozialenpolitik, Berlin 1988, S. 75–100.

Mit der Euthanasie beschäftigt sich Dietrich Kuhlbrodt: „Verlegt nach ... und getötet" Die Anstaltstötungen in Hamburg, In: Angelika Ebbinghaus/Heidrun Kaupen-Haas/Karl Heinz Roth (Hg.): Heilen und Vernichten im Mustergau Hamburg. Bevölkerungs- und Gesundheitspolitik im Dritten Reich, Hamburg 1984, S. 156–161.

In einen größeren Zusammenhang ordnet ein Gisela Bock: Krankenmord, Judenmord und nationalsozialistische Rassenpolitik: Überlegungen zu einigen neueren Forschungshypothesen, In: Frank Bajohr/Werner Johe/Uwe Lohalm (Hg.): Zivilisation und Barbarei. Die widersprüchlichen Potentiale der Moderne. Detlev Peukert zum Gedenken, Hamburg 1991, S. 285–306.

zu Adolf Seefeld
Eine ausführliche Falldarstellung, allerdings ohne jeden Zweifel über die Schuld Seefelds, liefert Erich Ebermayer: Onkel Ticktack. Der Knaben-Schlafmörder Adolf Seefeld, In: Robert A. Stemmle (Hg.): Sexualverbrechen. Der Fall Adolf Seefeld und sieben weitere internationale Kriminalfälle. Der neue Pitaval, München 1967, S. 11–39.

Kurz und knapp über Homosexualität in der Weimarer Republik und im Nationalsozialismus informiert Till Bastian: Homosexuelle im Dritten Reich. Geschichte einer Verfolgung, München 2000 (Beck'sche Reihe 1377). Zum Bild des Homosexuellen und verbreiteten Vorurteilen vgl. George L. Mosse: Nationalismus und Sexualität. Bürgerliche Moral und sexuelle Normen, München, Wien 1985.

zu Johann Eichhorn
Aus den Ermittlungsakten zitiert Michael Farin (Hg.): Polizeireport München 1799–1999 (Katalog zur gleichnamigen Ausstellung im Münchner Stadtmuseum, 23. April–22. August 1999), München 1999, S. 288–311. Die Akten selbst werden verwahrt im Staatsarchiv München, StAnw. 9206.

zu Bruno Lüdke
Klaus Herrmann: non liquet – Massenmörder Bruno Lüdke, In: Ders./ Andrea Lefèvre/Raymond Wolff: Neuköllner Pitaval. Wahre Kriminalgeschichten aus Berlin, Berlin 1994, S. 113–161, enthält zu einigen Lüdke zugeschriebenen Morden interessante Hintergrundinformationen.

Aus Sicht der DDR kommentiert den Fall Lüdke Günter Prodöhl: Kriminalfälle ohne Beispiel, Ost-Berlin 1960.

Mit der Konstruktion Lüdkes zum Serienmörder befasst sich Susanne Regener: Mediale Transformation eines (vermeintlichen) Serienmörders: Der Fall Bruno Lüdke, In: Kriminologisches Journal 33 (2001), S. 7–27.

Bildnachweis

Bildarchiv Preussischer Kulturbesitz, Berlin: Frankfurter Zeitung v. 25.08. 1921, Vossische Zeitung v. 25.12.1924, Deutsche Allgemeine Zeitung, Berlin, 75. Jg. Nr. 90, 22.02.1936, Abendausgabe, Münchner Neueste Nachrichten Nr. 334, 30.11.1939, S. 65, 81, 145, 169.

J. A. Blaauw: Bruno Lüdke: Seriemoordenaar, Baarn, Fontein 1994, S. 177.

Deutsche Bücherei, Leipzig: Simplicissimus Nr. 19, 4.08.1924, S.31.

Michael Farin (Hg.): Polizeireport München 1799–1999, München, belleville 1999, Katalog zur gleichnamigen Ausstellung im Münchner Stadtmuseum, 23. April–22. August 1999, S. 157, 158, 161.

Magnus Hirschfeld, (Hg.): Zwischen zwei Katastrophen, Hanau a. M., Verlag Schustek 1966, S. 29, 78, 98.

Iwan Katz: Zum Fall Haarmann, Verlag Niedersächsische Arbeiter-Zeitung Hannover, Hannover 1924, S. 52.

Landesarchiv Berlin: Völkischer Beobachter Nr. 80, 21.3.1943, Nr. 83, 24.03.1943, S. 182, 209.

Landeshauptarchiv Schwerin, S. 142.

Elisabeth Lenk/ Roswitha Kaever (Hg.): Leben und Wirken des Peter Kürten, genannt der Vampir von Düsseldorf, München, Rogner & Bernhard, 1974, Polizeifotos des Peter Kürten, Hamburger Illustrierte, Nr. 8 1930, Titel »Sühne«, S. 111, 115.

Otto Dix Foundation, Vaduz: Otto Dix, „Sex Murderer: Self-Portrait" 1920, In: Maria Tatar: Lustmord. Sexual Murder in Weimar Germany, Princeton N. Y. 1995, S. 16.

Robert Heindl, Der Berufsverbrecher. Ein Beitrag zur Strafrechtsreform, 5. Auflage, Berlin, Verlag Heise 1927, S. 60.

Trotz größter Sorgfalt ist es uns nicht in allen Fällen gelungen, zu den Abbildungen den Rechteinhaber zu ermitteln. Berechtigte Ansprüche werden selbstverständlich über die üblichen Vereinbarungen abgegolten.

Danksagung

Für die freundliche Unterstützung danken wir Bianca
Welzing und Gisela Erler vom Landesarchiv Berlin, Frau
Pollmann von der Universitätsbibliothek Düsseldorf, den
Mitarbeitern der Staats- und Universitätsbibliothek Hamburg
sowie der Bibliothek der Universität der Bundeswehr
in Hamburg. Unser besonderer Dank gilt Dr. Michael
Schetsche und Christine Plass für die freundliche
Überlassung von Unterlagen sowie Kerstin Brückweh
für wertvolle Recherchetipps. Danke ebenfalls unserem
Lektor vom Militzke Verlag, Dr. Siegfried Kätzel, für seine
freundliche und fürsorgliche Betreuung.

Kathrin Kompisch bedankt sich für ihre immer interes-
sierte Anteilnahme bei Dorothea Siegle, für gute Ratschläge
in jeder Lebenslage bei Matthias Trawny, für die nötige
Ablenkung bei Tiffany Wyatt. Silke Quathamer und Nicole
Timmler sind die besten Freundinnen. Ohne meine Mutter
Annegret Ressel wäre ich nie auf die Idee gekommen,
überhaupt Bücher zu schreiben. Dafür, und für ihren
unerschütterlichen Glauben, ihr Verständnis und ihre
positive Einstellung kann ich ihr gar nicht genug danken.
Am Wichtigsten war für mich während der Entstehung
dieses Buches die Gelassenheit, Rücksicht und große
Hilfe meines Mannes Markus Kompisch, der Stress,
Zeitmangel und mich mit der ihm eigenen Freundlichkeit
bewundernswert ertrug. Ich widme dieses Buch meinem
Vater Thomas Kompisch (1942–1986).

Frank Otto dankt wieder einmal Dr. Rupert Seuthe,
Dorothea Siegle, die sich die zweite Nennung redlich
verdient hat, und seiner Familie.

Band 2 erscheint im Herbst 2004

Kathrin Kompisch
Frank Otto
Bestien des
Die Deutschen
und ihre Serienmörder
Boulevards
1945-2000

Militzke